SYRACOM
The Business and IT Architects

BUSINESS EXCELLENCE
IN INTEGRATING STRATEGY, PROCESSES AND TECHNOLOGY

Die SYRACOM Unternehmensgruppe ist ein unabhängiges Management- und IT-Beratungshaus.

Als Business and IT Architects erarbeiten wir innovative Lösungen, welche einerseits die Management-Kompetenz einer „klassischen" Unternehmensberatung erfordern, andererseits aber nur mit fundiertem IT-Know-how zu leisten sind.

Als vertrauensvoller Partner unterstützen wir Sie von der Strategieumsetzung über die Optimierung Ihrer Organisation und Prozesse, die Entwicklung von Unternehmensarchitekturen bis hin zur Umsetzung fachlicher und technischer Lösungen.

www.SYRACOM.de

Wiesbaden · München · Düsseldorf · Stuttgart

Aus dem Programm IT

IT-Systeme in der Medizin
von Hartmut Bärwolff, Frank Victor und Volker Hüsken

Controlling für Industrieunternehmen
von Jürgen Bauer und Egbert Hayessen

IT-Management mit ITIL® V3
von Ralf Buchsein, Frank Victor, Holger Günther
und Volker Machmeier

Management von IT-Architekturen
von Gernot Dern

IT für Unternehmensgründer
von Markus Deutsch und Hans-Werner Grotemeyer
und Volker Schipmann

Unternehmensweites Datenmanagement
von Rolf Dippold, Andreas Meier, Walter Schnider
und Klaus Schwinn

Geschäftsprozesse realisieren
von Herbert Fischer, Albert Fleischmann und Stefan Obermeier

Grundkurs SAP ERP
von Detlev Frick, Andreas Gadatsch und Ute G. Schäffer-Külz

Von der Unternehmensarchitektur zur IT-Governance
von Klaus D. Niemann

Prozesse optimieren mit ITIL
von Helmut Schiefer und Erik Schitterer

Optimiertes IT-Management mit ITIL
von Frank Victor und Holger Günther

www.viewegteubner.de

Andreas Krupinski

Unternehmens-IT für Banken

Kursbuch für IT-Management und IT-Architektur

Mit 117 Abbildungen

PRAXIS

Bibliografische Information der Deutschen Nationalbibliothek
Die Deutsche Nationalbibliothek verzeichnet diese Publikation in der Deutschen Nationalbibliografie;
detaillierte bibliografische Daten sind im Internet über http://dnb.d-nb.de abrufbar.

Das in diesem Werk enthaltene Programm-Material ist mit keiner Verpflichtung oder Garantie irgendeiner Art verbunden. Der Autor übernimmt infolgedessen keine Verantwortung und wird keine daraus folgende oder sonstige Haftung übernehmen, die auf irgendeine Art aus der Benutzung dieses Programm-Materials oder Teilen davon entsteht.

Höchste inhaltliche und technische Qualität unserer Produkte ist unser Ziel. Bei der Produktion und Auslieferung unserer Bücher wollen wir die Umwelt schonen: Dieses Buch ist auf säurefreiem und chlorfrei gebleichtem Papier gedruckt. Die Einschweißfolie besteht aus Polyäthylen und damit aus organischen Grundstoffen, die weder bei der Herstellung noch bei der Verbrennung Schadstoffe freisetzen.

1. Auflage 2005
Unveränderter Nachdruck 2008

Alle Rechte vorbehalten
© Vieweg+Teubner | GWV Fachverlage GmbH, Wiesbaden 2008

Lektorat: Reinald Klockenbusch | Andrea Broßler

Vieweg+Teubner ist Teil der Fachverlagsgruppe Springer Science+Business Media.
www.viewegteubner.de

Das Werk einschließlich aller seiner Teile ist urheberrechtlich geschützt. Jede Verwertung außerhalb der engen Grenzen des Urheberrechtsgesetzes ist ohne Zustimmung des Verlags unzulässig und strafbar. Das gilt insbesondere für Vervielfältigungen, Übersetzungen, Mikroverfilmungen und die Einspeicherung und Verarbeitung in elektronischen Systemen.

Die Wiedergabe von Gebrauchsnamen, Handelsnamen, Warenbezeichnungen usw. in diesem Werk berechtigt auch ohne besondere Kennzeichnung nicht zu der Annahme, dass solche Namen im Sinne der Warenzeichen- und Markenschutz-Gesetzgebung als frei zu betrachten wären und daher von jedermann benutzt werden dürften.

Umschlaggestaltung: KünkelLopka Medienentwicklung, Heidelberg

Gedruckt auf säurefreiem und chlorfrei gebleichtem Papier.

ISBN-13: 978-3-528-05888-3   e-ISBN-13: 978-3-322-80259-0
DOI: 10.1007/978-3-322-80259-0

Vorwort

Das vorliegende Buch ist ein Management-Buch. Es richtet sich an Führungskräfte, Projektleiter, Architekten und Consultants im IT-Umfeld von Banken.

Für ein Management-Buch, zumal in einem Umfeld, das sich gleich in mehreren Dimensionen wandelt, ist der Orientierungsrahmen das Entscheidende. Noch so fundierte Einzelansätze werden erfolglos bleiben, solange es einer schlüssigen Zusammenschau gebricht.

Hier setzt das vorliegende Kursbuch an. Es gibt IT-Managern einen Gesamtrahmen an die Hand, der die wesentlichen Fragestellungen der Gestaltung eines IT-Bereichs einschließlich der IT selber aufgreift und in einem Guss beantwortet.

Was könnte den Leser zuversichtlich stimmen, diese bislang nicht vorliegende Synopsis hier zu finden? Dazu drei Punkte, welche die Arbeit an diesem Buch bestimmt haben:

Praxisorientierter Ansatz: Alle 11 Kapitel – die als abgeschlossene Konzepte gelesen werden können – sind praxiserprobt. Sie wurden in ihrem Kern in zahlreichen Banken so und nicht anders erfolgreich implementiert.

Entscheidungsorientierter Ansatz: Managen heißt vor allem entscheiden. Ein an sich gutes Konzept wird nicht implementiert werden, wenn es der Argumentation von Entscheidern, oder wie man sagt, der „Management-Denke" enträt. Deshalb wird besonderes Augenmerk auf die Motivation der Themen und die in der Praxis zum Zuge kommenden Entscheidungskriterien gelegt.

Branchenspezifischer Ansatz: Die Besonderheiten der Bankenbranche wirken bis in das IT-Management und die IT-Architektur hinein. Indem diese Besonderheiten ausdrücklich berücksichtigt werden, bieten sich viele Ansatzpunkte für eine konkrete Implementierung der Konzepte in Ihrem Unternehmen.

Möge dieses Buch einen kleinen Beitrag leisten zum Big picture einer neuen Banken-IT, das nur in einem gemeinsamen und breiten Dialog aller Beteiligten entstehen wird.

München, im Mai 2005   Andreas Krupinski

Inhaltsüberblick

Teil I	**IT-Strategie: Ausrichtung von Bank- und IT-Innovation** **3**	
	1 Positionierung: Innovationsbroker IT-Bereich 7	
	2 IT-Leistungsangebot: Dienstleister und mehr 23	
	3 Outsourcing: Teile und Herrsche 31	
Teil II	**IT-Management: Kräfte bündeln – Mehrwert schaffen** **49**	
	4 IT-Prozesse: Der Ansatz des Prozesshauses 53	
	5 Planung & Controlling: Neue Reichweite gewinnen 63	
	6 Operative Prozesse: Stärkung der Wertschöpfung 99	
	7 Aufbaustruktur: Backbone der IT-Leistung 137	
	8 Personal: Leistung freisetzen – Leistung steuern 155	
Teil III	**IT-Architektur: Wege zu einer integralen Unternehmens-IT** **187**	
	9 Architekturmodelle: Brücke zwischen Banking & IT 191	
	10 Architekturleitlinien: Leitplanken für die Gestaltung 215	
	11 Zielarchitekturen: Offenheit und Integration 237	

Inhaltsverzeichnis

Einleitung 1

Teil I   IT-Strategie: Ausrichtung von Bank- und IT-Innovation 3

    1   Positionierung: Innovationsbroker IT-Bereich 7

        1.1 Banking und IT: Die Innovationslinien 8

            1.1.1 Bankinnovation: Industrialisierung und Segmentierung 8

            1.1.2 IT-Innovation: Service-zentrierte Architektur –
                    Melting-pot of IT 11

        1.2 Ausrichtung von Bank- und IT-Innovation 13

        1.3 Innovationsbroker IT-Bereich 16

        1.4 Konvergenzkriterien für die Operationalisierung 18

            1.4.1 Konvergenzkriterien I: Leistungsangebot und Sourcing 19

            1.4.2 Konvergenzkriterien II: IT-Architektur 19

            1.4.3 Konvergenzkriterien III: IT-Management 21

    2   IT-Leistungsangebot: Dienstleister und mehr 23

        2.1 Das erweiterte Leistungsangebot 24

            2.1.1 Der Komponentenansatz für IT-Produkte 25

        2.2 Das Partnerschaftliche Rollenmodell 25

        2.3 IT-Wertschöpfung: Shift & Shrink 26

        2.4 Kernkompetenzen: End-to-End-Verantwortung für die IT 28

    3   Outsourcing: Teile und Herrsche 31

        3.1 Die Rahmenbedingungen für die Banken 32

        3.2 Outsourcing-Potential 34

            3.2.1 Outsourcing am Abakus: Es muss sich rechnen 35

        3.3 Outsourcing-Optionen 36

            3.3.1 Sourcing-Optionen I: Wertschöpfungsanalyse 36

            3.3.2 Sourcing-Optionen II: IT-Portfolio-Analyse 38

                3.3.2.1 Make or Buy-Optionen 39

                3.3.2.2 Eigen- oder Fremdbereitstellung 40

        3.4 Sourcing-Readyness 42

Teil II	IT-Management: Kräfte bündeln – Mehrwert schaffen	49
4	**IT-Prozesse: Der Ansatz des Prozesshauses**	**53**
	4.1 Das IT-Prozesshaus im Überblick	54
	4.2 Service-Kategorien und Services	56
	4.2.1 Planning Services	56
	4.2.2 Customer Services	56
	4.2.3 Delivery Services	57
	4.2.4 Operational & Support Services	58
	4.2.5 Basic Services	59
	4.3 IT-Prozesse: Einheitlicher Prozessrahmen	60
	4.4 Referenzmodelle	62
5	**Planung & Controlling: Neue Reichweite gewinnen**	**63**
	5.1 Grundsätzlicher Planungsansatz	64
	5.1.1 Abhängigkeit von Strategischer und Jahresplanung	65
	5.1.2 Der dreistufige Planungsansatz	68
	5.2 Strategische Planung	69
	5.2.1 Die Bestandteile des Bebauungsplans	69
	5.2.1.1 Generalentwicklungsplan	72
	5.2.2 Rollen und Verantwortlichkeiten	73
	5.2.3 Erfolgsfaktoren für die Implementierung	74
	5.3 Jahresplanung	76
	5.4 IT-Controlling	79
	5.4.1 Ausrichtung und Ziele	80
	5.4.2 Kennzahlen	82
	5.4.2.1 Leistungskennzahlen	83
	5.4.2.2 Kostenkennzahlen	85
	5.4.3 Berichtswesen	92
	5.4.4 Controlling-Tools	97
6	**Operative Prozesse: Stärkung der Wertschöpfung**	**99**
	6.1 Geschäftsbereichsbetreuung	100
	6.1.1 Beratung und Analyse	103
	6.1.2 Detailplanung und Bankfachliche Konzeption	104
	6.1.3 Umsetzungsunterstützung	104
	6.1.4 Anwendungsbetreuung	104

6.1.5 GB-Betreuung: Exzellenzprofil 105
6.2 Architektur-Management 106
    6.2.1 Bereitstellung Architektur-Regelwerk 108
    6.2.2 Erarbeitung von Zielarchitekturen 108
    6.2.3 Durchführung von Architekturprüfungen 109
    6.2.4 Kommunikation 113
6.3 Projekt-Management 114
    6.3.1 Projekt-Management-Regelwerk 116
        6.3.1.1 Anforderungen 117
        6.3.1.2 Projekt-Rahmenorganisation 118
        6.3.1.3 Projekt-Einzelorganisation 120
        6.3.1.4 Vorgehensmodelle 122
        6.3.1.5 Projekt-Management-Tools 126
    6.3.2 Beratung und Schulung 127
    6.3.3 Durchführung von Projekt-Audits 127
6.4 Vertrags-/SLA-Management 129
    6.4.1 Bereitstellung Vertragsregelwerk 131
    6.4.2 Mitwirkung bei der Vertragsgestaltung 131
    6.4.3 Vertragsprüfung 136
    6.4.4 Vertragsverwaltung 136

7 Aufbaustruktur: Backbone der IT-Leistung 137
7.1 Anforderungen an die Aufbaustruktur 138
    7.1.1 Funktionale Struktur 138
    7.1.2 Bündelung von Aufgaben und Kompetenzen 140
7.2 Das Vier-Säulen-Modell 141
    7.2.1 Geschäftsbereichsbetreuung 143
    7.2.2 Stab 144
    7.2.3 Betrieb und Support 145
    7.2.4 IT-Bereitstellung 145
    7.2.5 Programm-Manager-Pool 146
7.3 Varianten der Aufbaustruktur 148
    7.3.1 Zentraler vs. dezentraler Ansatz 148
    7.3.2 Vier-Säulen- vs. Drei-Säulen-Modell 151
7.4 Implementierung 152

8	**Personal: Leistung freisetzen – Leistung steuern**	**155**
	8.1 Rahmenvorgaben	156
	8.1.1 Ausbildungs- und Arbeitsmarktsituation	156
	8.1.2 Unternehmenskultur, Führungskultur	157
	8.1.3 Zentrales Personal-Management: Abgrenzung	158
	8.2 Kernbestandteile des IT-Personalkonzepts	159
	8.2.1 Profile	160
	8.2.1.1 Profile: Horizontale Struktur	162
	8.2.1.2 Profile: Vertikale Struktur	165
	8.2.2 Laufbahnen	167
	8.2.2.1 Management-Laufbahnen	169
	8.2.2.2 Laufbahnenmodell und Karrierepfade	171
	8.2.3 Stellen	172
	8.2.4 Resümee: Die Durchgängigkeit von Personal-, Aufbau- und Prozessstruktur	173
	8.3 Personal-Management	174
	8.3.1 Recruitment	174
	8.3.2 Personalentwicklung	175
	8.3.2.1 Personalgespräche	176
	8.3.2.2 Karriereplanung	177
	8.3.2.3 Weiterbildung und Förderung	178
	8.4 Der Win-Win-Ansatz im Personalkonzept	183
Teil III	**IT-Architektur: Wege zu einer integralen Unternehmens-IT**	**187**
9	**Architekturmodelle: Brücke zwischen Banking & IT**	**191**
	9.1 Das Rahmenmodell	192
	9.2 Modell zur Geschäftsplattformarchitektur	194
	9.2.1 Vertriebsplattform	196
	9.2.2 Abwicklungsplattform	197
	9.2.3 Steuerungsplattform	197
	9.2.4 Unterstützungsplattform	198
	9.3 Modell zur Geschäftsprozessarchitektur	199
	9.4 Modell zur Anwendungsarchitektur	201
	9.5 Modell zur Software-Architektur	204

9.6 Modell zur Infrastrukturarchitektur 207
    9.6.1 Systemarchitektur 209
    9.6.2 Netzarchitektur 210
9.7 Durchgängigkeit des Rahmenmodells 212

10 Architekturleitlinien: Leitplanken für die Gestaltung 215
10.1 Leitlinien zur Geschäftsplattformarchitektur 216
10.2 Leitlinien zur Geschäftsprozessarchitektur 219
10.3 Leitlinien zur Anwendungsarchitektur 221
10.4 Leitlinien zur Software-Architektur 225
10.5 Leitlinien zur Infrastrukturarchitektur 228
10.6 Vorteile einer leitlinienkonformen IT-Architektur 233

11 Zielarchitekturen: Offenheit und Integration 237
11.1 Ansatz der Zielarchitekturen 238
11.2 Zielarchitektur I: Systemarchitektur 240
    11.2.1 Technologie-Sets 241
    11.2.2 Systemplattformen 243
11.3 Zielarchitektur II: Komponenten- und Kommunikations-
architektur 245
    11.3.1 Kommunikationsarchitektur: ORB und MOM 247
    11.3.2 Komponenten-Frameworks 251
    11.3.3 Application Frameworks 253
    11.3.4 Komponentenarchitektur 255
11.4 Zielarchitektur III: Datenarchitektur 259
    11.4.1 Anforderungen an eine Datenarchitektur 259
    11.4.2 Bestandteile einer Datenarchitektur 261
11.5 Zielarchitektur IV: Vertriebsarchitektur 263
    11.5.1 Anforderungen an eine Vertriebsarchitektur 263
    11.5.2 Bestandteile einer Vertriebsarchitektur 266

Anhang 271
    Anhang A   Glossar 271
    Anhang B   Literaturverzeichnis 275
    Anhang C   Sachwortverzeichnis 277

Einleitung

Der Veränderungsprozess im Bankensektor hat ein bislang nicht gekanntes Ausmaß und Tempo erreicht. Marktausrichtung, Produkte, Wertschöpfungskette. Alle diese Bereiche sind heute kontinuierlich und rasch den veränderten Wettbewerbsbedingungen anzupassen.

Mit der eingeforderten Anpassungsfähigkeit der Banken an den Wettbewerb werden die IT-Bereiche in den Unternehmen zum Katalysator der Veränderungen. Seien es die Umsetzung gesetzgeberischer Auflagen, neue Produkte oder neue Geschäftsfelder, Fusionen oder Outsourcing – der tiefgreifende Umbau der Geschäftsplattformen im jeweiligen Unternehmen erhöht den Innovations- und Veränderungsdruck auf die IT. Unter gleichzeitiger Wahrung von Leistung und Stabilität.

Wo stehen die Banken heute? Der anhaltende Innovationsdruck in der IT trifft auf immer festgefahrenere IT-Strukturen. Betriebsstabilität und Leistungserhalt werden konsequent verfolgt, binden aber beträchtliche Teile der Ressourcen – zunehmend zulasten der Statik einer unvermindert schnell wachsenden IT-Landschaft, die durch Fusionen steigende Fremd-IT-Anteile ausweist.

Dazu kommt die Kostenexplosion in der IT. Mit einem Anteil von 20 % fließen weltweit mehr IT-Gelder in die Banken als in jede andere Branche. Die Kostenproblematik ist dabei oftmals Indikator struktureller Probleme. Zum einen haben mit dem Wachstum der IT-Bereiche – von kleinen Betriebs- zu Dienstleistungsbereichen der Größe mittelständischer Unternehmen – die Steuerungsmechanismen nicht Schritt gehalten. Zum anderen lassen steigende Integrationskosten sowie immer mehr Gelder für Folgekosten etwa im Betrieb den Spielraum für IT-Innovation schrumpfen.

Damit sind die drei zentralen Stellhebel auf dem Wege zu einer nachhaltigen Weiterentwicklung der Unternehmens-IT genannt: Innovationsmanagement, Komplexitätsmanagement, Kostenmanagement.

Hier setzt das vorliegende Kursbuch an. Es zeigt die strategischen und operativen Maßnahmen in IT-Management und IT-Architektur auf, um mehr Innovation bei weniger Kosten und weniger Komplexität zu erzielen.

Dabei versteht es sich als Kompass zur Navigation zwischen dem Erhalt bewährter Strukturen und dem Schaffen bzw. der Integration neuer Strukturen in der IT. Das Kursbuch gliedert sich in drei Teile:

Teil I – IT-Strategie. Die skizzierten Herausforderungen sind in erster Linie nicht operativer, sondern strategischer Art. Die IT-Strategie schafft den Rahmen für die grundsätzliche Positionierung, die Definition von Leistungsangebot und Wertschöpfung sowie die Sourcing-Optionen für den IT-Bereich.

Teil II – IT-Management. Auf Basis der IT-Strategie wird ein ganzheitlicher, bankenspezifischer Ansatz für ein IT-Management vorgestellt. Dies umfasst die Einführung eines IT-Prozesshauses, die Definition einer Aufbaustruktur für den IT-Bereich und ein IT-spezifisches Personalkonzept.

Teil III – IT-Architektur. Auf Basis der IT-Strategie wird ein integraler Ansatz für die IT-Architektur des gesamten Unternehmens vorgestellt. Dies beinhaltet die Einführung und Anwendung *eines* durchgängigen Architekturmodells, die Aufstellung zentraler Architekturleitlinien und die Definition einer Zielarchitektur für die Banken-IT.

Teil I IT-Strategie

Ausrichtung von Bank- und IT-Innovation

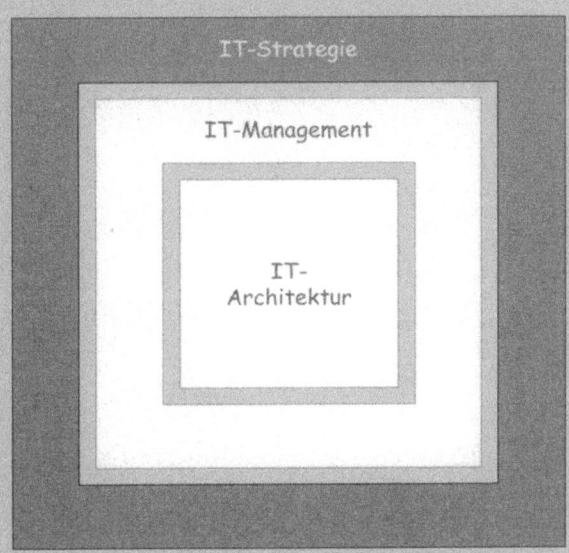

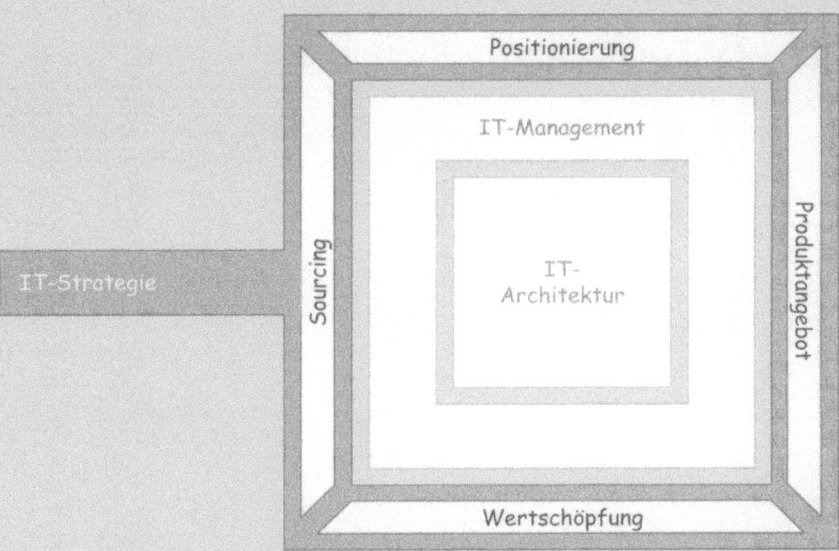

Die heutigen Herausforderungen in der Banken-IT sind in ihrem Kern strategischer, nicht operativer Art. Diese strategischen Fragestellungen gilt es vor die Klammer zu ziehen, um einen stabilen Orientierungsrahmen zu schaffen und um die Komplexität der nachgelagerten operativen Entscheidungen zu verringern. Die IT-Strategie besteht aus drei Teilen:

- **Positionierung.** Angesichts der zunehmend verschränkten Bank- und IT-Innovation wird der Grundmechanismus – Separation und Transformation – zu einer Ausrichtung beider Innovationen aufgezeigt. Daraus werden die Rolle des IT-Bereichs als Innovationsbroker und die Konvergenzkriterien für IT-Management und IT-Architektur abgeleitet.

- **Produktangebot und Wertschöpfung.** Für den IT-Bereich bedeutet die Positionierung – gegenüber herkömmlichen Modellen – eine Verschiebung des Leistungsangebots. Mit einer Erweiterung und Intensivierung des Produktangebots bei Reduktion der Wertschöpfungstiefe. Auf Basis dieses Leistungsangebots werden die Kernkompetenzen abgeleitet.

- **Sourcing.** Das Leistungsangebot kann – in voller Breite und Tiefe – nur durch den IT-Bereich *und* weitere Partner erbracht werden. Das Sourcingkonzept zeigt, welche Teile der IT bzw. der IT-Prozesse unter welchen Bedingungen auslagerbar sind.

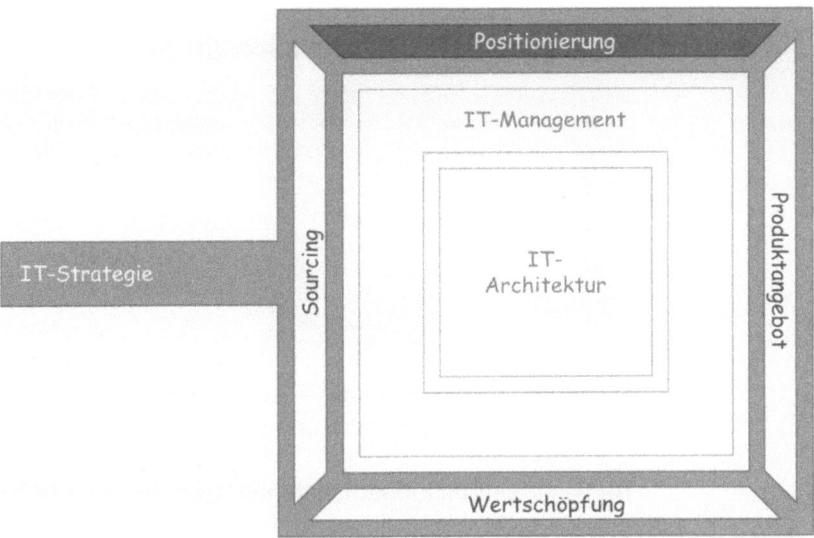

1 Positionierung: Innovationsbroker IT-Bereich

Die Positionierung ist der Ausgangspunkt der IT-Strategie. Sie definiert die Grundausrichtung des IT-Bereichs nach außen mit Blick auf die Herausforderungen durch Bank- und IT-Innovation und nach innen hinsichtlich der künftigen Rolle im Unternehmen. Die Positionierung besteht aus vier Teilen:

- **Banking und IT: Die Innovationslinien.** In einem Überblick werden die Hauptinnovationslinien im Banken- und IT-Umfeld aufgezeigt.
- **Ausrichtung von Bank- und IT-Innovation.** Um die Innovationskräfte in Banking und IT aufeinander auszurichten, wird der Ansatz Separation und Transformation vorgestellt.
- **Innovationsbroker IT-Bereich.** Konsequenz der Neuausrichtung ist die erweiterte Rolle des IT-Bereichs als Broker bei der Transformation von Bank- in IT-Innovation und umgekehrt.
- **Konvergenzkriterien.** Für eine stringente Operationalisierung der IT-Strategie werden die wesentlichen Konvergenzkriterien für IT-Management und IT-Architektur vorgestellt.

1.1 Banking und IT: Die Innovationslinien

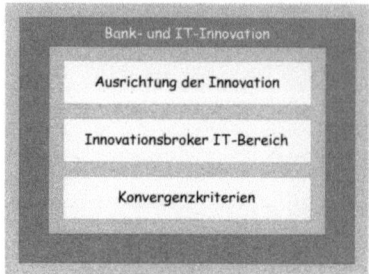

Um einen Überblick über die vielfältigen, teils sehr zersplitterten Einzelentwicklungen in der Banken- und Technologielandschaft zu erhalten, gilt es, die Hauptinnovationslinien mit ihrer Stoßrichtung darzustellen.

In ihrer Grundtendenz stellen diese Innovationslinien – aus Sicht der einzelnen Bank – keine Handlungsoptionen, sondern vorgegebene Rahmenbedingungen dar.

1.1.1 Bankinnovation: Industrialisierung und Segmentierung

Mit der Regulierung bzw. Deregulierung der Kapitalmärkte, mit dem Wegfall nationaler Subventionen, mit sinkenden Markteintrittsbarrieren ist Bewegung in den Bankensektor gekommen.

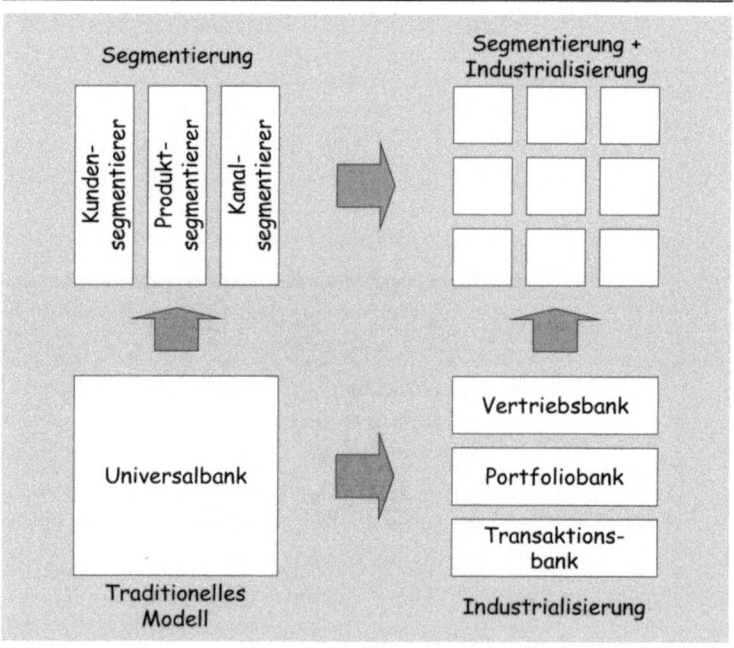

Abb. 1-1 Die Stoßrichtungen in der Bankinnovation

1.1 Banking und IT: Die Innovationslinien

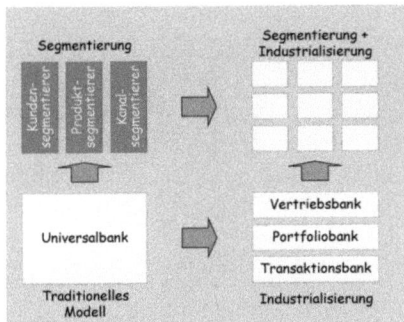

Die Bewegung hat zwei Stoßrichtungen: Segmentierung und Industrialisierung.

Die Segmentierung entlang der Vertriebsdimensionen Kunden, Produkte und Vertriebskanäle hat eine Reihe neuer Geschäftsmodelle hervorgebracht.

- **Direktbanken (Kanal-/Produkt-Segmentierer).** Als Anfang der 90er Jahre Direktbanken am Markt erschienen, gingen viele etablierte Banken davon aus, dass es sich lediglich um einen neuen – allenfalls ergänzenden – Vertriebskanal handelt. Doch eine selektive Marktbearbeitung mit wenigen standardisierten, risikoarmen Zinsprodukten sowie Provisionsprodukten, dazu die Reduktion der Transaktionskosten bei den Kontenprodukten und in der Fonds- und Depotverwaltung haben ein neues Geschäftsmodell etabliert.

  Auch Direct Brokerage ist mehr als nur ein Vertriebskanal bzw. ein Zugangskanal zu Finanzdienstleistungen. Die Öffnung der Wertpapiermärkte für den Endverbraucher hat teilweise zu einer Umgehung der Bank als Finanzintermediär geführt. Nicht nur von der technischen Seite, sondern auch von der Beratungsseite.

- **Non- und Nearbanks (Produktsegmentierer).** Einen ähnlichen Weg haben die sog. Non- und Nearbanks genommen, vor allem im Konsumgüter- und Automobilbereich. Standardisierte Produkte, geringe Risiken – das Auto stellt sozusagen eine Mobilienhypothek dar – teilweise Quersubventionierung machen Finanzkauf direkt über die Anbieter konkurrenzlos günstig.

- **Strukturvertriebe (Kundensegmentierer).** Die Strukturvertriebe haben neue Maßstäbe im Vertrieb gesetzt. Mit durchschnittlich 6 bis 8 Kundenkontakten pro Tag und durchschnittlich 720 Euro Erlös pro Kunden liegen sie um den Faktor vier über den klassischen Regionalmarktspezialisten wie Sparkassen und Volksbanken.

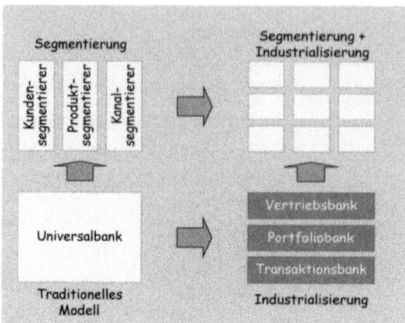

Die zweite Stoßrichtung im Bankensektor ist die Industrialisierung der Finanzdienstleistungen verbunden mit einem Aufbrechen der Wertschöpfungskette in separate Einheiten für Vertrieb, Produktmanagement und Abwicklung.

- **Vertriebsbank.** Die Vertriebsbank fokussiert auf den Verkauf von Produkten. Sie erweitert den Vertrieb zu einem Push- & Pull-Modell. Dies ermöglicht eine sukzessive Verfeinerung von Kundensegmenten zu einem personalisierten One-to-One-Marketing – auch im Massenkundengeschäft. Sie fährt einen Multi-Kanal-Ansatz, der nicht nur technisch, sondern von der Marktschnittstelle in das Geschäftsmodell integriert ist. Die Vertriebsbank verfolgt ein dynamisches Financial Engineering, d.h. sie bietet eine „Just in Time"- Zusammensetzung von kundenorientierten Produktbündeln, welche aus eigenen und fremden Produkten bestehen können. Und sie bietet einen 7 Tage/24-Stunden-Service über den Vertriebskanal der Wahl aus Sicht der Kunden.

- **Portfoliobank.** Die Portfoliobank ist Produktentwickler und Risiko-Manager zugleich. Sie entwickelt sich aus den klassischen Treasury-/Eigenhandelsabteilungen. Hier werden (Bonitäts-)Risiken von einer Vertriebsbank gekauft, in neue Produkte, z.B. Spezial-Fonds oder Verbriefungen, transformiert und wieder verkauft. Funktional sind die Aufgaben einer Portfolio-Bank heute im Investment Banking großer Banken angesiedelt. In den beiden Verbünden nehmen die Zentral- bzw. Landesbanken diese Aufgabe wahr.

- **Transaktionsbank.** Ziel der Transaktionsbanken ist die hochgradige Automatisierung der Abwicklungsprozesse bei Erreichen einer kritischen Masse an Transaktionen. Im Transaction Banking ist die Entwicklung zu dezidierten, ausgelagerten Einheiten am weitesten vorangeschritten, z.B. in der Wertpapier- oder Zahlungsverkehrsabwicklung.

1.1.2 IT-Innovation: Service-zentrierte Architektur – Melting-pot of IT

Die heutige Banken-IT ist geprägt durch drei Entwicklungslinien. Durch die Host- bzw. Mainframe-Welt, durch die Client/Server-Entwicklung und durch das Internet.

Alle drei Entwicklungslinien haben substantiell zur Weiterentwicklung der IT beigetragen. Zugleich aber hatte jede Entwicklungslinie ihre Schwerpunkte und Defizite. Deshalb ist auch keiner einzelnen Entwicklungslinie der Durchbruch am IT-Markt gelungen verbunden mit einer Verdrängung anderer Entwicklungslinien.

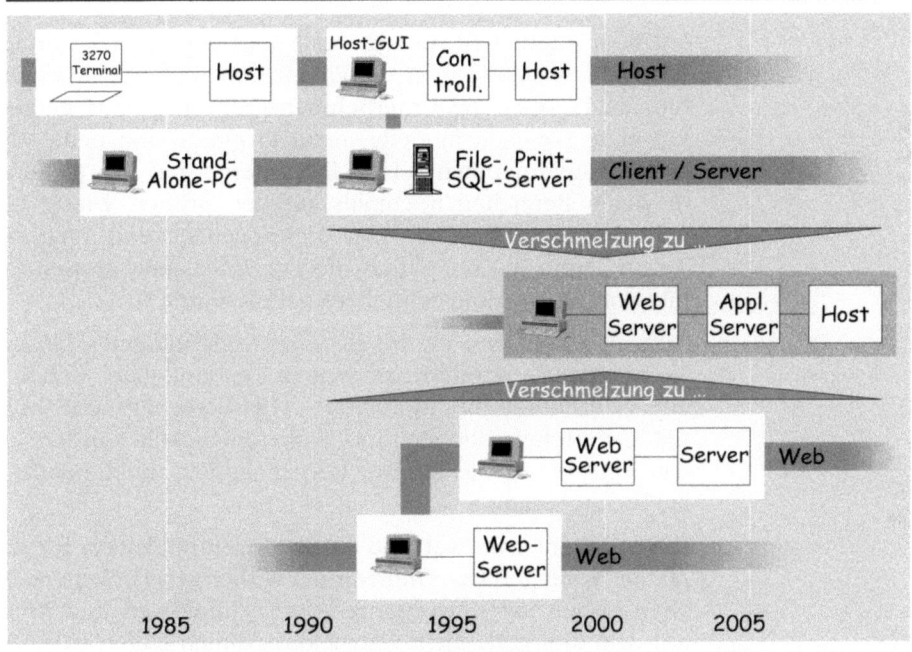

Abb. 1-2 Die Stoßrichtungen in der IT-Innovation

Die Host-Welt kann auf einen langen Entwicklungszeitraum zurückblicken mit einer oftmals unterschätzten Dynamik und Innovation. Heutige Hosts stehen im Highend-Bereich konkurrenzlos in puncto Performance, Stabilität und (Hoch-)Verfügbarkeit dar, ebenso wie hinsichtlich des Reifegrades von Utilities für geschäftskritische Anwendungen, z.B. von Transaktionsmonitoren. *Aber:* Die Host-Entwicklung ist insgesamt zu hermetisch verlaufen, mit zu wenig Offenheit zu anderen IT-Welten. Offenheit und Flexibilität endeten oftmals an den Hostgrenzen bzw. den Grenzen des Herstellers.

Der PC hat sich von einer Stand-Alone-Lösung für Office-Anwendungen frühzeitig weiterentwickelt zu der dezentralen, d.h. ursprünglich nicht durch die Rechenzentralen, sondern durch Drittanbieter bereitgestellten Client/Server-Plattform. Hier laufen heute nicht nur Nischenanwendungen, sondern auch unternehmenskritische Bankanwendungen. *Aber:* Heutige Client-Serveranwendungen geraten zunehmend in eine Komplexitätsfalle. Die ursprünglich einfache und robuste Technologie wurde teilweise über ihre Grenzen ausgereizt mit dem Resultat von Defiziten in Flexibilität und Stabilität.

Mit dem Internet ist Anfang der Neunziger Jahre die dritte Welle der IT-Entwicklung über die Finanzbranche hereingebrochen. Sie hat die IT über die Unternehmensgrenzen hinaus geöffnet. Sie hat neue Geschäftsmodelle, neue Produkte und neue Vertriebskanäle hervorgebracht. *Aber:* Das Internet hat rein technologisch in vielen Bereichen nochmals auf der „grünen Wiese" angefangen. Mit dem Resultat von Heterogenität und unausgereifter Technologie, die nur durch die Dynamik einer großen Community von Entwicklern schnell aufgeholt wurde.

Alles in allem kam es nie zu einer vollständigen Ablösung von Technologien, sondern zu neuen Technologien, neben denen alte gewachsene Technologien – teils berechtigt, teils unberechtigt – bestehen blieben und weiterentwickelt wurden. Resultat war eine bis in die jüngste Vergangenheit zunehmende Vielfalt an Technologien.

Doch das Internet war und ist die Killerapplikation für das endgültige Sprengen der Grenzen der bisherigen IT-Welten. Die Zeichen stehen auf Konvergenz von Technologien und Architekturen. Die drei genannten Entwicklungslinien laufen in einer service-zentrierten Architektur zusammen.

Service-zentrierte Architektur heißt Globalisierung und infolgedessen Dezentralisierung. Verteilte IT-Anwendungen, verteilte Systemdienste, verteilte Infrastrukturen, die nicht an Unternehmensgrenzen enden. Das bedeutet für jedes Unternehmen zwangsläufig eine neue Qualität an Offenheit, Standardisierung und Interoperabilität der IT.

1.2 Ausrichtung von Bank- und IT-Innovation

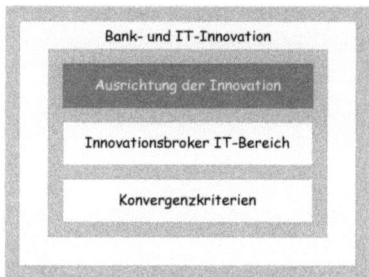

Die Frage nach dem Kausalzusammenhang zwischen Bankinnovation und IT-Innovation galt lange Zeit als beantwortet, und zwar nach überwiegender Meinung in der Weise, dass die Geschäftsstrategie bzw. das Geschäftsmodell einer Bank deren Informationstechnologie bestimmt. Wenngleich es zu jederzeit IT-Innovation gab, so fokussierte diese auf technisch getriebene Verbesserungen oder auf das Heben von Rationalisierungspotentialen. Aber es gingen keine unmittelbaren und gezielten Impulse von der IT-Entwicklung auf das Geschäftsmodell aus.

Heute gleicht die Frage nach dem Zusammenhang von Bankinnovation und IT-Innovation dem Henne-Ei-Problem. Innovation ist keine Einbahnstraße mehr. Bankinnovation und IT-Innovation durchdringen einander immer stärker. Nichts hat dies deutlicher vor Augen geführt als die Internetentwicklung der 90er Jahre.

Intensivierung und Verschränkung von Bank- und IT-Innovation bedeuten nicht zwangsläufig mehr Stabilität. Im Gegenteil: Die Freisetzung neuer Kräfte führt meist zu einem Ungleichgewicht. In vielen Banken verlaufen Geschäftsentwicklung und IT-Entwicklung nicht mehr kongruent.

Entweder die geschäftliche Entwicklung eilt der IT-Realität voraus. Beispiel Fusionen. Im Nachgang des Zusammenschlusses auf Geschäftsebene ist im Rahmen der technischen Fusion nicht selten eine aufwendige Sanierung der IT-Strukturen erforderlich. Oder die IT-Entwicklung eilt der Geschäftsrealität voraus. Beispiel Transaktionsbanken. Eine stückkosteneffiziente IT eines Abwicklers kann kein Geschäftsmodell herausreißen, das aufgrund zu optimistisch hochgerechneter Volumina und Mandantenzugewinne nicht tragfähig ist.

Um dieses grundsätzliche Problem zu verstehen, ist die heutige IT-Gesamtarchitektur und der daraus zwangsläufig resultierende Planungs- und Bereitstellungsprozess zu untersuchen.

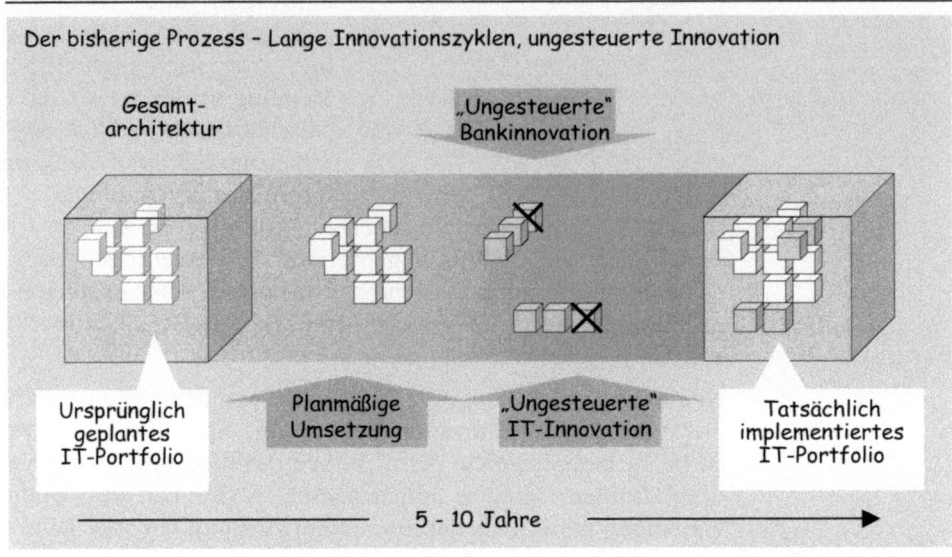

Abb. 1-3 Der bisherige Planungs- und Bereitstellungsprozess

Dreh- und Angelpunkt der heutigen Probleme ist die oftmals noch monolithische bzw. konglomerate Gesamtarchitektur. Daraus resultieren drei Schwachstellen:

- **Innovationsdilemma.** Entweder wird eine ungesteuerte bzw. eine nicht zentral gesteuerte Innovation zwischen den Planungszyklen zugelassen (Innovation vor Stabilität). Oder Innovation wird gezielt unterbunden, um die Umsetzung des IT-Portfolios im aktuellen Zyklus nicht zu gefährden (Stabilität vor Innovation).
- **Komplexität.** Durch weitgehende Neuentwicklung von Geschäftsarchitektur und Infrastruktur pro Innovationszyklus (Einweg-IT) entsteht eine hohe Komplexität mit vielen Abhängigkeiten in der Implementierung.
- **Kostenexplosion.** Einweg-IT plus heterogene Teillösungen im Rahmen der „ungesteuerten" Innovation verursachen hohe Kosten.

1.2 Ausrichtung von Bank- und IT-Innovation

Der künftige Prozess basiert auf der Separation von Geschäftsarchitektur und IT-Infrastruktur *und* einem institutionalisierten Transformationsprozess, d.h. einer Impact-Analyse innovativer Entwicklungen auf beiden Seiten im Hinblick auf die Umsetzung im nächsten Innovationszyklus.

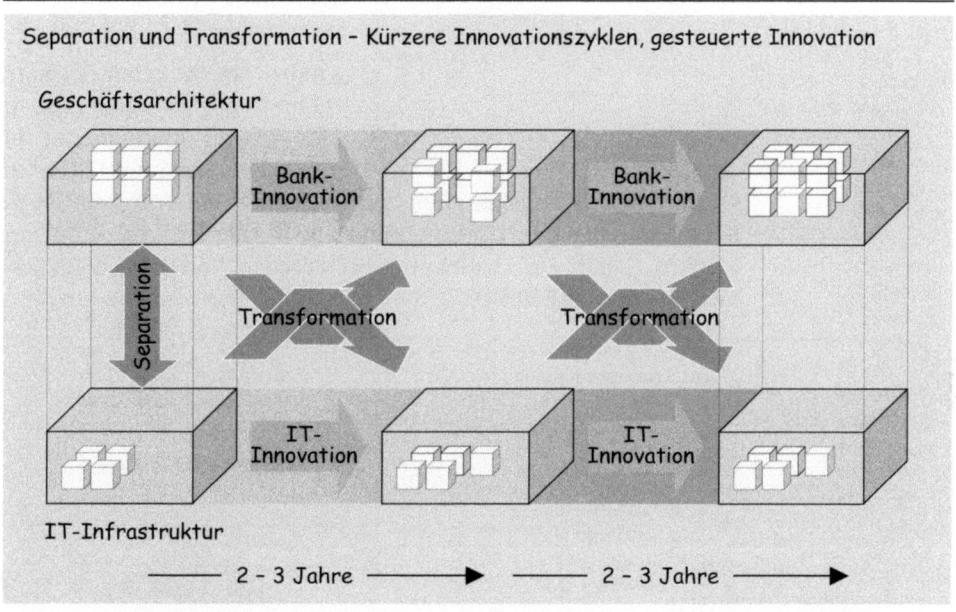

Abb. 1-4 Der künftige Planungs- und Bereitstellungsprozess

Beide Mechanismen – Separation und Transformation – zusammen bieten drei entscheidende Vorteile:

- **Innovation.** Rasche, umfängliche und durchgängige Bank-/IT-Innovation ohne Überspringen von Innovationszyklen.
- **Flexibilität.** Gezielte Bereitstellung neuer Lösungspakete auf Basis vorhandener IT-Strukturen (Mehrweg-IT). Entkopplung der Innovationszyklen. Spürbare Senkung der Gesamtkomplexität der Projekte.
- **Kostendämpfung.** Reduktion der IT-Kosten durch hohe Homogenität der IT, durch Konsolidierung oder Aufwärts-Integration vorhandener Technologien („Up or Out") und durch gezielte Bereitstellung nur der neu erforderlichen Funktionen (Delta-Innovation).

1.3 Innovationsbroker IT-Bereich

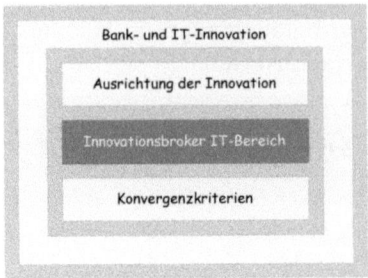

Die Fähigkeit einer kontinuierlichen Transformation von IT- und Geschäftsinnovation fordert einen grundsätzlichen Rollenwandel des IT-Bereichs.

„Denn nach den rasanten Technologiesprüngen in den 90er Jahren klafft heute eine zum Teil eklatante Lücke zwischen der Leistungsfähigkeit einer Technologie und dem tatsächlichen Nutzen, den Unternehmen aus ihr ziehen", erläutert Frank Mattern, Leiter der weltweiten IT-Practice vom McKinsey Business Technology Office.

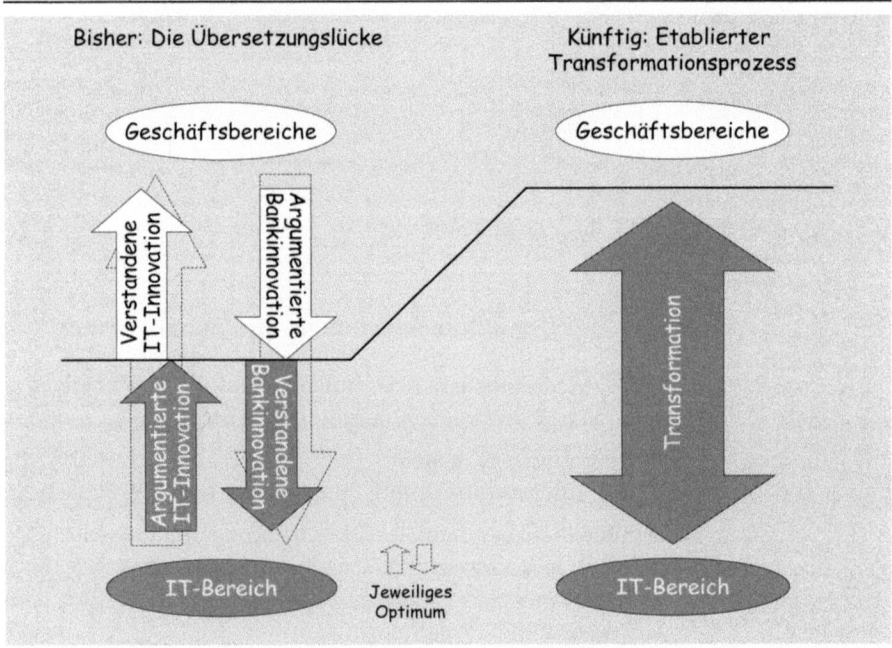

Abb. 1-5 Der IT-Bereich als Innovationsbroker

Grund hierfür ist, dass die IT-Bereiche oftmals noch zu technologieverhaftet agieren. IT-Innovation wird *technologie*orientiert statt *nutzen*orientiert vermittelt. Parallel dazu entwickeln die Geschäftsbereiche ein eigenes Verständnis des Nutzenpotentials von

IT-Innovation. Infolgedessen ist die durch den IT-Bereich argumentierte *und* die seitens der Geschäftsbereiche verstandene IT-Innovation vom Optimum entfernt.

Umgekehrt ist die angeführte Technologieverhaftung bzw. die zu große Distanz zu den bankfachlichen Fragestellungen seitens des IT-Bereichs wiederum der Grund dafür, dass es zu Reibungsverlusten bei der Umsetzung von Bank- in IT-Innovation kommt.

Um diese doppelte Übersetzungslücke zu schließen, gilt es einen Transformationsprozess zu institutionalisieren, in welchem dem IT-Bereich die Rolle eines Brokers zwischen Bank- und IT-Innovation zukommt. Dazu ist der IT-Bereich in seiner Ausrichtung näher an die Geschäftsbereiche heranzuführen.

Transformation bedeutet, potentielle IT-Innovation den Geschäftsbereichen erfolgreich zu vermitteln und umgekehrt potentielle Bankinnovation zu erkennen und frühzeitig in die optimale Technologie zu gießen. Dies verlangt vom IT-Bereich ein Verständnis des Innovationspotentials von Technologie *und* Banking.

1.4 Konvergenzkriterien für die Operationalisierung

Bank- und IT-Innovation
Ausrichtung der Innovation
Innovationsbroker IT-Bereich
Konvergenzkriterien

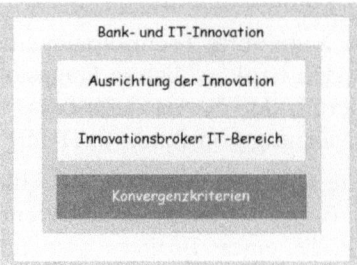

Auf Grundlage der vorangegangenen Positionierung werden die Konvergenzkriterien für die weiteren Teile der IT-Strategie – Leistungsangebot, Wertschöpfung, Sourcing – sowie für die Operationalisierung in IT-Management und IT-Architektur vorgestellt.

Somit ergeben sich drei Blöcke von Konvergenzkriterien:

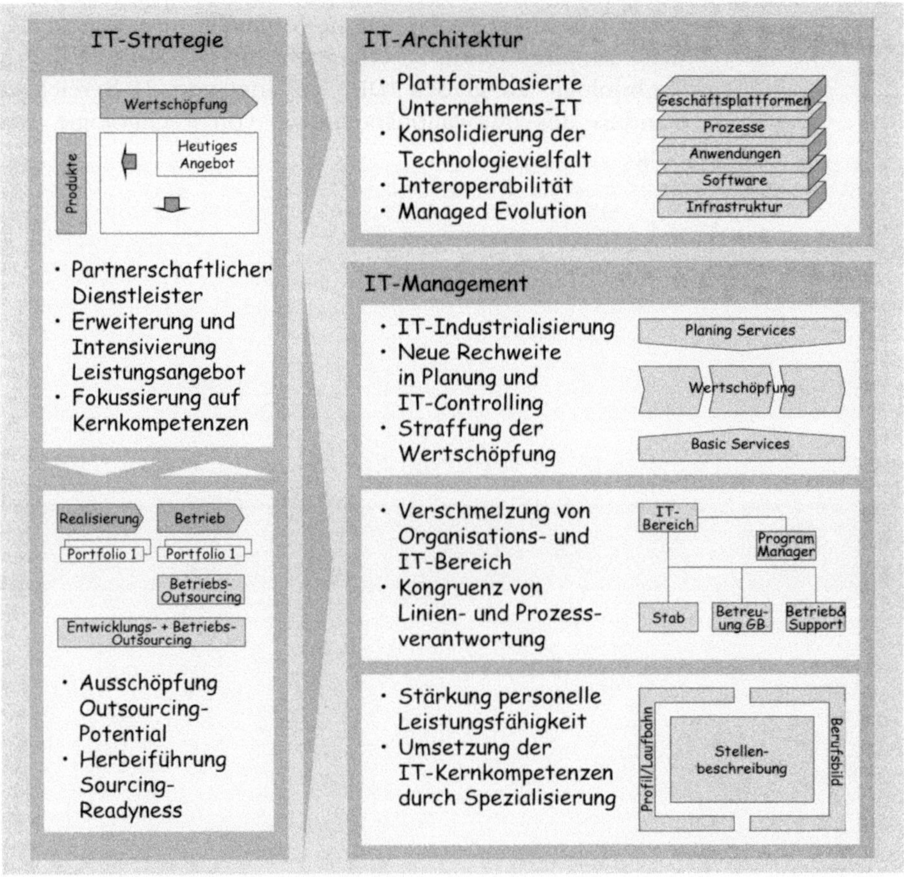
IT-Strategie
Wertschöpfung
Produkte
Heutiges Angebot
· Partnerschaftlicher Dienstleister
· Erweiterung und Intensivierung Leistungsangebot
· Fokussierung auf Kernkompetenzen
Realisierung
Betrieb
Portfolio 1
Portfolio 1
Betriebs-Outsourcing
Entwicklungs- + Betriebs-Outsourcing
· Ausschöpfung Outsourcing-Potential
· Herbeiführung Sourcing-Readyness
IT-Architektur
· Plattformbasierte Unternehmens-IT
· Konsolidierung der Technologievielfalt
· Interoperabilität
· Managed Evolution
Geschäftsplattformen
Prozesse
Anwendungen
Software
Infrastruktur
IT-Management
· IT-Industrialisierung
· Neue Rechweite in Planung und IT-Controlling
· Straffung der Wertschöpfung
Planing Services
Wertschöpfung
Basic Services
· Verschmelzung von Organisations- und IT-Bereich
· Kongruenz von Linien- und Prozess-verantwortung
IT-Bereich
Program Manager
Stab
Betreuung GB
Betrieb& Support
· Stärkung personelle Leistungsfähigkeit
· Umsetzung der IT-Kernkompetenzen durch Spezialisierung
Profil/Laufbahn
Stellen-beschreibung
Berufsbild

Abb. 1-6 Konvergenzkriterien: Überblick

1.4 Konvergenzkriterien für die Operationalisierung

1.4.1 Konvergenzkriterien I: Leistungsangebot und Sourcing

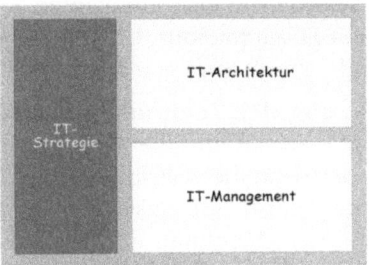

Für die beiden folgenden und abschließenden Teile der IT-Strategie – IT-Leistungsangebot und Sourcing – lassen sich folgende Konvergenzkriterien ableiten.

- **Verschiebung Leistungsangebot.** Die strategische Positionierung des IT-Bereichs bedeutet in Konsequenz eine Positionierung als partnerschaftlicher Dienstleister mit einer End-to-End-Verantwortung im IT-Leistungsprozess. Der Entwicklungspfad erfolgt entlang von drei Stellhebeln: Expansion, Intensivierung und Verlagerung von Funktionen an Dritte. Die im IT-Bereich verbleibenden Aufgaben sind auf Basis eines Kernkompetenzmodells zu bündeln und zu stärken.

- **Ausschöpfung Sourcing-Potential.** Über Sourcing-Potentiale, Sourcing-Optionen (insbesondere hinsichtlich Betriebs- bzw. Betriebs- *und* Entwicklungs-Outsourcing) und Sourcing-Readyness, d.h. der Herbeiführung der Sourcing-Fähigkeit von Bank und IT-Dienstleister, sind die Möglichkeiten eines Outsourcings konsequent auszuschöpfen.

1.4.2 Konvergenzkriterien II: IT-Architektur

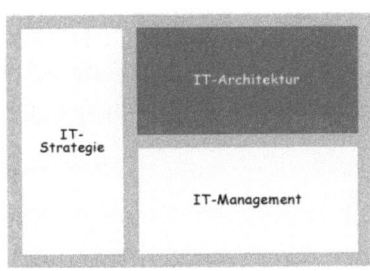

Leitbild für die IT-Architektur ist eine integrale Unternehmens-IT. Eine integrale Unternehmens-IT muss zwei Ziele erreichen, die in einem Zielkonflikt stehen: Die Bereitstellung optimaler Einzellösungen für die Geschäftsbereiche *und* die Gewährleistung einer tragfähigen und ausbaufähigen Gesamtarchitektur.

Daraus leiten sich folgende Konvergenzkriterien ab.

- **Plattformbasierte Unternehmens-IT.** Die Positionierung legt bereits den Grundstein für eine Trennung einer monolithischen Unternehmensarchitektur in Plattformen mit dezidierten Funktions- und Strukturmerkmalen. Plattformorientierung bedeutet Separation *und* gegenseitige Ausrichtung. Die Separation führt zu einer signifikanten Komplexitätsreduktion der gesamten IT-Architektur. Und sie ist *der* Schlüssel für eine beschleunigte Umsetzung von Bank- und IT-Innovation.

- **Konsolidierung der Technologievielfalt.** Plattformorientierung schafft eine strukturelle Ordnung der vorhandenen IT. Sie schafft per se keine Konsolidierung. Deshalb gilt es in einem zweiten Schritt auf Basis des Plattformenmodells eine konsequente Verschlankung und Konsolidierung der Technologievielfalt zu verfolgen, mit dem Ziel, für jeden Einsatzzweck die beste Technologie nur *einmal* vorzuhalten. Das gelingt, wenn Technologie Offenheit, Standardisierung und Interoperabilität in sich vereint.

- **Managed Evolution.** Die Erfahrungen bei Großprojekten in Banken haben gezeigt, dass es schwierig und mit Risiken verbunden ist, zuviel Veränderung auf einmal zu wollen. Andererseits wurden in der Vergangenheit wichtige Vorhaben – insbesondere übergreifende Infrastrukturmaßnahmen – oftmals verschleppt. Managed Evolution ist die Navigation zwischen dem Erhalt bewährter Strukturen und dem Schaffen bzw. der Integration neuer Strukturen in der IT.

Infolgedessen scheiden zwei immer wieder diskutierte Extrem-Optionen grundsätzlich aus. Eine Abkopplung von der Innovation verbunden mit einer Konservierung der IT im eigenen Unternehmen ist praktisch unmöglich. Denn die unternehmensübergreifende Vernetzung lässt keine Enklaven mehr zu. Umgekehrt kann ein IT-Bereich – angesichts des skizzierten Innovationstempos – keine Technologieführerschaft anstreben. Seine Aufgabe ist es, die Einsatzpotentiale erprobter Technologie zu prüfen und in stabile IT-Lösungen umzusetzen.

1.4.3 Konvergenzkriterien III: IT-Management

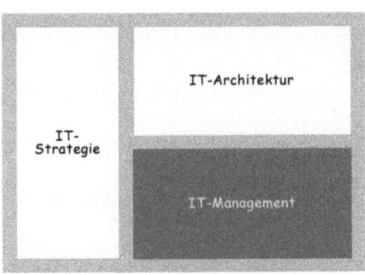

Leitbild für das IT-Management ist eine Bündelung der Kräfte im IT-Bereich. Die Konvergenzkriterien beziehen sich auf die Dimensionen Prozesse, Strukturen und Personal.

- **IT-Industrialisierung.** Mit dem Stichwort IT-Industrialisierung wird die Wichtigkeit des Produktions*prozesses* für das Produkt herausgestrichen. Das IT-Prozesshaus unterstützt diesen Ansatz durch eine konsequente Prozessorientierung des IT-Bereichs.
- **Neue Reichweite in Planung und Controlling.** Um dem signifikant höheren Steuerungsanspruch gerecht zu werden, gilt es für den IT-Bereich neue Reichweite in den Planungs- und Controllingprozessen zu gewinnen.
- **Straffung der Wertschöpfung.** Die operative Stärkung des IT-Bereichs gelingt über eine Optimierung der Wertschöpfungsprozesse. Qualitätskritische Aufgaben, wie etwa das Architektur-Management, sind aus den Wertschöpfungsprozessen herauszulösen und in separaten Prozessen zu bündeln.
- **Zusammenführung Organisations- und IT-Bereich.** Aufgrund der engen Verzahnung von Organisations-, Prozess- und IT-Lösung gilt es die traditionell getrennten Bereiche Organisation und IT zu *einem* Organisations- und IT-Bereich zu fusionieren. (Soweit keine Mehrdeutigkeiten auftreten, wird im folgenden weiterhin von IT-Bereichen gesprochen.)
- **Kongruenz von Prozess- und Aufbaustruktur.** Um Stabilität und Durchsetzungskompetenz – insbesondere gegenüber den externen Leistungspartnern – zu erzielen, ist die Aufbaustruktur auf die Prozessstruktur zuzuschneiden.
- **Stärkung der personellen Leistungsfähigkeit.** Vor dem Hintergrund der eingeforderten Spezialisierung einerseits und sehr heterogenen Tätigkeitsbildern in heutigen IT-Bereichen andererseits gilt es im Personalbereich die Leistung über IT-spezifische Profile und Laufbahnen zu optimieren.

2

IT-Leistungsangebot: Dienstleister und mehr

Auf Basis der Positionierung des IT-Bereichs gilt es dessen bisheriges Leistungsangebot zu prüfen und anzupassen. Leistungsangebot ist dabei definiert als „Produkte mal Wertschöpfung". Das Leistungsangebot wird in drei Teilen vorgestellt:

- **Erweitertes Leistungsangebot.** Entlang der IT-Wertschöpfung und der heute bereitzustellenden IT-Produkte wird das erweiterte Leistungsangebot gegenüber den Geschäftsbereichen dargestellt.
- **IT-Wertschöpfung: Shift & Shrink.** Das erweiterte Leistungsangebot kann nur abgedeckt werden durch eine Verringerung der Wertschöpfungstiefe und eine Stärkung der strategischen Planung und der Auftraggeberfunktion.
- **IT-Kernkompetenzen.** Die verbleibenden, hoheitlichen Aufgaben des IT-Bereichs können nicht outgesourct werden. Im Gegenteil: sie müssen intensiviert werden auf Basis eines Kernkompetenzmodells.

2.1 Das erweiterte Leistungsangebot

Vor dem Hintergrund des traditionellen IT-Leistungsangebots – der Bereitstellung und dem Betrieb von Banklösungen – wird der Expansionspfad aufgezeigt.

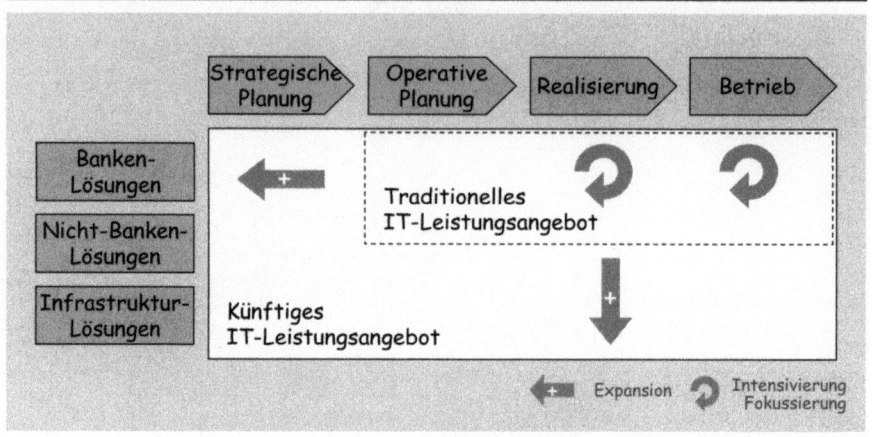

Abb. 2-1 IT-Leistungsangebot: Expansionspfad

Dieser Pfad hat drei Stoßrichtungen:

- **Aufbau/Ausbau Strategische Planung.** Die bisherige IT-Wertschöpfung beginnt in der Regel mit der operativen Planung bzw. dem Anforderungsmanagement. Gegenstand ist die Planung einzelner – aus Sicht der Geschäftsbereiche im wesentlichen beschlossener – Geschäftslösungen. Diese operative Planung ist um eine zentralisierte – und hinsichtlich des *Prozesses* – durch den IT-Bereich verantwortete frühzeitige Mittel- und Langfristplanung zu ergänzen.

- **Intensivierung Support.** Der bisher technisch ausgerichtete Betrieb (System- und Netzmanagement bzw. -betrieb) ist um eine anwenderorientierte Sicht zu ergänzen. Ziel ist die Bündelung aller Benutzeranfragen und -probleme in einem mehrstufigen Supportprozess.

- **Bereitstellung von Nicht-Banken-Lösungen.** Die bisherige Konzentration auf die Bereitstellung von Banklösungen ist zu erweitern in Richtung auf Nicht-Banken-Lösungen, z. B. für Bürokommunikation, ERP-Lösungen, sowie auf anwendungsübergreifende Infrastruktur-Lösungen.

2.1.1 Der Komponentenansatz für IT-Produkte

In der Vergangenheit wurden Prozess-Lösung, IT-Lösung und organisatorische Lösung separiert oder sogar als eigenständige IT-Produkte definiert. Dies führte zu Reibungsverlusten und langen Rollout-Zeiten.

Nach dem Komponentenansatz besteht jedes IT-Produkt aus drei Lösungskomponenten:

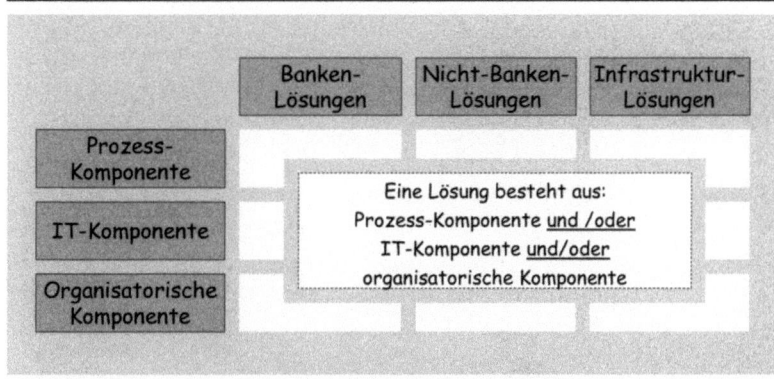

Abb. 2-2 Der Komponentenansatz für IT-Produkte

Mit dem Komponentenansatz wird den spezifischen Lösungsteilen Rechnung getragen, jedoch wird die Separierung überwunden zugunsten einer gesamtverträglichen Lösung.

2.2 Das Partnerschaftliche Rollenmodell

Das erweiterte Leistungsangebot verlangt eine Stärkung der strategischen *und* der operativen Kompetenzen des IT-Bereichs.

Insbesondere die Verantwortung für die strategische Planung geht über das Dienstleistungsmodell hinaus. Der IT-Bereich ist hier in einer Beratungsfunktion gegenüber den Geschäftsbereichen.

Auf der anderen Seite ist es diese Gesamtverantwortung im IT-Leistungsprozess, die auch operativ – insbesondere mit Blick auf die Auftraggeberfunktion gegenüber dem IT-Dienstleister und den Softwarepartnern – höhere Anforderungen stellt.

2 IT-Leistungsangebot: Dienstleister und mehr

Zielbild für den IT-Bereich ist die Rolle eines Partnerschaftlichen Dienstleisters.

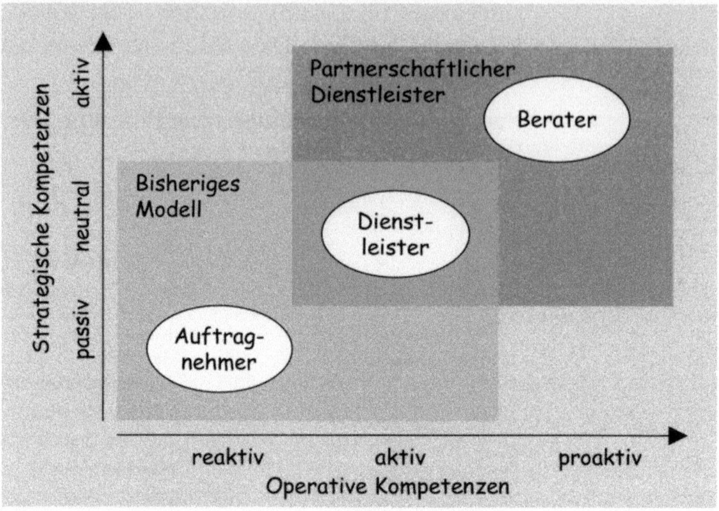

Abb. 2-3 Der IT-Bereich als Partnerschaftlicher Dienstleister

2.3 IT-Wertschöpfung: Shrink & Shift

Das erweiterte Leistungsangebot gegenüber den Geschäftsbereichen kann nur abgedeckt werden durch eine Verringerung der Wertschöpfungstiefe und die Umlenkung der freigesetzten Ressourcen in Richtung auf eine Stärkung der strategischen Planung und der Auftraggeberfunktion.

Das Szenario (siehe Abb. 2-4) zeigt drei Konstellationen für den IT-Bereich:

- **Traditionelle Positionierung.** Getrennte Organisations- und IT-Bereiche decken die operative Planung und die Realisierung von Lösungen ab. Der IT-Bereich ist Eigenentwickler und Eigenbetreiber. Weder IT- noch Organisationsbereich können die Leistungslücke in der strategischen Planung schließen.

2.3 IT-Wertschöpfung: Shrink & Shift

- **Schritt 1: Shrink.** Die Verschmelzung von Organisations- und IT-Bereich schafft integrierte Geschäftslösungen durch eine Bündelung der Schnittstellen zu den Geschäftsbereichen. Der Betrieb ist zu einem IT-Dienstleister ausgelagert. Die Leistungslücke in der strategischen Planung bleibt aber bestehen.

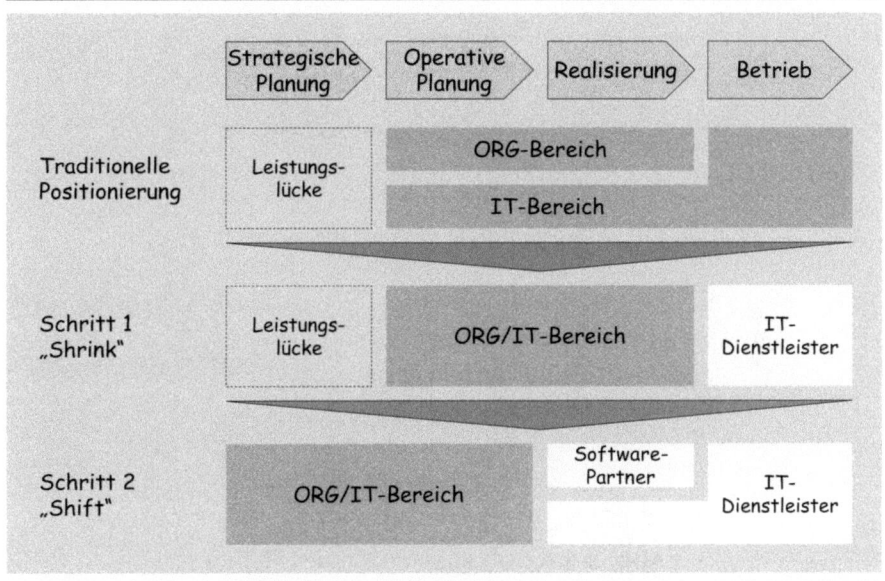

Abb. 2-4 ORG/IT-Wertschöpfung

- **Schritt 2: Shift.** Der ORG/IT-Bereich bietet Ressourcen und Verfahren für die strategische Planung an. Im Gegenzug gibt er wesentliche Teile der Realisierung an Software-Partner bzw. an den bereits existierenden IT-Dienstleister ab.

Mit Schritt 2 ist der Umbau des ORG/IT-Bereichs abgeschlossen. Der ORG/IT-Bereich hat sich vom realisierungsnahen Dienstleister und Betreiber zur verantwortlichen Planungs- und Steuerungsinstanz der Unternehmens-IT weiterentwickelt. Gegenüber den Fachbereichen als Kunden bietet er alle Services aus einer Hand an. Über seine Auftraggeberfunktion steuert er den IT-Dienstleister und ggf. weitere Leistungspartner.

2.4 Kernkompetenzen: End-to-End-Verantwortung für die IT

Die verbleibenden, hoheitlichen Aufgaben des IT-Bereichs können nicht outgesourct werden. Im Gegenteil: sie müssen intensiviert werden auf Basis eines Kernkompetenzmodells.

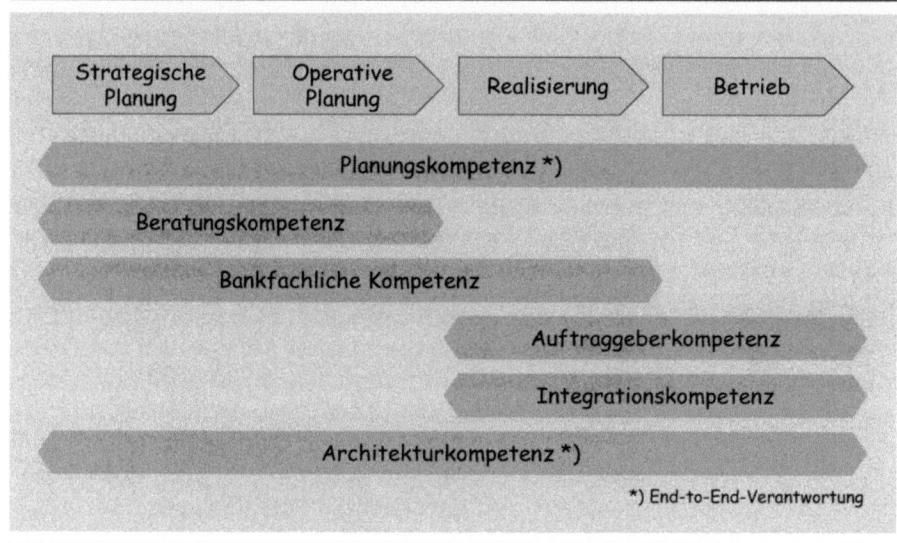

Abb. 2-5 Kernkompetenzen des IT-Bereichs

Das Modell definiert sechs Kernkompetenzen.

- **Planungskompetenz.** Sie gewährleistet eine Durchgängigkeit der Planung von der strategischen über operative Planung und Realisierung bis zur Betriebsübergabe und -steuerung. Wichtig ist hierbei eine Durchgängigkeit von Planungsverfahren und Planungsdimensionen.

- **Beratungskompetenz.** Sie gewährleistet eine inhaltlich-konzeptionelle und eine zeitlich-planerische Nähe des IT-Bereichs zu den Geschäftsbereichen. Ziel ist ein gemeinsames Verständnis für Geschäftsziele, heutige und künftige IT-Unterstützung sowie den daraus abzuleitenden Entwicklungsbedarf im Rahmen eines bankweiten IT-Portfolios.

- **Bankfachliche Kompetenz.** Sie gewährleistet ein Grundverständnis des IT-Bereichs für die bankfachlichen Zusammenhänge und die Geschäftsziele der Bank. Und sie ist Voraus-

2.4 Kernkompetenzen: End-to-End-Verantwortung für die IT

setzung für die Akzeptanz der IT-Geschäftsbereichsbetreuer durch die Geschäftsbereiche.

- **Auftraggeberkompetenz.** Sie gewährleistet die Koordination und Steuerung der verschiedenen Partner im arbeitsteiligen Leistungsprozess. Wichtigste Partner sind dabei der strategische IT-Dienstleister, sowie Realisierungspartner und Beratungshäuser.

- **Integrationskompetenz.** Sie gewährleistet das Zusammensetzen von existierenden und neuen IT-Lösungen, insbesondere mit Blick auf die IT-Infrastruktur, zu einer tragfähigen und stabilen Gesamtlösung.

- **Architekturkompetenz.** Sie gewährleistet ein Verständnis für die Wichtigkeit einer integralen Unternehmens-IT. Sie sensibilisiert für den Zielkonflikt zwischen optimalen Einzellösungen und einer tragfähigen und ausbaufähigen Gesamtarchitektur.

Planungs- und Architekturkompetenz zusammen definieren eine End-to-End-Verantwortung seitens des IT-Bereichs für die Bereitstellung einer integralen Unternehmens-IT. Diese End-to-End-Verantwortung ist der Mehrwert des Kernkompetenzmodells.

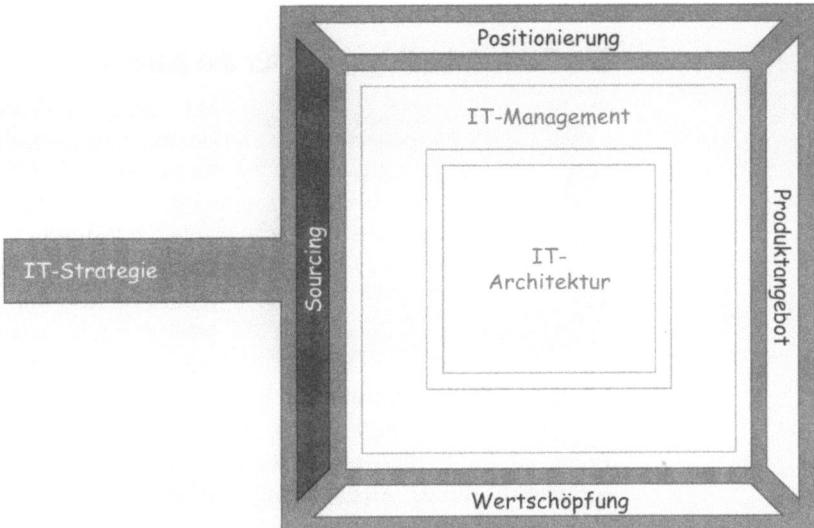

3 Outsourcing: Teile und Herrsche

Kapitel 3 stellt einen Outsourcing-Ansatz vor, der speziell auf die strategische Positionierung des IT-Bereichs und dessen Leistungsangebot zugeschnitten ist. Der Ansatz besteht aus vier Blöcken:

- **Rahmenbedingungen.** Vor dem Hintergrund ihrer besonderen Historie wird die heutige Situation der IT-Bereiche und der grundsätzliche Handlungsbedarf aufgezeigt.
- **Outsourcing-Potential.** Über die Hebel Kosten-, Leistungs- und Komplexitätsmanagement werden die wichtigsten Outsourcing-Potentiale identifiziert.
- **Outsourcing-Optionen.** Entlang der Wertschöpfung werden drei grundsätzliche Outsourcing-Optionen vorgestellt. Die drei Optionen sind zugleich Stationen eines strategischen Outsourcing-Pfades.
- **Sourcing-Readyness.** Sourcing-Readyness steht für die Prüfung und Herbeiführung der Sourcing-Fähigkeit von Bank *und* IT-Dienstleister einschließlich aller im Vorfeld eines operativen Outsourcings erforderlicher Maßnahmen.

3.1 Die Rahmenbedingungen für die Banken

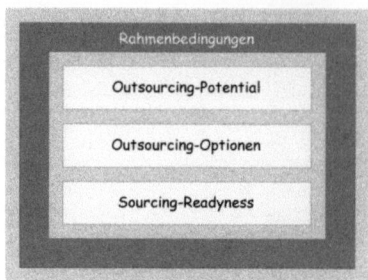

Mit einem Marktanteil von 45% ist die Industrie gegenwärtig Vorreiter im IT-Outsourcing – weit vor den Banken mit 13% (alle Zahlen: FAZ vom 28.07.03). Dies ist umso verwunderlicher, als der Bankensektor nach weitläufiger Meinung als die Branche mit der höchsten IT-Durchdringung gilt. In Wirklichkeit sind diese Fakten nur zwei Seiten einer Medaille. Denn das Outsourcing-Potential im Bankensektor *ist* bedeutend größer als in anderen Industrien. Einer Auslagerung weiter Teile der IT „as is" sind aber immer noch Grenzen gesetzt.

Warum ist das Outsourcing-Potential bedeutend größer? Erstens geht es in der Bankenbranche um mehr als nur die Anwendungen für Finanzbuchhaltung, Controlling, Bürokommunikation oder die PC-Bereitstellung. Entscheidend war und ist der Betrieb der Kern-IT, sprich der geschäftskritischen Anwendungen. Zweitens stehen für die Banken neben dem Betrieb weite Teile der Realisierung zur Disposition.

Warum sind – auf der anderen Seite – einer Auslagerung weiter Teile der IT „as is" immer noch enge Grenzen gesetzt? Die Banken haben frühzeitig die besonderen Anforderungen an die IT hinsichtlich Bereitstellung und Betrieb erkannt und zwei Modelle etabliert.

In den beiden Finanzverbünden wurden regionale Rechenzentralen mit dem Angebot flächendeckender Vollbankenlösungen etabliert, der sich die Primärbanken, sprich Sparkassen und Volksbanken, anschlossen. Das in seinem Kern zukunftsweisende Modell hat jedoch ein Öffnen der Schere zwischen Rechenzentrumsangebot und Bankennachfrage nicht verhindern können. Vor allem größere Primärinstitute haben – trotzdem sie RZ-Anwender blieben – eine dezentrale IT von beträchtlichem Ausmaß geschaffen.

Die Zentralbanken und die Privatbanken auf der anderen Seite haben frühzeitig institutseigene Rechenzentren aufgebaut. Im diesem Modell hat man bewusst auf eine eigenständige IT-Entwicklung gesetzt mit dem Resultat einer hochgradig institutsspezifischen Anwendungs- und Systemlandschaft.

Beide Modelle stoßen heute an die Grenzen ihrer Tragfähigkeit. Und für beide Modelle ist eine (Rück-)Verlagerung zum Rechenzentrumsbetreiber, im folgenden als IT-Dienstleister bezeichnet, an Voraussetzungen geknüpft.

Als Flächenanbieter hält dieser ausdrücklich *nicht* die Anwendungen bzw. IT-Infrastrukturen jeder einzelnen Bank vor. Eine reine Systemverlagerung von A nach B wäre technisch möglich, aber betriebswirtschaftlich nicht sinnvoll. Infolgedessen kann eine Verlagerung – abgesehen von einer Übergangslösung – nur über eine Integration gelingen verbunden mit einer weitgehenden Restrukturierung der Anwendungs- und Systemlandschaft.

Darüber hinaus ist eine zweite Aufgabe zu lösen: die künftige Steuerung des IT-Dienstleisters. Und dies vor dem Hintergrund deutlich höherer Anforderungen in Richtung eines kosteneffizienten Betriebs und einer forcierten Entwicklung innovativer Bankanwendungen.

3.2 Outsourcing-Potential

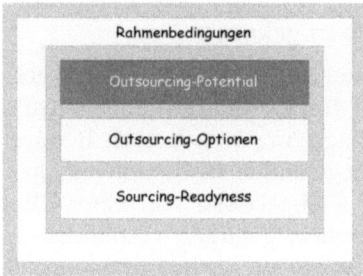

Outsourcing-Potential besteht grundsätzlich entlang der Dimensionen Kosten-, Leistungs- und Komplexitätsmanagement.

Das Kostenmanagement verfolgt eine Hebung von Rationalisierungs- bzw. Kostensenkungspotentialen. Das Leistungsmanagement zielt auf eine Stärkung der Leistungsfähigkeit und Servicequalität des IT-Dienstleisters ab. Das Komplexitätsmanagement verfolgt die konsequente Abgabe von Nicht-Kernkompetenzen des IT-Bereichs. Daraus ergeben sich vier Potential-Felder:

- **Optimierung Kosten.** Kostenreduktion durch Skaleneffekte (Economies of Scale) und Verteilung auf mehrere Mandanten. Veränderung von Kostenstrukturen durch Wandlung von Fixkosten in variable Kosten. Investitionsschutz *und* Innovationsfähigkeit durch vollständige und schnelle Amortisation.

- **Reduktion Komplexität.** Abgabe von Einzelaufgaben bis hin zu gesamten Wertschöpfungsteilen und damit von operativer Verantwortung bei Wahrung der Auftraggeberfunktion.

- **Stärkung Innovationskräfte.** Bündelung von Technologie- und Bank-Knowhow beim IT-Dienstleister bzw. beim strategischen Software-Partner und damit Stärkung der Entwicklung innovativer Bank-Lösungen.

- **Optimierung Service-Qualität.** Höhere und besser differenzierbare Service-Qualität der Betriebs- und Support-Prozesse durch externe Dienstleistungsbeziehungen auf Basis von Leistungsscheinen bzw. SLAs.

3.2.1 Outsourcing am Abakus: Es muss sich rechnen

Kostenreduktion ist nach wie vor der wichtigste Motor für Outsourcing. Eine Wirtschaftlichkeitsrechnung hat dabei die Kostenstrukturen im eigenen Hause und beim IT-Dienstleister zu berücksichtigen. Dies zeigt folgendes Szenario:

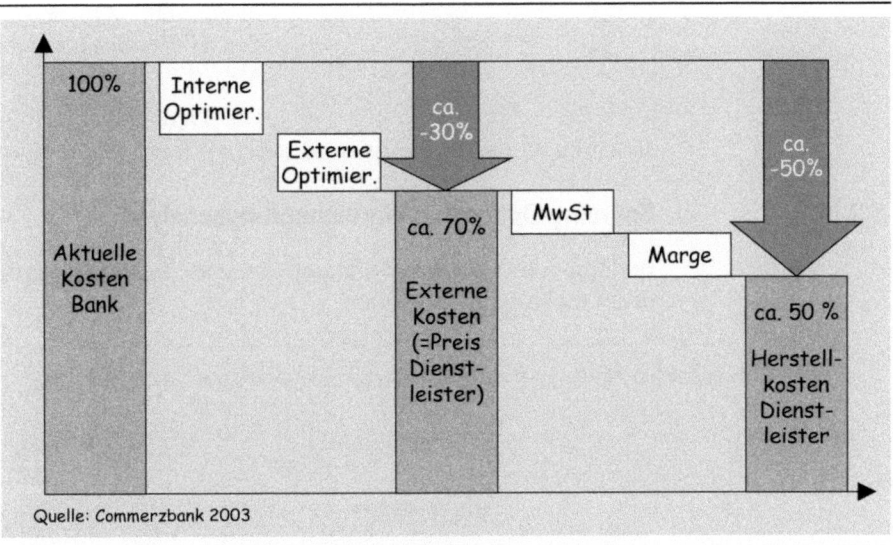

Abb. 3-1 Kostenpotentiale Outsourcing

Die Darstellung geht von einem aktuellen Kostenblock für die Bank in Höhe von 100% aus (linke Säule). Aus Sicht der Bank sollten durch interne Optimierung (bankinterne Kostensenkungsprogramme) und externe Optimierung (Skaleneffekte beim IT-Dienstleister) die Kosten auf ca. 70% gedrückt werden können. Dieser Kostenblock (mittlere Säule) sind die externen Kosten der Bank und zugleich der Preis des IT-Dienstleisters. Damit sich das Modell auch für den IT-Dienstleister rechnet, sind die zusätzlich anfallende Mehrwertsteuer und die Marge einzupreisen. Für eine beiderseitige Vorteilhaftigkeit von Outsourcing müssen also die Herstellkosten des Dienstleisters (rechte Säule) auf ca. 50% der ursprünglichen Kosten reduziert werden.

3.3 Outsourcing-Optionen

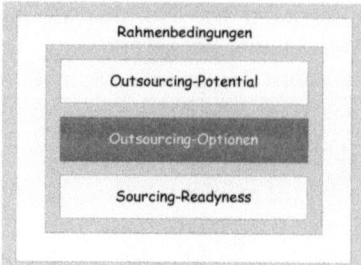

Outsourcing-Optionen bestehen generell entlang des gesamten Produktangebots und derjenigen Teile der IT-Wertschöpfung, die sich komplementär zur Positionierung des IT-Bereichs ergeben (siehe Abb. 2-3, Seite 26).

Die Darstellung erfolgt auf Basis einer Wertschöpfungs- und einer IT-Portfolio-Analyse.

3.3.1 Sourcing-Optionen I: Wertschöpfungsanalyse

Entlang des Wertschöpfungsprozesses bestehen grundsätzlich drei Outsourcing-Optionen:

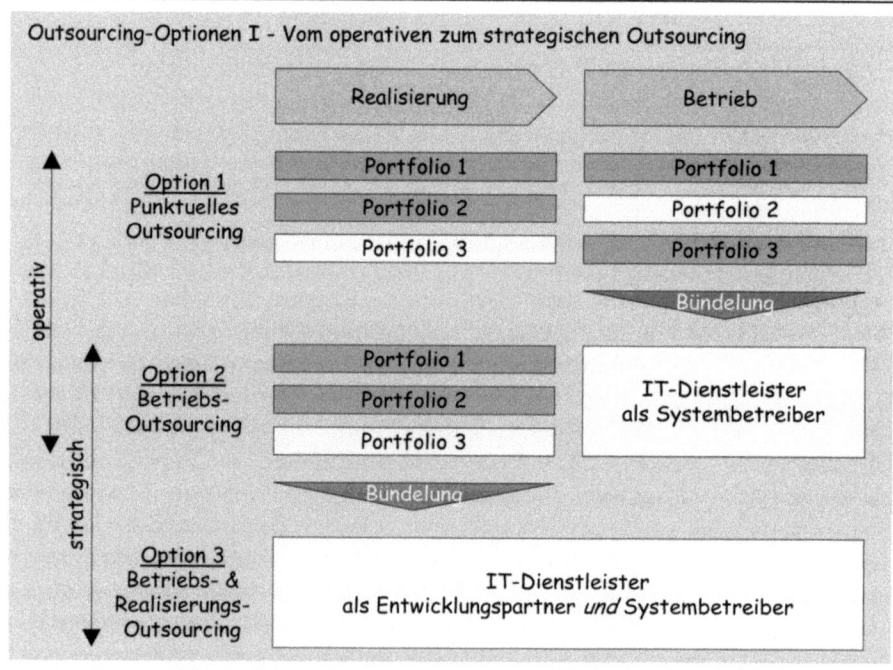

Abb. 3-2 Sourcing-Optionen I: Wertschöpfungsanalyse

Die Sourcing-Optionen haben folgende Merkmale:

- **Option 1 : Punktuelles Outsourcing.** Auf Basis einer partiellen Konsolidierung des IT-Leistungsangebots werden einzelne Aufgabenpakete in Entwicklung und Betrieb gezielt verlagert. Grundlage bilden definierte Anwendungs-, Technologie oder Service-Portfolios. Die Verlagerung erfolgt in der Regel auf den „Best of Breed"-IT-Dienstleister.

- **Option 2: Betriebs-Outsourcing.** Der gesamte zentrale Anwendungs- und Systembetrieb wird zu einem IT-Dienstleister verlagert. In Institutshoheit verbleibt die Verantwortung für die dezentrale IT, insbesondere die lokale Arbeitsplatzausstattung. Diese wird bereits heute überwiegend durch Vorort-Dienstleister bereitgestellt und gewartet.

- **Option 3: Betriebs- und Entwicklungs-Outsourcing.** Zusätzlich zum Betrieb werden weite Teile der bzw. die vollständige Realisierung zum IT-Dienstleister verlagert. Der IT-Dienstleister wird Entwicklungshaus *und* Systembetreiber

Zusammengenommen definieren die Optionen einen möglichen Entwicklungspfad vom operativen zum strategischen Outsourcing. Hinsichtlich seiner Positionierung ist die Option 3 das logische Ziel für den IT-Bereich. Allerdings hat strategisches Outsourcing grundsätzlich eine andere Dimension als operatives Outsourcing. Dies zeigt folgende Gegenüberstellung:

Merkmale	Operativ	Strategisch
Business Driver	Kostenreduktion, Effizienzsteigerung	Kernkompetenzen, Komplexitätsmanagement, Innovation
Ziele	Kosten- und Service-Optimierung	Abgabe operative Verantwortung, Bündelung Innovations-Knowhow, Verteilung Investitionsrisiken
Fokus	Einzelne Anwendungs-, Technologie- oder Service-Portfolios	Komplette Aufgabenbereiche bzw. Wertschöpfungsteile
Zeithorizont	2 - 5 Jahre	5 - 10 Jahre
Anbieterqualifikation	„Best of Breed"	Flächenanbieter, Erreichen Kritische Größe

3.3.2 Sourcing-Optionen II: IT-Portfolio-Analyse

Der Outsourcing-Pfad für eine Bank hängt im wesentlichen von Umfang und Struktur ihres IT-Portfolios ab.

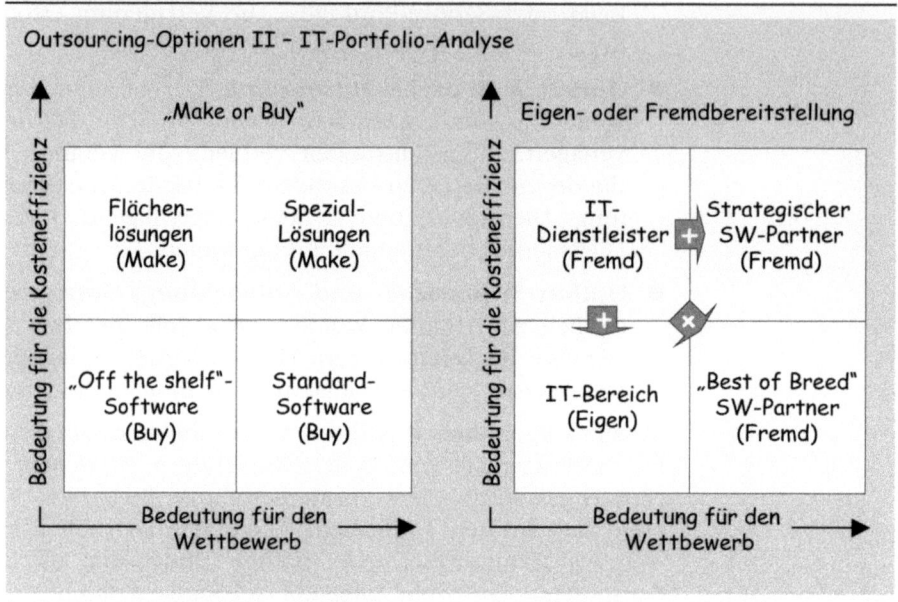

Abb. 3-3 Sourcing-Optionen II: IT-Portfolio-Analyse

Die Portfolio-Analyse stellt die Anwendungslandschaft einer Bank in den Dimensionen "Bedeutung für den Wettbwerb" und „Bedeutung für die Kosteneffizienz" gegenüber.

Die Portfolio-Analyse beantwortet zwei Fragestellungen. *Welche* Anwendungen werden als Standardlösungen eingekauft (Buy), und welche als Individuallösungen realisiert (Make). Eng korreliert damit ist die Frage, durch *wen* künftig Anwendungen realisiert bzw. bereitgestellt werden verbunden mit der Entscheidung für eine Eigen- oder Fremdentwicklung.

Beide Fragstellungen lassen sich nur beantworten, indem die Positionierung des oder der potentiellen IT-Dienstleister explizit berücksichtigt wird.

3.3.2.1 Make or Buy-Optionen

Die Make or Buy-Optionen werden entlang der vier Quadranten vorgestellt:

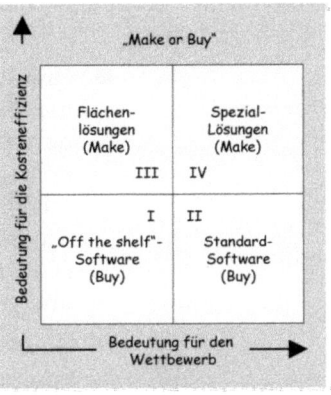

- **Quadrant I: Buy.** Hierunter fallen kleinere oder Nischenlösungen, die durch Standard-Software („Off the shelf") mit niedrigem Integrationsaufwand abgedeckt werden.

- **Quadrant II: Buy.** Hierunter fallen umfangreichere Anwendungen mit einem (im Unternehmen) lokal begrenzten Einsatzgebiet und einem niedrigen bis mittleren Integrationsbedarf.

- **Quadrant III: Make.** Dies sind Flächenlösungen, die jedes Institut nachfragt, etwa Abwicklungssysteme, Buchungssysteme, Zahlungsverkehrssysteme etc.. Sie weisen eine hohe Kostenintensität und – bedingt durch ihre funktionale Homogenität – kaum Differenzierungsmöglichkeiten im Wettbewerb auf.

  Diese Anwendungen werden heute aufgrund ihrer hohen Schnittstellenkomplexität, Sicherheits- und Performanceanforderungen als Individuallösungen bereitgestellt.

- **Quadrant IV: Make.** Dies sind kostenintensive, funktionalkomplexe und innovative Anwendungen, etwa in den Bereichen Vertrieb und Gesamtbanksteuerung.

  Ihr Funktionsumfang oder ihr Integrationsgrad wird in der Regel nicht durch am Markt verfügbare Software abgedeckt.

Bei einer Make or Buy-Analyse ist zu beachten, dass der Softwaremarkt stark in Bewegung ist. Standard-Software und Individual-Software konvergieren gegeneinander. Große Anbieter stellen verstärkt Application Frameworks bereit, die auf Basis offener Integrationsplattformen eine „Massen-Maß-Anfertigung" von Anwendungen erlauben. Eine Anwendung kann und wird dabei Komponenten mehrerer Hersteller enthalten. Künftig ist die Frage nicht mehr ein exklusives „Make or Buy", sondern „Wieviel % Buy und wieviel % Make" machen eine gute Lösung aus.

3.3.2.2 Eigen- oder Fremdbereitstellung

Eng korreliert mit der Make or Buy-Entscheidung ist die Entscheidung, wer im „Trio" von IT-Bereich, IT-Dienstleister und Software-Partner Lösungen bereitstellt. Hier ergeben sich folgende Optionen:

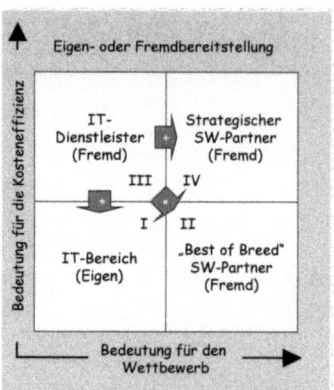

- **Quadrant I: Eigen.** „Off the shelf"-Lösungen werden durch den IT-Bereich in Eigenregie ausgewählt, beschafft und entweder dezentral betrieben oder dem IT-Dienstleister als Betreiber übergeben.

- **Quadrant II: Fremd.** Umfangreichere und integrationsintensivere Standard-Software wird durch einen jeweils auszuwählenden Software-Partner („Best of breed") bereitgestellt und angepasst. Die Integration erfolgt durch den IT-Dienstleister.

- **Quadrant III: Fremd.** Flächenanwendungen werden durch den IT-Dienstleister realisiert.

- **Quadrant IV: Fremd.** Komplexe, innovative Speziallösungen werden durch einen strategischen Software-Partner in enger Abstimmung mit dem IT-Dienstleister realisiert und integriert.

Im Bereich Entwicklung bildet die Bereitstellung von Flächenanwendungen das Kerngeschäft des IT-Dienstleisters. Auf dem Wege (zurück) zu einem Anbieter einer modularen Vollbankenlösung wird der IT-Dienstleister versuchen, auch in die anderen „verlorengegangenen" Felder vorzudringen (siehe Pfeile mit Pluszeichen). Aus Sicht des IT-Bereichs ist dies zu begrüßen. Für ihn und die Geschäftsbereiche, die er vertritt, ist die Herkunft der Lösung sekundär. Wichtig ist, dass es im Zusammenspiel der Partner zu der jeweils besten IT-Lösung kommt.

Standpunkt

Outsourcing: Beginn oder Ende der IT-Governance

Besonders IT-Spezialisten sehen Outsourcing kritisch, weil mit der Abgabe von Aufgaben zwangsläufig auch die Steuerungskompetenz verloren gehe. Beispiel Softwareentwicklung. Wird die Software-Entwicklung zum IT-Dienstleister verlagert, verschwinde das Knowhow im eigenen Hause. Eine Kontrolle der Arbeitsqualität und der Effizienz des IT-Dienstleisters sei somit nicht mehr möglich.

Das ist zu Teilen richtig. Mit der Abgabe der operativen Verantwortung kann der IT-Bereich nicht mehr direkt auf Mitarbeiter des IT-Dienstleisters durchgreifen. Deshalb muss sich der Steuerungsansatz wandeln von einer direkten zu einer indirekten Steuerung. Dies ist Sinn und Zweck von Dienstleistungsvereinbarungen. *Wie* der IT-Dienstleister diese Dienstleistung erbringt, liegt in seiner unternehmerischen Verantwortung.

Bemerkenswert ist nun aber, dass auch vonseiten der Outsourcing-Befürworter nicht immer schlüssig argumentiert wird. Die Aussage „Jetzt können wir uns wieder auf unsere Kernkompetenzen konzentrieren. Und brauchen uns nicht mehr ständig den Kopf zu zerbrechen, wie unsere DV mit den dramatischen Entwicklungen im Bankwesen Schritt halten kann" ist repräsentativ für das Meinungsbild in vielen Geschäftsbereichen.

Ist damit die Abgabe jeglicher Kompetenzen an einen IT-Dienstleister gemeint, so ist dies – vorausgesetzt man akzeptiert die Broker-Funktion des IT-Bereichs – nicht schlüssig. Betrachtet man einmal nur die künftige Bereitstellung eines innovativen Anwendungs-Portfolios, so würde mit der Abgabe von Realisierung *und* Planung und Steuerung genau die Situation eintreten, von der man sich lösen will. Nämlich die Kluft im Transformationsprozess zwischen Bank- und IT-Innovation. Mit dem Unterschied, dass statt des IT-Bereichs der IT-Dienstleister am Tisch sitzt.

Legt man beide Argumentationsstränge übereinander, so hat man den goldenen Mittelweg. Outsourcing ist die Fortsetzung von IT-Governance unter veränderten Wettbewerbsbedingungen. Die Forderung nach Verschlankung und Verringerung der Komplexität besteht zurecht, genauso wie die Forderung nach einer Steuerung der IT-Dienstleister. Diesen beiden Forderungen wird die Option 3 der Sourcing-Optionen, das Entwicklungs- und Betriebs-Outsourcing, gerecht.

3.4 Sourcing-Readyness

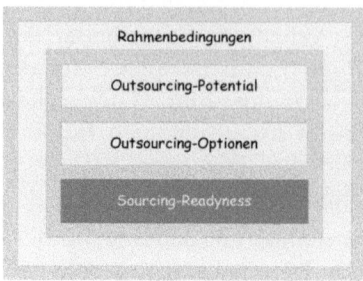

Sourcing-Readyness steht für die Prüfung und Herbeiführung der Sourcing-Fähigkeit von Bank *und* IT-Dienstleister.

Das Sourcing-Readyness-Programm geht dem operativen Outsourcing-Prozess voran. Dieser wird in seiner außerordentlichen Komplexität nur reibungslos funktionieren, wenn vorher die wesentlichen Gestaltungspunkte zwischen den Leistungspartnern geklärt sind.

Dies betrifft alle Leistungsbereiche: rechtliche, personelle, organisatorische, fachliche und technische Bereiche. Darüber hinaus ist ein strategisches Outsourcing – zumindest kurz- bis mittelfristig – irreversibel. Der Zeitraum von der ersten Absichtserklärung bis zur Vollendung der technischen Verlagerung kann sich über mehrere Jahre erstrecken.

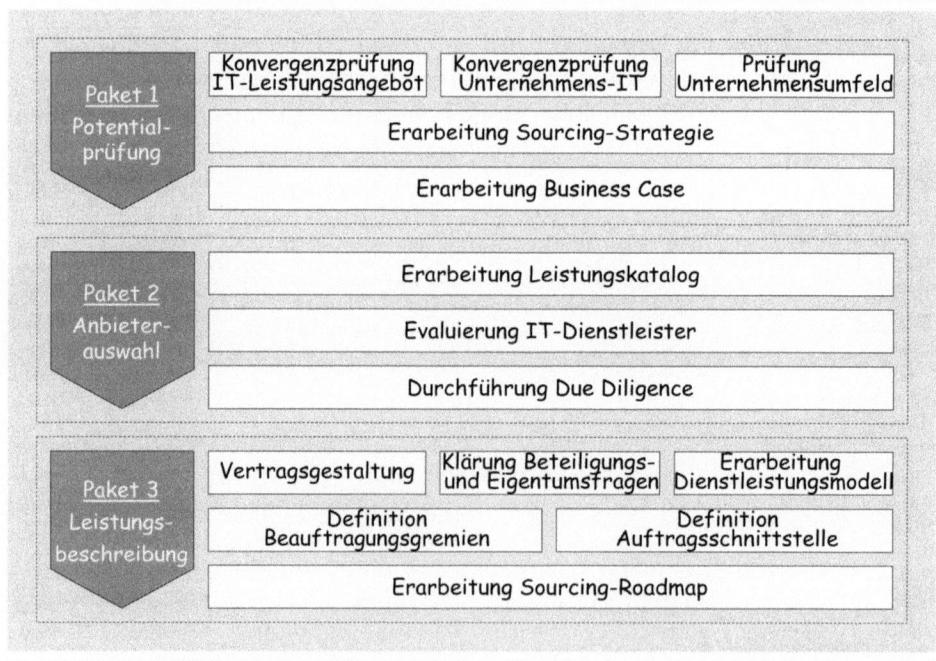

Abb. 3-4 Sourcing-Readyness: Das Programm im Überblick

3.4 Sourcing-Readyness

Die vorstehend aufgeführten Pakete beinhalten folgende Programmpunkte:

Programmpunkt	Kritischer Erfolgsfaktor
Paket 1: Potentialprüfung	
Konvergenzprüfung IT-Leistungsangebot	Vollständige Bestandsaufnahme und *Bewertung* des IT-Leistungsangebots (Service-Reife)
	Bewertung der IT-Profile (z.B. zur Ausübung künftiger Auftraggeberfunktionen)
Konvergenzprüfung Unternehmens-IT	IT-Portfolio-Analyse („Make or Buy", „Eigen oder Fremd") über alle Geschäftsplattformen
	Berücksichtigung der strategischen Portfolio-Planung (IT-Bebauungsplan)
	Identifikation von Nicht-Standard-Lösungen (v.a. in der IT-Infrastruktur)
	Berücksichtigung von Betriebsmodellen (z.B. bei Umstellung auf 24/7-Betrieb)
Prüfung Unternehmens- und Vertragsumfeld	Einbeziehen der Geschäfts- und IT-Strategie von Konzern und Verbund
	Einbeziehen der mittel- bis langfristigen Planungen bei Mergers & Acquisitions
	Berücksichtigung bestehender Kooperations- und IT-Dienstleister-Verträge
Sourcing-Strategie	Konkretisierung Vorgehensweise (Korridor für Leistungspakete, Leistungsumfänge und mögliche Verlagerungszeiträume)
Wirtschaftlichkeitsprüfung (Business Case)	Qualitative *und* quantitative Bewertung von Synergiepotentialen
	Ausweis der Sonderbelastungen durch die Verlagerung (Outsourcing-Kosten)
	Nachvollziehbare Gegenüberstellung von Chancen und Risiken
♦ Entscheidung Go / No Go Outsourcing	

Programm-punkt	Kritischer Erfolgsfaktor
Paket 2: Anbieterauswahl	
Leistungskatalog	Vollständige und nachvollziehbare Darstellung der auszulagernden Bereiche (Anwendungen und Systeme einschließlich der IT-Services) gegenüber den potentiellen Anbietern
	Vollständige Abdeckung der zu prüfenden Leistungsbereiche des Anbieters („Richtige" Gewichtung der Kriterien)
Anbieter-Evaluierung	Anwendung von "Best Practice"-Leistungs- und Kostenbenchmarks
	Sicherstellen der Vergleichbarkeit der Anbieter und deren Leistungsbeschreibungen
	Nachvollziehbare K.O-Kriterien (quantitativ/qualitativ) in allen Phasen des Auswahlprozesses
Due Diligence (bei den potentiellen Anbietern der Shortlist, Anzahl 1-3)	Analyse ausgewählter Kosten- und Leistungskennzahlen für die Bereiche Entwicklung/Bereitstellung und Service (Investitionen, Innovationszyklen, System- und Service-Qualität etc.)
	Belastbarkeitsprüfung des IT-Dienstleisters hinsichtlich des zusätzlichen System- und Service-Pakets (Sicherstellung Management-Fähigkeit)
	Hochrechnung der zusätzlichen Investitionen des IT-Dienstleisters in technische und Mitarbeiterkapazitäten (Sicherstellung Investitionsfähigkeit)
	Prüfung der Geschäftsstrategie des IT-Dienstleisters (Geplante Fusionen, Dienstleistungsmodell, Technologiestrategie)
	Interviews mit ausgewählten Referenzanwendern des potentiellen IT-Dienstleisters
♦ Entscheidung Go / No Go IT-Dienstleister	

3.4 Sourcing-Readyness

Programm-punkt	Kritischer Erfolgsfaktor
Paket 3: Leistungsbeschreibung	
Vertrags-gestaltung	Frühzeitige Konkretisierung des jeweiligen Verhandlungs-Status über Letter of Intend (LOI), Grundlagen- bzw. Rahmenvertrag, Dienstleistungsverträge, Service Level Agreements (SLA)
	Sicherstellung der inhaltlichen und der formal-juristischen Kompatibilität des Vertragswerks
	Klare Definition von Gültigkeits-, Vertragsänderungs- und Ausstiegsklauseln sowie von Sondervereinbarungen
Beteiligungs-verhältnis	Klärung von Beteiligungen der Bank am IT-Dienstleister (Bareinlage, Sacheinlage)
Eigentums-übertragung	Eigentumsrechtliche Regelung des Systemübergangs (Hardware, Lizenzen, dezentrale Infrastruktur) hinsichtlich Veräußerung, Überlassung bzw. Nutzungsaufgabe (Sonder-AfA)
Dienstleistungs-modell Preismodell	Festlegung der grundsätzlichen Aufgaben, Rollen und Verantwortlichkeiten auf Basis eines einheitlichen, für beide Seiten anzuwendenden Prozessmodells
	Nachvollziehbare Leistungsbeschreibung auf Basis des Prozessmodells (Explizite Definition von Eskalationswegen)
	Nachvollziehbare Leistungsberechnung auf Basis von Preismodellen (Vereinbarung über die Lieferung von Controlling-Zahlen)
	Ggf. Vereinbarung über den Zugriff der Bank auf den technischen Betriebsleitstand des IT-Dienstleisters
	Sicherstellung der Kompatibilität der Leistungsscheine/SLAs mit den übergeordneten Dienstleistungs- und Rahmenverträgen

Programmpunkt	Kritischer Erfolgsfaktor
Paket 3: Leistungsbeschreibung (Fortsetzung)	
Beauftragungsgremien (Verantwortlichkeiten im Auftragsprozess)	Klare Definition der Verantwortlichkeiten in den verschiedenen Beauftragungsgremien
	Gewährleistung einer angemessenen Vertretung der Bank in den Gremien
Auftragsschnittstelle (operativer Auftragsprozess)	Definition der Auftragsschnittstelle im IT-Bereich in Richtung IT-Dienstleister (Externe Ausrichtung) und zu den Geschäftsbereichen (Interne Ausrichtung)
Roadmap	Festsetzung Fusionsbudget (Klare Kostenverteilung zwischen Bank und IT-Dienstleister)
	Festlegung Verlagerungsstrategie („Big Bang" oder Stufenplan) und Definition der Verlagerungsblöcke mit Zeitfenster
	Festlegung auf *eine* Projektorganisation und *einen* gemeinsamen Lenkungsausschuss von IT-Dienstleister und Bank
	Verbindliche Festlegung der Enabler-Maßnahmen beim IT-Dienstleister
	Frühzeitige Berücksichtigung eines evtl. (Teil-)Betriebsübergangs nach §613a BGB und entsprechender Regelungen (Abfindungspakete)
	Frühzeitige Auslagerungsanzeige an das BaFin nach §25a Abs. 2 KWG
♦ Entscheidung Go / No Go IT-Dienstleister	

Sourcing-Readyness: Anforderungen an den IT-Dienstleister

Für eine effiziente IT-Wertschöpfung müssen IT-Dienstleister und IT-Bereich ihr Leistungsangebot komplementär aufeinander ausrichten. Daraus ergeben sich strategische Anforderungen an das Geschäftsmodell des IT-Dienstleisters:

- **Vollständige IT-Bereitstellung aus einer Hand.** Entwicklungs- und Betriebs-Outsourcing macht für den Kunden nur Sinn, wenn er eine Vollbankenlösung aus einer Hand erhält.

- **Flächenanbieter + Spezialanbieter.** Die Banken verlangen heute ein stärker diversifiziertes IT-Portfolio. Neben den Flächenlösungen gilt es, Instituts*typen*lösungen, z.B. landesbankenspezifische Lösungen, und darüber hinaus Institutslösungen für einzelne Banken anzubieten.

- **Stärkere Marktausrichtung.** Über eine Straffung des Vertriebs- bzw. Beauftragungsprozesses wird eine stärkere Marktausrichtung und eine engere Verzahnung mit der Inhouse-Entwicklung erreicht.

- **Vom Entwicklungs- zum Integrationshaus.** Bei der Bereitstellung von Bankenlösungen gilt es künftig verstärkt eine gesunde Mischung herzustellen zwischen Einkauf (plus Integration), Konsortialentwicklung und ergänzender Eigenentwicklung. Kriterien sind dabei die Verpflichtung auf die beste am Markt verfügbare Lösung und die Konvergenz mit den Architekturleitlinien. Damit verändert sich die Rolle des IT-Dienstleisters vom Entwicklungs- zum Integrationshaus.

- **Architektur-Alignment.** Der IT-Dienstleister hat gemeinsam und in enger Abstimmung mit dem IT-Bereich die Verantwortung für eine tragfähige und flexible Gesamtarchitektur. Dahinter steht das Commitment auf die gemeinsam verabschiedeten Architekturleitlinien und auf die konkret mit den einzelnen Banken vereinbarten Zielarchitekturen.

- **Flexiblere Preismodelle.** Die teilweise starren Preismodelle sind zu flexibilisieren und konsequent am Prinzip einer verursachungsgerechten, stückkostenorientierten Preisstellung auszurichten.

Teil II IT-Management

Kräfte bündeln – Mehrwert schaffen

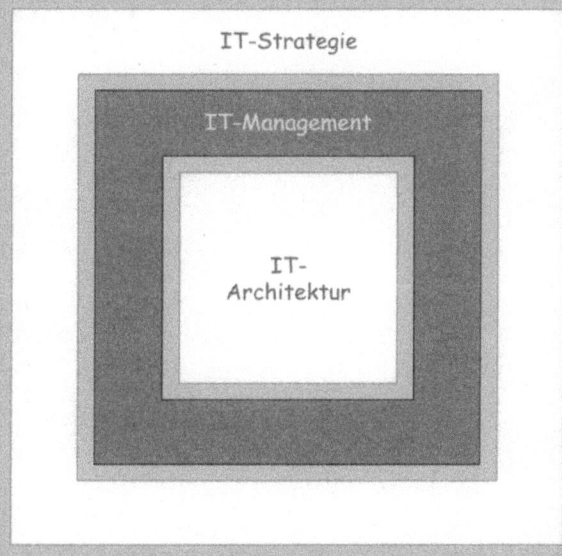

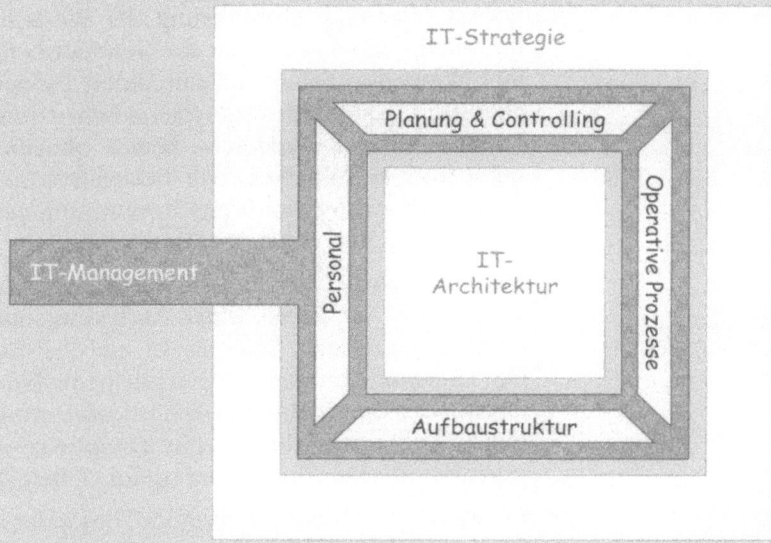

Unter IT-Management wird heute eine Fülle unterschiedlicher Ansätze verstanden. Das Spektrum reicht von operativen bis zu strategischen, von prozessorientierten bis zu aufbaustrukturellen Ansätzen. Diese Ansätze konzentrieren sich auf Teilausschnitte im IT-Management. Andererseits verfolgen sie in der Mehrzahl einen branchenübergreifenden Antritt.

Der folgende Ansatz geht den umgekehrten Weg. Es wird ein ganzheitlicher Ansatz für ein IT-Management speziell in Banken vorgestellt. Was heißt ganzheitlicher Ansatz konkret? Es werden ein institutioneller Rahmen und alle wesentlichen Gestaltungsparameter für IT-Bereiche in Banken aufgezeigt.

Das IT-Management besteht somit aus fünf zusammenhängenden Teilen:

- **IT-Prozesshaus.** Mit dem Stichwort IT-Industrialisierung wird die Wichtigkeit des Produktions*prozesses* für das Produkt herausgestrichen. Das IT-Prozesshaus unterstützt diesen Ansatz durch eine konsequente Prozessorientierung des IT-Bereichs. Das Prozesshaus definiert 24 IT-Prozesse in fünf Prozesskategorien mit einer Trennung in Planungs-, Wertschöpfungs- und Basisprozesse.

- **Planung und Controlling.** Um dem signifikant höheren Steuerungsanspruch gerecht zu werden, gilt es für den IT-Bereich neue Reichweite in der Planung zu gewinnen. Dazu wird ein dreistufiger Planungsansatz vorgestellt. In einem zweiten Schritt wird ein darauf zugeschnittenes kennzahlenbasiertes IT-Controlling vorgestellt.

- **Operative Prozesse.** Die operative Stärkung des IT-Bereichs gelingt über eine Optimierung der Wertschöpfungsprozesse. Im Mittelpunkt steht dabei die Geschäftsbereichsbetreuung in ihre doppelten Schnittstellenfunktion zu den Geschäftsbereichen und – zumindest perspektivisch – zum IT-Dienstleister. Darüber hinaus werden – bisher oftmals verteilt wahrgenommene – Aufgaben, wie beispielsweise das Architektur-Management, aus den Wertschöpfungsprozessen herausgelöst und in separaten Basisprozessen gebündelt.

- **Aufbaustruktur.** In enger Ausrichtung am IT-Prozesshaus wird das Grundgerüst einer Aufbauorganistion für den IT-Bereich dargestellt. Ergebnis ist ein Vier-Säulenmodell bzw. ein Drei-Säulenmodell, je nachdem ob die IT-Bereitstellung intern oder durch einen IT-Dienstleister erfolgt. Der Mehrwert dieser Aufbaustruktur ist eine Kongruenz von Prozess- und organisatorischer Verantwortung im IT-Bereich.

- **Personal.** Vor dem Hintergrund besonderer Anforderungen im Personalbereich wird ein IT-spezifisches Personalkonzept vorgestellt. Schwerpunkte bilden dabei ein Profil- und Laufbahnenmodell sowie ein darauf basierendes Personalentwicklungskonzept.

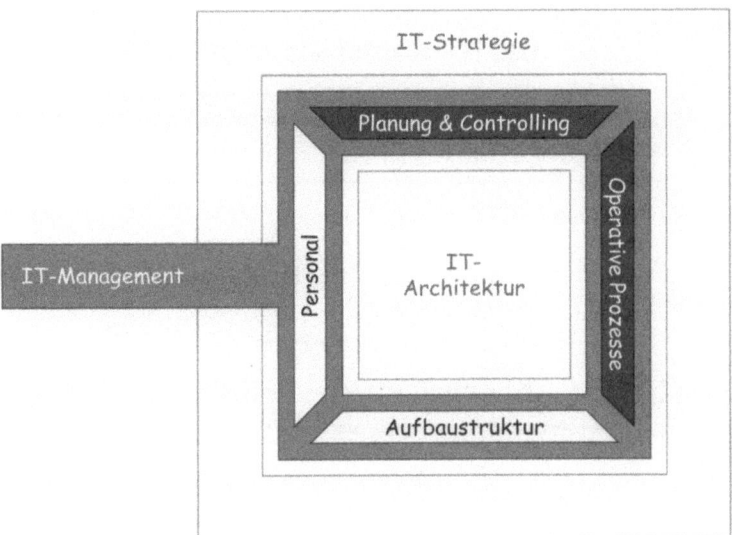

4 IT-Prozesse: Der Ansatz des Prozesshauses

Mit der eingeforderten IT-Industrialisierung gilt es die IT-Prozesse auf den Prüfstand zu stellen und im Rahmen einer umfänglichen Prozessgestaltung neu zu ordnen.

- **Das IT-Prozesshaus im Überblick.** Das Prozesshaus definiert 24 IT-Prozesse in fünf Prozesskategorien, die eine Trennung in Planungs- und Controlling-, in Wertschöpfungs- und in Basisprozesse unterstützen.
- **Prozessrahmen.** Es wird ein einheitlicher Prozessrahmen definiert und für die Ausgestaltung der im weiteren relevanten Prozesse zugrundegelegt.
- **Einsatz von Referenzmodellen.** Warum ein Prozessmodell entwickeln, wenn man es kaufen kann? Vor dem Hintergrund des verstärkten Einsatzes sog. Referenzmodelle für IT-Prozesse wird ein Vergleich des IT-Prozesshauses mit einem repräsentativen Referenzmodell durchgeführt.

4.1 Das IT-Prozesshaus im Überblick

In seinem Kern hat das IT-Prozesshaus vier verschieden Ziele in Einklang zu bringen:

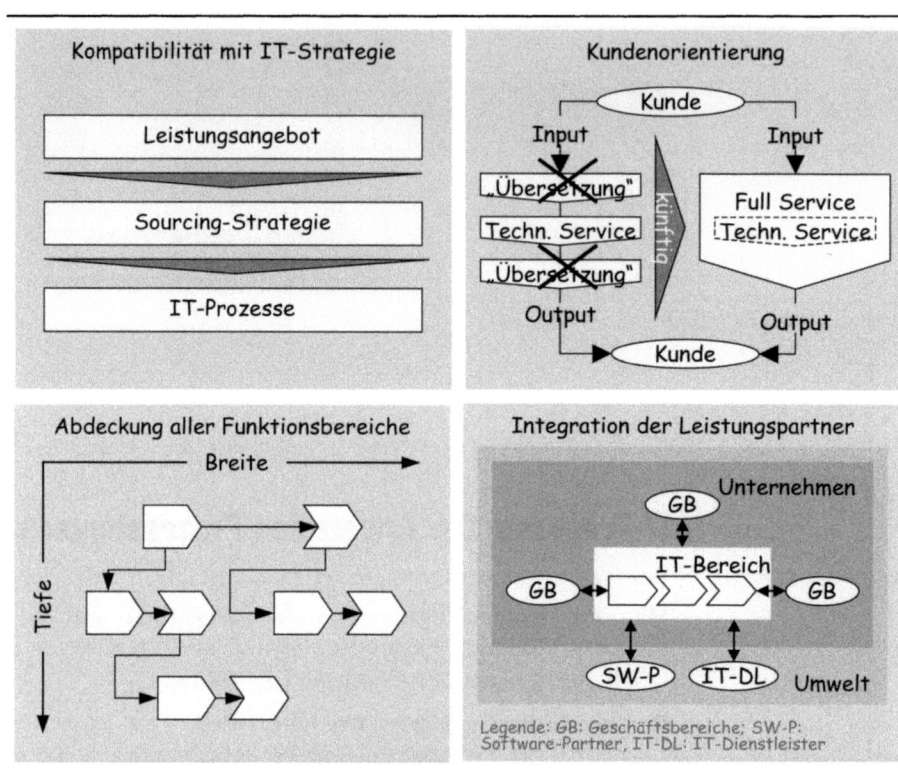

Abb. 4-1 Anforderungen an das IT-Prozesshaus

- **Kompatibilität mit der IT-Strategie.** Die Prozessdefinition kann nur in einem definierten strategischen Rahmen – mit den Eckpfeilern Leistungsangebot und Sourcing-Strategie – greifen und umgekehrt müssen sich die Prozesse an ihrem Wertbeitrag zur Strategieerfüllung messen lassen.

- **Kundenorientierung.** Um zu einer Service- und Kundenorientierung zu gelangen, muss Technologie in Dienstleistung „eingepackt" werden. Das ist ein Prozessverständnis, das eine interne technische Sicht auf Abläufe mit einer externen Benutzersicht verbindet.

4.1 Das IT-Prozesshaus im Überblick

- **Integration der Leistungspartner.** Das Prozesshaus hat interne *und* externe Leistungsbeziehungen zu regeln, wenn der arbeitsteilige Leistungsprozess funktionieren soll. Das bedeutet die Einbeziehung der Geschäftsbereiche und darüber hinaus des (strategischen) IT-Dienstleisters und der Softwarepartner.
- **Abdeckung aller Funktionsbereiche.** Die vollständige Abdeckung von Planungs-, operativen und Querschnittsprozessen ist Erfolgsfaktor für durchgängige und verzahnte Prozesse.

Folgende Darstellung zeigt das IT-Prozesshaus im Überblick:

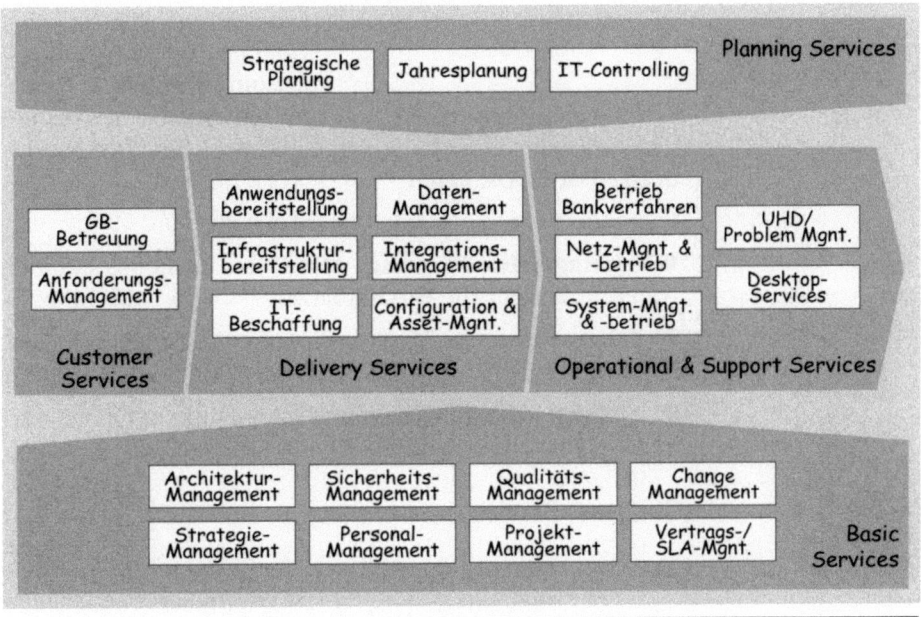

Abb. 4-2 Das IT-Prozesshaus im Überblick

Anmerkung: Die Begriffe IT-Prozess und IT-Service werden im folgenden synonym verwendet.

4.2 Service-Kategorien und Services

Das Prozesshaus weist eine Teilung in die fünf Service-Kategorien Planning Services, Customer Services, Delivery Services, Operational & Support Services und Basic Services auf, die im folgenden vorgestellt werden.

4.2.1 Planning Services

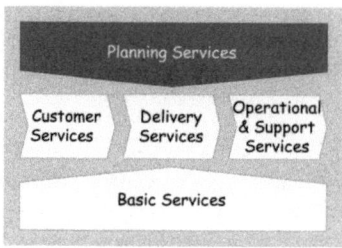

In den Planning Services werden die Planungs- und Controlling-Funktionen im IT-Bereich gebündelt. Dies ist Voraussetzung dafür, dass der IT-Bereich außer als Dienstleister künftig verstärkt als zentrale Steuerungsinstanz im IT-Leistungsprozess, insbesondere mit Blick auf die Anforderungen der Geschäftsbereiche nach einer gezielten Weiterentwicklung des IT-Portfolios, agiert.

Folgende Prozesse werden bereitgestellt:

- **Strategische Planung.** Mittel- bis Langfristplanung des IT-Portfolios für die Gesamtbank.
- **Jahresplanung.** Konkretisierung der strategischen Planung. Planung des IT-Portfolios für das jeweils kommende Jahr.
- **IT-Controlling.** Bündelung aller Funktionen für ein Kosten- und Leistungs-Controlling über sämtliche IT-Aktivitäten.

4.2.2 Customer Services

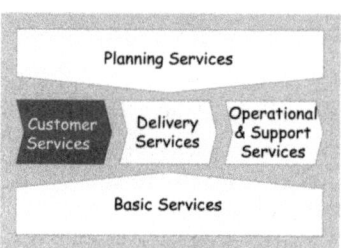

Die Customer Services haben eine doppelte Schnittstellenfunktion. Zum einen in Richtung der Geschäftsbereiche und deren Planungen mit Bezug auf die Weiterentwicklung des IT-Portfolios. Zum anderen in Richtung der IT-Bereitstellung durch den eigenen Bereich oder den IT-Dienstleister in einer Auftraggeberfunktion.

4.2 Service-Kategorien und Services

Folgende Prozesse werden bereitgestellt:

- **Geschäftsbereichsbetreuung.** Geschäftsprozessoptimierung /IT-Beratung, Bankfachliche Konzeption, Umsetzungsunterstützung, Anwendungsbetreuung. (Dieser Prozess wird ausführlich beschrieben in Kapitel 6.1).

- **Anforderungsmanagement.** Geschäftsbereichsübergreifende Bündelung der unterjährigen Anforderungen.

4.2.3 Delivery Services

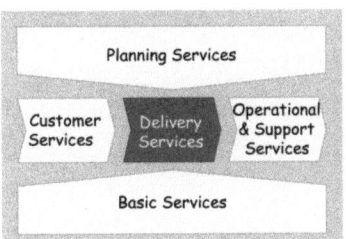

Die Delivery Services umfassen den gesamten IT-Entwicklungszyklus von der bankfachlichen Konzeption über die Implementierung, die Integration und den Test bis zur Schulung und Einführung von IT-Lösungen.

Im Hinblick auf die expliziten Anforderungen an eine tragfähige und ausbaufähige IT-Gesamtarchitektur wird dabei gezielt zwischen Anwendungs- und Infrastrukturvorhaben differenziert.

Folgende Prozesse werden bereitgestellt:

- **Anwendungsbereitstellung.** Vollständiger IT-Entwicklungszyklus für Bank-Lösungen gemäß obiger Beschreibung.

- **Infrastrukturbereitstellung.** Vollständiger IT-Entwicklungszyklus für Infrastrukturlösungen gemäß obiger Beschreibung.

- **IT-Beschaffung.** Beschaffung sämtlicher technischer und nicht-technischer Ressourcen im IT-Bereich.

- **Datenmanagement.** Logistik sämtlicher Datenhaushalte und Datenflüsse im Unternehmen und zu Geschäftspartnern.

- **Integrationsmanagement.** Konzeptionelle und planerische Unterstützung der System- und Anwendungsintegration.

- **Configuration & IT-Asset-Management.** Administration und Konfiguration sämtlicher dezentraler IT-Komponenten einschließlich Software-Verteilung.

4.2.4 Operational & Support Services

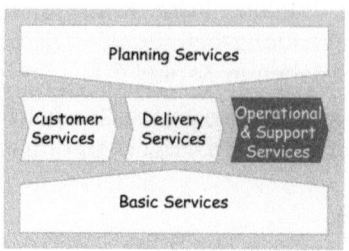

Die Operational & Support Services bündeln einerseits die „klassischen" Betriebsprozesse, andererseits die Support-Prozesse.

Insbesondere bei den Support-Prozessen gilt es künftig, eine noch stärkere Kunden- bzw. Anwenderorientierung zu erreichen.

Folgende Prozesse werden bereitgestellt:

- **Betrieb Bankverfahren.** Bankfachliche Betreuung der Anwendungen im Online- und im Batch-Betrieb.

- **Systemmanagement und Systembetrieb.** Konfiguration, Monitoring und Trouble-Shooting (Management) bzw. Administration und Operating (Betrieb) der Systemplattformen.

- **Netzmanagement und Netzbetrieb.** Konfiguration, Monitoring und Trouble-Shooting (Management) bzw. Administration und Wartung (Betrieb) der Netzkomponenten.

- **User Help Desk (UHD)/Problem Management.** Unterstützung eines dreistufigen Support-Ansatzes: 1st-Level-Support (UHD), 2nd-Level-Support (Problem Management), 3rd-Level-Support (Anwendungsbetreuung).

- **Desktop-Services.** Arbeitsplatzbereitstellung (PC, Bildschirm, Drucker, sonstige End- bzw. Peripheriegeräte).

4.2.5 Basic Services

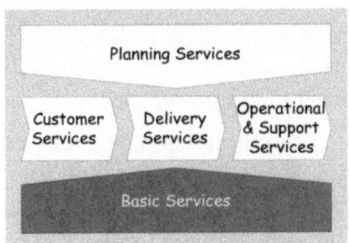

In den Basic Services werden vorhandene Querschnittsprozesse gebündelt oder neue Querschnittprozesse definiert, um Effizienz und Effektivität der Wertschöpfungsprozesse sicherzustellen. Folgende Prozesse werden bereitgestellt:

- **Architekturmanagement.** Bereitstellung eines Architektur-Regelwerks; Definition und Fortschreibung von Zielarchitekturen im Rahmen der strategischen Planung; Durchführung von Architektur-Prüfaufträgen. (Dieser Prozess wird ausführlich beschrieben in Kapitel 6.2).

- **IT-Sicherheitsmanagement.** Koordination aller übergreifenden IT-Sicherheitsfragen im Rahmen der Operationellen Risiken, insbesondere in den Themen Datensicherheit, Zugriffssicherheit, Disaster Recovery.

- **Qualitätsmangement.** Koordination aller übergreifenden Qualitäts-Standards und -maßnahmen bzgl. Prozessen, Verfahren und Methoden im IT-Bereich.

- **Change-Management.** Technischer Unterstützungsprozess zur Planung und Steuerung aller relevanten Änderungen und deren Auswirkungen und Abhängigkeiten im IT-Bereich.

- **Strategie-Management.** Koordination und Moderation der strategischen Initiativen im IT-Bereich; Steuerung und Kontrolle der operativen Umsetzung strategischer Initiativen.

- **Personal-Management.** Pflege und Fortschreibung der Profile/Laufbahnen und der Stellenbeschreibungen; Definition und Koordination der Personalentwicklungsmaßnahmen.

- **Projekt-Management.** Bereitstellung und Fortschreibung eines Regelwerks für das IT-Projekt-Management; Beratung und Schulung; Durchführung von Projekt-Audits. (Dieser Prozess wird ausführlich beschrieben in Kapitel 6.3).

- **SLA-/Vertragsmanagement.** Bereitstellung eines Rahmenwerks für IT-Verträge; Mitwirkung bei Vertragsgestaltungen; Durchführung von Vertragsprüfungen; Vertragsverwaltung. (Dieser Prozess wird ausführlich beschrieben in Kapitel 6.4).

4.3 IT-Prozesse: Einheitlicher Prozessrahmen

Die Prozessdefinitionen müssen sich in einem einheitlich vorgegebenen Prozessrahmen bewegen. Dieser ist durchwegs schlank, handhabbar und auf wenige, wesentliche Kriterien zur Gewährleistung der Prozessqualität anzulegen.

Prozessoptimierung scheitert oftmals nicht an fehlenden Vorgehensmodellen oder Modellierungstechniken, sondern an fehlenden Rahmenvorgaben und Qualitätszielen für die Prozessgestaltung.

Abb. 4-3 IT-Prozesse: Einheitlicher Prozessrahmen

Die Definition aller 24 Prozesse im IT-Prozesshaus auf der Ebene des vorgestellten Prozessrahmens ist mehr als die „halbe Miete" im gesamten Prozessgeschäft. Mit ihren Top-Down-Vorgaben legen sie Grundstein und Grundfaktur für das IT-Prozesshaus.

Erst in einem zweiten Schritt erfolgt die Bottom up-Ausgestaltung der Prozesse. Dieses Gegenstromverfahren garantiert eine Gesamtsicht und Durchgängigkeit der Prozesse, insbesondere von der strategischen auf die operative Ebene, die für die Funktionstüchtigkeit des Prozesshauses insgesamt entscheidend ist.

Vor dem Hintergrund dieser Marschroute sollen einige Fallen bei der Prozessgestaltung aufgezeigt werden.

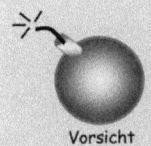
Vorsicht

Was Sie bei der Prozessgestaltung vermeiden sollten

Fokussierung auf Tiefe statt Breite. Die Ausmodellierung von Prozessen bis ins Detail wird häufig bereits als Qualitätsgarantie gesehen. Mit der Fertigstellung der Beschreibung haben sich allerdings oftmals die faktischen Abläufe längst geändert. Die nicht gelesenen Organisations- und Prozess-Handbücher in vielen Häusern sprechen „Bände" für diese These. Schwerer noch wiegen die praktischen Konsequenzen. Aufgrund des enormen Arbeitsvolumens von Prozessanalysen werden häufig nicht alle Prozesse detailliert, sondern nur in bestimmten Bereichen oder für akute „Prozess-Baustellen". Am Ende hat man nicht selten Prozessbeschreibungen von so unterschiedlicher Granularität vorliegen, dass eine Durchgängigkeit der Prozesse erschwert ist.

Mangelnde Verzahnung von Prozessen. Bei der Auswahl der Prozesse werden nicht immer die wichtigsten, sondern die technisch gut zu beschreibenden Prozesse implementiert. Ergebnis ist eine unvollständige, nicht ausbalancierte Prozesskarte. Wichtige Prozesse, wie etwa die strategische Planung, kommen zu kurz. Infolge der Tatsache, dass die Prozesse nur partiell implementiert werden, fehlt darüber hinaus die Synchronisation mit den übrigen Inhouse-Prozessen (Controlling, Personal-Manage-ment) sowie mit den externen Prozessen (Verbundpartner, IT-Dienstleister).

Ex post-Beschreibung statt Ex ante-Gestaltung. „In der Tat ahmt die Kunst das Leben weit weniger nach, als umgekehrt das Leben die Kunst" hat Oscar Wilde gesagt. Bezogen auf die Kunst der Prozessgestaltung in ihrem Verhältnis zur gelebten Praxis ist dies ein wertvoller Hinweis. Das Anpreisen historisch gewachsener Abläufe als „flexibel und praxiserprobt" – gegenüber den „abstrakten, nur am Reißbrett funktionierenden" Prozessbeschreibungen – ist zumindest kritisch zu hinterfragen. Ein Jahresplanungsprozess ist faktisch zu komplex und zu erfolgskritisch, um nicht präzise entworfen und implementiert zu werden.

4.4 Referenzmodelle

Im Zusammenhang mit der Prozessgestaltung wird immer wieder – zurecht – gefragt: Warum eine Prozesskarte selber entwickeln, wenn man sie einkaufen kann? Es gibt viele Referenzmodelle, wie ITIL, ITPM und andere. Zugleich hofft man, durch eine Standardisierung die aufzeigten Probleme bei der Implementierung zu umgehen.

Was leisten diese Modelle für das IT-Management in Banken?

Standpunkt

ITIL & Co.: Eine Prüfung aus Sicht der Banken

Alle geläufigen Referenzmodelle haben einen gemeinsamen konzeptionellen Rahmen. Dieser reicht vom Prozess*konzept* über die Service- bzw. Kundenorientierung in einem bislang technisch geprägten Umfeld bis zu einer Clusterung zusammengehöriger Prozesse. So weit, so gut. Wobei das IT-Prozesshaus alle genannten Bestandteile ebenfalls abdeckt.

Zugleich aber weisen die Standardmodelle – i.f. am Beispiel ITIL stellvertretend diskutiert – zumindest drei „Defizite" auf:

- **ITIL ist nicht branchenspezifisch.** Allein die Geschäftsbereichsbetreuung – die sich am Geschäftsmodell der Bank orientiert – oder die spezifische Konstellation mit einem strategischen IT-Dienstleister zeigen aber die Vorteile einer banken-IT-spezifischen Lösung.

- **ITIL fokussiert auf operative Prozesse.** Im Mittelpunkt von ITIL steht das operative IT-Service Management mit den Bereichen Service Delivery und Service Support. Die Planung ist eine primär operative Planung. Eine strategische Ebene gibt es zwar. Diese ist aber nur mit Platzhaltern wie beispielsweise „Unternehmens- und Wettbewerbspolitik" besetzt, zu denen ein Prozessbezug vorderhand schwierig herzustellen ist.

- **ITIL ist zu generisch für eine 1:1-Implementierung.** Der generische Ansatz ist konzeptioneller Bestandteil von ITIL. Insofern ist die unmittelbare Umsetzbarkeit kein Ziel und somit einer Kritik enthoben. Konsequenz aber wiederum im Vergleich zum IT-Prozesshaus ist ein vermutlich identischer Aufwand, um zu institutsspezifischen Prozesse zu gelangen. Also gerade hier wird man von den Detailgestaltungsproblemen (siehe letzter Vorsichtskasten) eingeholt, die man mit einer Standardisierung umgehen will.

5 Planung & Controlling: Neue Reichweite gewinnen

Vor dem Hintergrund der signifikant gewachsenen Aufgaben- und Budgetverantwortung des IT-Bereichs wird ein Vier-Punkte-Programm für die Planungs- und Controllingprozesse vorgestellt:

- **Grundsätzlicher Planungsansatz.** Um die erforderliche Reichweite in den Planungsdimensionen zu gewinnen, wird ein rollierender, dreistufiger Planungsansatz vorgestellt.
- **Strategische Planung.** Die Mittel- bis Langfristplanung des IT-Portfolios wird deutlich näher an die Geschäftsbereiche heran- und mit deren Planungen frühzeitig zusammengeführt.
- **Jahresplanung.** Die existierende Jahresplanung wird mit der strategischen Planung verzahnt über einen verbindlichen Jahresplanungskalender gestrafft.
- **IT-Controlling.** Die neue Planungsqualität erhöht den Druck auf die Qualität der operativen Umsetzung. Dazu werden Controllingverfahren und -kennzahlen auf ein aktivsteuerndes Kosten- und Leistungs-Controlling ausgerichtet.

5.1 Grundsätzlicher Planungsansatz

Der IT-Bereich muss in zentralen Planungsdimensionen eine neue Reichweite gewinnen:

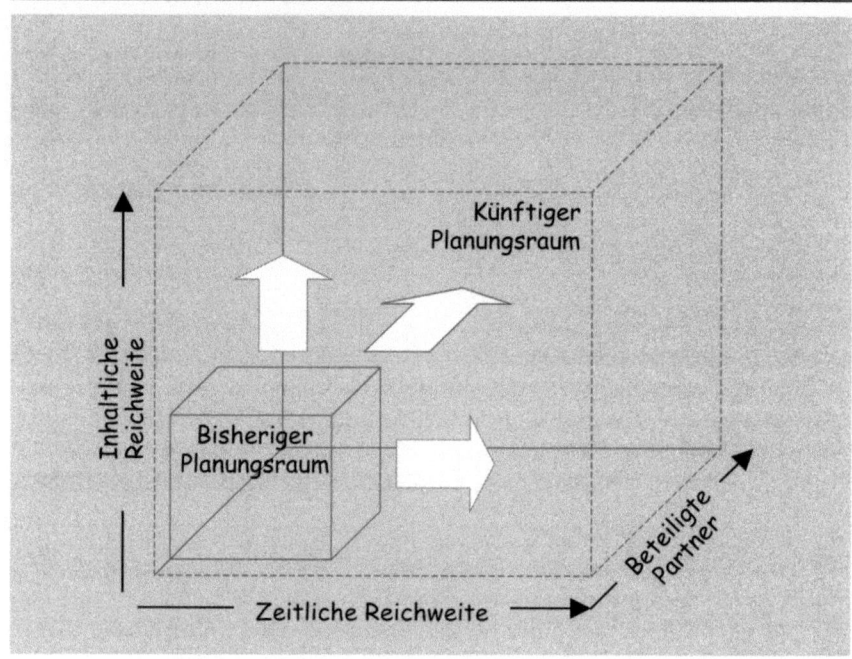

Abb. 5-1 Planungsdimensionen: Gewinnen von Reichweite

Dies betrifft drei Dimensionen:

- **Zeitliche Reichweite.** Unter Wahrung der operativen Planungsaufgaben gilt es die mittelfristige und strategische Planung zu intensivieren.

- **Inhaltliche Reichweite.** Neben Einzellösungen im Rahmen der Geschäftsprozessoptimierung gilt es verstärkt unternehmens- und konzernweite Vorhaben – Stichwörter Gesamtbanksteuerung, Einheitliche Vertriebsplattform, Bündelung der Abwicklungsfunktionen – voranzutreiben und zu steuern.

- **Beteiligte Partner.** Die zu planenden Ressourcen betreffen nicht mehr nur IT-Bereich und Geschäftsbereiche, sondern IT-Dienstleister, Softwarepartner und externe Beratungshäuser.

5.1.1 Abhängigkeit von Strategischer Planung und Jahresplanung

Die Wichtigkeit einer separaten – und gleichzeitig mit der Jahresplanung verzahnten – strategischen Planung zeigt ein schematischer Vergleich von bisherigem und künftigem Planungsprozess:

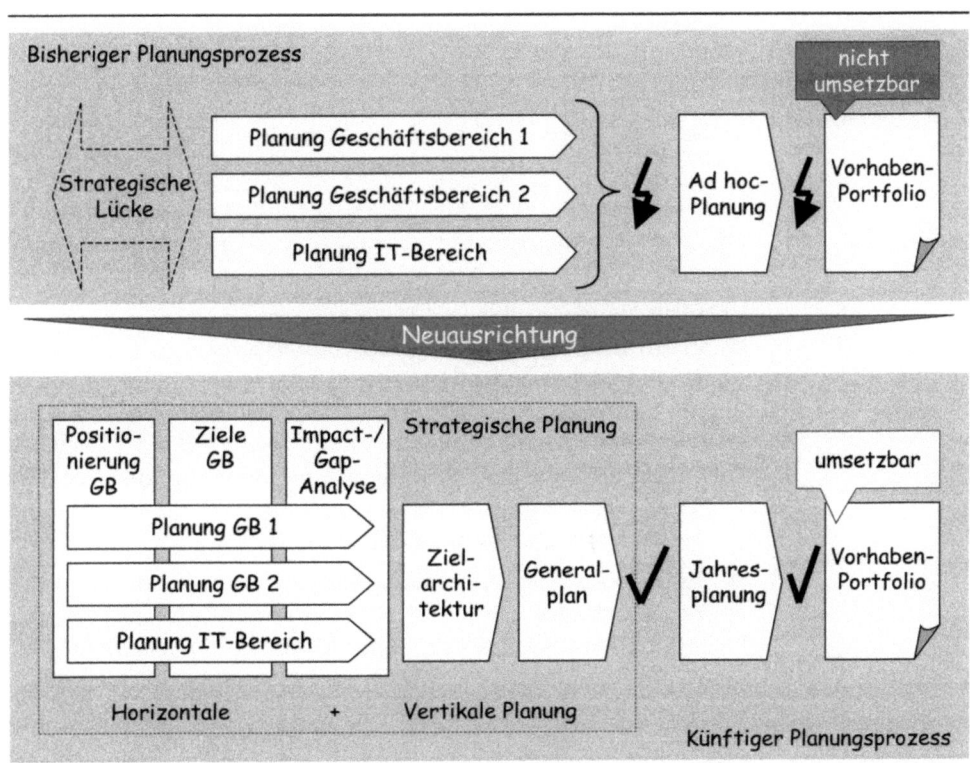

Abb. 5-2 Vergleich der Planungsprozesse

Der bisherige Planungsprozess ist durch zwei Schwachstellen gekennzeichnet:

- **Schwächung der Planungsfähigkeit durch Masse an Projektanträgen.** Eine immer größere Zahl an Vorhabenanträgen – von unterschiedlichster Größenordnung und wirtschaftlich-strategischer Relevanz – versperren zusehens den Blick auf die wesentlichen Vorhaben. Dies hat zwei Ursachen. In den Frühphasen verlaufen die Planungen der einzelnen Geschäftsbereiche parallel zueinander. Wiederum parallel dazu verläuft die IT-interne Planung. Resultat sind zum einen unabgestimmte Planungen. Zum anderen sind die Anforderungen der Geschäftsbereiche – ohne Kenntnis der dahinterstehenden Ziele – durch den IT-Bereich nicht nachvollziehbar.

- **Schwächung der Umsetzungsfähigkeit durch Masse an bewilligten Projekten.** Zu viele parallel aufgesetzte Projekte führen zur Schwächung der Umsetzungsfähigkeit. Das heißt, auch die Durchführung der notwendigen und zeitkritischen Projekte muss unter der Vielzahl „reingedrückter" Projekte leiden.

In beiden Fällen greift auch eine solide Jahresplanung zu spät und wird zu einer Ad hoc-Planung herabgestuft.

Hier setzt der *künftige* Planungsprozess an mit der Fokussierung auf eine frühzeitige Abstimmung der Planungen und einem nahtlosen Übergang von der strategischen Planung bis zur operativen Umsetzung:

- **Frühzeitige und vollständige Abstimmung.** Durch den dualen Ansatz werden die Geschäftsbereichsplanungen mit ihren strategischen und operativen Zielen aufgenommen und abgeglichen („Horizontale Planung"). *Und* es erfolgt eine Konsolidierung und Prüfung auf Gesamtverträglichkeit, sowie die Erarbeitung einer Zielarchitektur und eines Generalentwicklungsplans („Vertikale Planung").

- **Sauber aufgesetzte Jahresplanung – Umsetzbares Vorhaben-Portfolio.** Die Jahresplanung schließt sich nahtlos an die strategische Planung an, unter Wahrung der Flexibilität, auch kurzfristige, neue Vorhaben aufzunehmen. Resultat ist ein umsetzbares Vorhaben-Portfolio.

Der Übergang von der strategischen zur Jahresplanung verläuft in der Praxis nicht absolut trennscharf. Deshalb besteht die Gefahr, beide Planungsinstrumente miteinander zu vermengen und damit in ihrer Wirkung aufzuweichen. Zu diesem Problem bezieht der folgende Standpunktkasten Stellung.

5.1 Grundsätzlicher Planungsansatz

Standpunkt

Wird eine Jahresplanung den strategischen Anforderungen gerecht?

Ein Blick auf den rein technischen Prozess der Jahresplanung zeigt, dass ein wesentlicher Teil der Projektanträge nur für den Zeitraum der Jahresplanung – nämlich in den angesetzten Jahresplanungskonferenzen – in das Gesichtsfeld der IT-Planungsverantwortlichen tritt. Aber auch die übrigen Vorhaben sind – abgesehen von den wenigen strategischen Projekten, welche in der gesamten Bank präsent sind – naturgemäß gefärbt und geprägt durch die einzelnen Bereiche, aus denen sie entstammen. Ergebnis sind bereichssubjektive Einschätzungen, was z.B. die strategische Relevanz oder die Risikofaktoren von Vorhaben anlangt. Dies kann letztlich aus Gesamtbanksicht zu Fehlbewertungen im Gesamt-Portfolio führen.

Die Planungsrunden können hier keine Abhilfe schaffen. In der Momentaufnahme einer Planungsrunde lassen sich strategische Grundsatzentscheidungen nicht darstellen. Planungsrunden leben von der Qualität bereits verfertigter Vorlagen, die nur im äußersten Fall – meist aufgrund formaler Mängel – auf Wiedervorlage gesetzt werden. Und sie leben von der Lobbyarbeit der jeweiligen zweiten und dritten Führungsebene, für die es darum geht, ein großes Stück Kuchen für das kommende Jahr zu bekommen.

Die strategischen Projekte wiederum genießen dann nicht selten Freiheiten im Jahresplanungsprozess. Einmal gesetzte Ziele werden operativ kontrolliert, aber nicht mehr grundsätzlich in ihrer Richtungsentscheidung hinterfragt.

In beiden Mustern mangelt es einer inhaltlich konsolidierenden Instanz. Deshalb muss die Jahresplanung um eine strategische Planung ergänzt werden. Die strategische Planung ist das Kernstück der Positionierung des IT-Bereichs, nämlich die des Brokers zwischen IT- und Bankinnovation. Die frühzeitige Beschäftigung des IT-Bereichs – im Dialog mit den Geschäftsbereichen – über künftige IT-Vorhaben auf einer planerisch-konzeptionellen Ebene ist nichts anderes als die Ausübung dieser Broker-Funktion.

Strategische Planung und Jahresplanung ergänzen dabei einander sinnvoll. Analog zum Tunnelbau gleicht die strategische Planung dem Vortrieb und die Jahresplanung der Verschalung.

5.1.2 Der dreistufige Planungsansatz

Ergebnis der Neuausrichtung der Planungsprozesse ist ein dreistufiger, rollierender Planungsansatz:

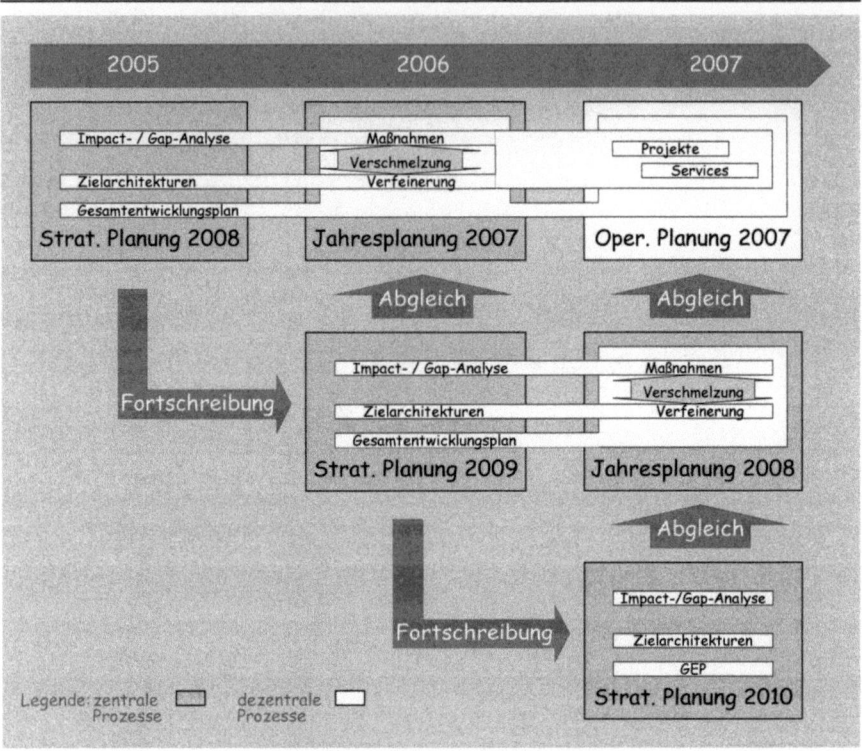

Abb. 5-3 Der dreistufige Planungsansatz

Der Ansatz besteht aus drei verzahnten Planungsprozessen:

- **Strategische Planung.** Die strategische Planung steuert die Mittel- bis Langfristplanung des bankweiten IT-Portfolios.
- **Jahresplanung.** Die Jahresplanung ist die Fortsetzung und Konkretisierung der strategischen Planung. Ihr Ergebnis ist ein verbindlich umzusetzendes Vorhaben-Portfolio für das jeweils kommende Jahr.
- **Operative Planung.** Die operative Planung ist kein zentral gebündelter Prozess. Sondern sie findet entlang der operativen Prozesse und der Projektstrukturen statt.

5.2 Strategische Planung

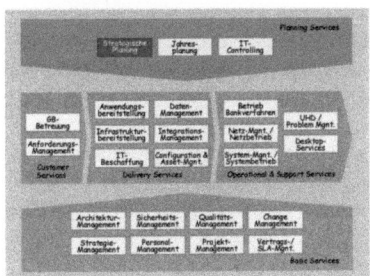

Strategische Planung und IT-Bebauungsplan werden im folgenden synonym verwendet.

Der IT-Bebauungsplan ist Planungs*prozess* und Planungs*instrument* für die Mittel- bis Langfristplanung des bankweiten IT-Portfolios.

Der Bebauungsplan ist explizit auf eine Beteiligung aller Interessensgruppen angelegt – Geschäftsbereiche, IT-Dienstleister und IT-Bereich. Im IT-Bereich liegt zudem die Prozessverantwortung für alle Planungsstadien.

Der Mehrwert eines Bebauungsplans liegt in der Möglichkeit, Geschäfts- und IT-Anforderungen – hinreichend aggregiert – frühzeitig übereinanderzulegen. Damit lassen sich Business-Szenarien darstellen und hinsichtlich ihrer Implikationen auf die IT durchspielen. Dabei kommt es nicht auf das letzte Detail einer Geschäftsbereichsplanung an, sondern auf ihre Quintessenz mit bezug zur Weiterentwicklung der Unternehmens-IT.

5.2.1 Die Bestandteile des Bebauungsplans

Der Bebauungsplan ist kein fertiger Plan mit detaillierten Spezifikationen und Projektplänen. Genauso wenig ist er Antwort auf alle Architekturfragen. Dies ist den Rahmen- und Einzelkonzeptionen vorbehalten, die jedoch stringent aus dem Bebauungsplan abzuleiten sind. Umgekehrt müssen Vorhaben einer Konvergenzprüfung gegen den Bebauungsplan standhalten.

In seinem Kern besteht der Bebauungsplan aus zwei Teilen mit insgesamt fünf Blöcken.

Der erste Teil, die sog. vertikale Planung, nimmt die Einzelplanungen der Geschäftsbereiche auf, jedoch auf Basis eines einheitlichen Vorgehensmodells und vergleichbarer Kriterien über alle Geschäftsbereiche.

Der zweite Teil, die horizontale Planung, legt die Einzelplanungen übereinander und leitet daraus die Anforderungen an die Zielarchitektur(en) sowie die Anforderungen an das IT-Management ab.

5 Planung & Controlling: Neue Reichweite gewinnen

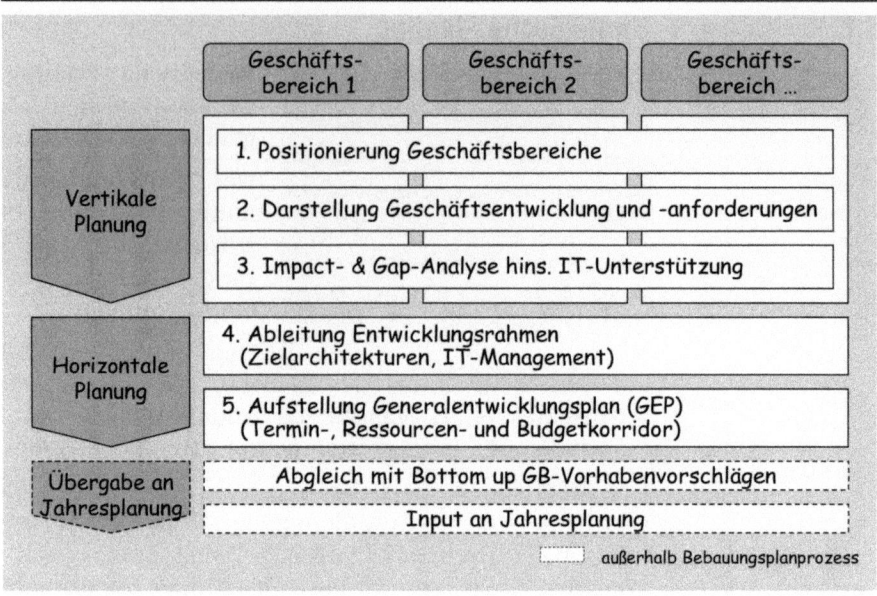

Abb. 5-4 Der Bebauungsplan: Prozess und Bestandteile

Die einzelnen Blöcke bestehen aus folgenden Schritten:

Ziele	Inhalte	KEF
1. Positionierung Geschäftsbereich (GB)		
Kenntnis der Ausrichtung des GB Verständnis für Bedeutung des GB für Bank	Darstellung Produkte und Dienstleistungen Darstellung Markt (Trends, Benchmarks) Darstellung Einflussfaktoren (Gesetzgeber)	Betonung der Alleinstellungsmerkmale Berücksichtigung früher Planungsstadien
2. Darstellung Geschäftsentwicklung und -anforderungen		
Kenntnis der operativen Geschäftsziele mit Bezug zur IT	Darstellung qualitative/ quantitative Geschäftsziele Darstellung kritischer Erfolgsfaktoren	Darstellung der IT-relevanten Geschäftsanforderungen

5.2 Strategische Planung

3. Impact- und Gap-Analyse IT-Unterstützung		
Kenntnis der Prozess- und Systemunterstützung Kenntnis der künftigen Leistungsanforderungen	Bestandsaufnahme und Bewertung der Kerngeschäftsprozesse und ihrer IT-Unterstützung einschließlich IT-Services Ableitung der künftigen IT-Unterstützung inkl. IT-Services	Realistische, präzise Problembeschreibung Realistische Darstellung der künftigen IT-Leistungen
4.1. Zielarchitekturen		
Vollständige Abbildung der Einzelanforderungen Richtungsvorgabe für die Weiterentwicklung der Gesamtarchitektur	Konsolidierung und Verträglichkeitsprüfung der Einzelanforderungen Ableitung bzw. Fortschreibung der Ziel-Unternehmensarchitektur (für Geschäftsprozesse, Anwendungen und Infrastruktur) Bündelung zu Maßnahmenpaketen	Konvergenzprüfung der Einzelanforderungen gegen die Architekturleitlinien Darstellung der Abhängigkeiten von Maßnahmen (v.a. Anwendungen zu Infrastruktur)
4.2. Zielbild IT-Management		
Identifikation Verbesserungspotentiale in den IT-Services	Konsolidierung der Anforderungen und Ableitung von Maßnahmen zu Ausbau / Verbesserung der IT-Services	Differenzierte Analyse (hinsichtl. Qualifikations- oder Ressourcendefiziten)
5. Generalentwicklungsplan		
Verbindliche Zusagen Planungssicherheit	Darstellung aller Maßnahmenbündel mit einem (vorbehaltlich der Jahresplanung) verbindlichen Termin-, Budget- und Ressourcenkorridor	Ein zentraler Plan für alle Maßnahmen Verbindlichkeit Leistungszusagen Sicherstellung der IT-Ressourcen

5.2.1.1 Generalentwicklungsplan: Ergebnis der strategischen Planung

Ergebnis des Bebauungsplans ist ein jährlicher fortzuschreibender Generalentwicklungsplan mit allen - vorbehaltlich der Jahresplanung - zugesagten und auf Machbarkeit hinsichtlich Ressourcen und Terminen geprüften Vorhaben.

Nr.	Konzeption	Einordnung			Leistungsbeschreibung		
	Kurzbeschreibung	GB	Geschäftsplattform	Vorhabentyp	Ziel	Ergebnis	Nutzen
Bereich Corporate Banking (CB)							
KCB4	Optimierung Back Office-Funktionen	CB	Markt, Marktfolge	AE	Proaktive Bearbeitung Fälligkeiten, Optimierung Reporting	Partielle Optimierung Kreditanwendung (Bearbeitung Fälligkeiten)	Reduzierung Aufwand; Erhöhung Outputqualität
Infrastruktur (IS)							
KIS4	Bankweite Migration auf Windows XP inkl. Office-Paketen	alle	alle	AE	Einführung Win XP i.R. der konzernweiten Einführung	Auf allen Arbeitsplatz-PCs läuft Win XP und Office 2003	Konzernweite Standardisierung; Neue Dienste (Active Directory); Niedrigere Admin.-kosten

Konvergenzprüfung		Prio.	Kosten- und Terminkorridor					
Prozessanalyse	Ziele & Anforderungen		Fertigstellung	Invest. [T]	extern [PM]	IT [PM] Customer Services	Delivery Services	Operational Services
CB 1.23, 1.26	CB P1 CB P3 CB S1	mittel	07/05	keine	keine	0,5	1	keine
nicht relevant	Planung OE PC-Services	hoch	12/05	650	5	keine	3,5	9

Abb. 5-5 Struktur des Generalentwicklungsplans

Die Planungszeilen des Generalentwicklungsplans folgen einem einheitlichen Schema. Für jede Maßnahme wird eine *Planungsnummer* vergeben. Es folgt ein *Kurzbeschreibung*, danach die *Einordnung* der Maßnahme in den geschäftlichen Kontext. Dies umfasst den verantwortlichen Geschäftsbereich (GB), die Geschäftsplattform sowie den Vorhabentyp – Anwendungsentwicklung (AE) oder Organisatorische Lösung.

Es folgt die *Leistungsbeschreibung* mit Ziel, Ergebnis und Nutzen. Hier ist eine hohe Qualität der Inhalte gefordert, um gegenüber Entscheidern, die am detaillierten Planungsprozess nicht beteiligt waren, Maßnahmen nachvollziehbar zu plausibilisieren. Dazu

5.2 Strategische Planung

trägt insbesondere die sog. *Konvergenzprüfung* bei. Also die Spiegelung der vorgeschlagenen Maßnahmen gegen die ursprünglich geplanten Ziele sowie gegen die ermittelten Anforderungen im Rahmen der Gap- und Impact-Analyse. Dabei kommt es zu einer abgestimmten Priorisierung, etwa im Rahmen einer Portfolioanalyse „Wirtschaftliche vs. Strategische Relevanz".

Der *Kosten- und Terminkorridor* ist ein maximaler Ressourcenrahmen, der in der nachfolgenden Jahresplanung einzuhalten ist. Die angeforderten Ressourcen beziehen dabei explizit auch die Geschäftsbereiche ein.

Wie immer arbeitsteilig man während der Erarbeitung vorgeht – am Ende ist entscheidend, dass nur *ein* Bebauungsplan und *ein* Generalentwicklungsplan für die gesamte Unternehmens-IT entsteht.

Dieser eine Bebauungsplan ist Garant dafür, dass alle horizontalen Abhängigkeiten – Stichwort kritischer Pfad – sowie alle vertikalen Abhängigkeiten, also Abhängigkeiten zwischen Anwendungen einerseits, und zur IT-Infrastruktur andererseits, für sämtliche Vorhaben in einem Gefäß gebündelt und kompakt dargestellt sind.

5.2.2 Rollen und Verantwortlichkeiten

Schritte 1 bis 3 werden bilateral mit den einzelnen Geschäftsbereichen erarbeitet. Dabei sind die Geschäftsbereich-Betreuer *prozessverantwortlich*. Inhaltlich verantwortlich sind die jeweils benannten Mitarbeiter aus den Geschäftsbereichen.

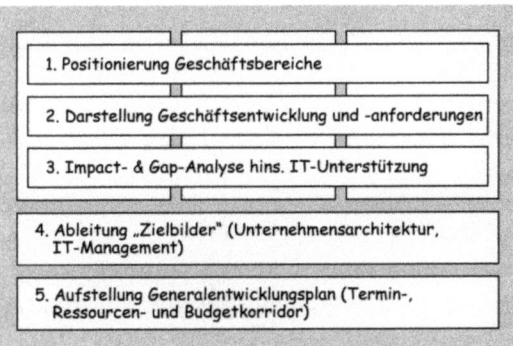

Schritte 4 und 5 laufen ineinander verschränkt, jedoch in zwei Phasen ab.

In Phase I führt das Architektur-Management in Absprache mit den Geschäftsbereichsbetreuern eine Konsolidierung der Anforderungen und Lösungsvorschläge durch. Daraus werden Zielarchitektur und Umsetzungsbündel abgeleitet und IT-intern vorab auf Machbarkeit geprüft.

73

Ergebnis von Phase I sind zwei „Papiere": ein vorläufiger (aktualisierter) Bebauungsplan und ein vorläufiger Generalentwicklungsplan, die durchaus noch kleinere Lücken enthalten können.

In einer sich anschließenden Phase II werden diese beiden Papiere in zwei bis drei Klausursitzungen des IT-Planungskreises (Teilnehmer: F1, F2, Architekturmanagement und Planungsstelle) vorgestellt und verabschiedet. Dabei hat sich eine Trennung in Anwendungsarchitektur- und Infrastrukturarchitekturthemen als sinnvoll erwiesen, wobei aber in beiden Klausuren alle IT-Verantwortlichen anwesend sind.

Parallel zum IT-Portfolio gilt es das dritte Thema – Weiterentwicklung IT-Management – in die Planung zu integrieren.

Der Leiter IT stellt dann die konsolidierte fortgeschriebene Zielarchitektur („200x + 3" für das Jahr 200x) einschließlich Generalentwicklungsplan gegenüber den Geschäftsbereichen vor. Hierbei bestehen Korrekturmöglichkeiten hinsichtlich einer Umpriorisierung bzw. einer Aufstockung oder auch Kürzung von Budgets etc.

Idealerweise findet der strategische Planungsprozess in der ersten Jahreshälfte statt, um als Input für den im 3. Quartal beginnenden Jahresplanungsprozess zu dienen.

5.2.3 Erfolgsfaktoren für die Implementierung

Der Bebauungsplanprozess ist eine große, in das gesamte Unternehmen hineinwirkende Moderationsaufgabe. Der Dialog kann nur über eine stärkere Beschäftigung seitens des IT-Bereichs mit den geschäftlichen Fragestellungen gelingen. Aber auch umgekehrt über eine Sensibilisierung der Geschäftsbereiche für den Spagat des IT-Bereichs zwischen der Bereitstellung optimaler Einzellösungen und der Verantwortung für eine tragfähige und ausbaufähige Unternehmens-IT.

Insbesondere in der Startup-Phase eines Bebauungsplanprozesses sind dabei einige verfahrensmäßige Hürden zu nehmen. Diese beschreibt der folgende Vorsichtkasten.

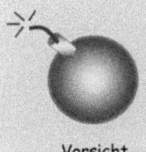
Vorsicht

Was Sie beim Erarbeiten des Bebauungsplans vermeiden sollten

Den Bebauungsplan als Kabinettsgeheimnis behandeln. *Annahme*: Im Kabinett (Vorstand, Führungskreis 1) kann der Bebauungsplan besser und schneller erarbeitet werden als in Ausschüssen oder im Plenum (Planungsrunden). Die Ergebnisse können im nachhinein den Gremien zur Abstimmung vorgelegt werden. *Konsequenz*: Die Geschäftsbereiche werden prinzipiell Konzeptionen ablehnen, an deren Erarbeitung sie nicht beteiligt waren. Der Bebauungsplan entfaltet keine Wirkung in das Unternehmen hinein. Der Veränderungsprozess wird schwieriger. Insbesondere die Umsetzung der beschlossenen Maßnahmen wird auf Vorbehalte bei den Mitarbeitern bzw. Projektteams stoßen. *Empfehlung*: Von Anfang an die Geschäftsbereiche auf der operativen Ebene - und dort möglichst eine breite Zahl von Meinungsbildnern - in die Erarbeitung des Bebauungsplans einbeziehen.

Ziele mit Maßnahmen vermischen. *Annahme:* Es wird ein strategischer Plan benötigt, in dem die formulierten Ziele mit den jeweiligen Maßnahmen verknüpft werden. *Konsequenz*: Es besteht die Gefahr, dass die unterschiedlichen Aspekte vermischt werden. Der Bebauungsplan könnte somit an strategischer Relevanz verlieren. *Empfehlung*: Der Bebauungsplanprozess enthält beide Sichten – jedoch in unterschiedlichen Phasen. Dem sollte auch die Struktur des Bebauungsplans als Dokument folgen. Die strategische Konzeption ist vom Generalentwicklungsplan zu trennen.

Den Bebauungsplan überfrachten. *Annahme:* Alle Detailanalysen und -konzepte sowie Statistiken müssen in den Plan einfließen als Beweispflicht für Vollständigkeit und Konsistenz. *Konsequenz:* Der Bebauungsplan wird überfrachtet und schreckt den Leser ab. *Empfehlung:* Bis auf wenige, wichtige Detailergebnisse alle relevanten Einzeldokumente nur referieren bzw. in den Anhang packen.

5.3 Jahresplanung

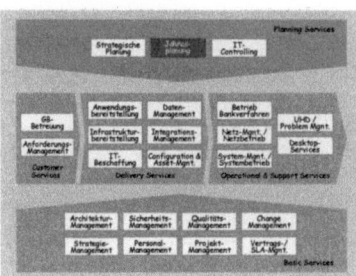

Die Jahresplanung ist das Mittelstück des vorgestellten dreiteiligen Planungsansatzes.

Ihr Ergebnis ist ein Vorhaben-Portfolio für das jeweils kommende Jahr im Rahmen eines Gesamtbudgets, das durch den Vorstand verabschiedet ist.

Aufgabe der Jahresplanung ist es, sämtliche Vorhaben des IT-Bereichs zu planen. Dies erstreckt sich sowohl auf die Projekte als auch die Daueraufgaben im Rahmen der operativen Prozesse. Damit gewährleistet die Jahresplanung ein vollständiges Planungsbild.

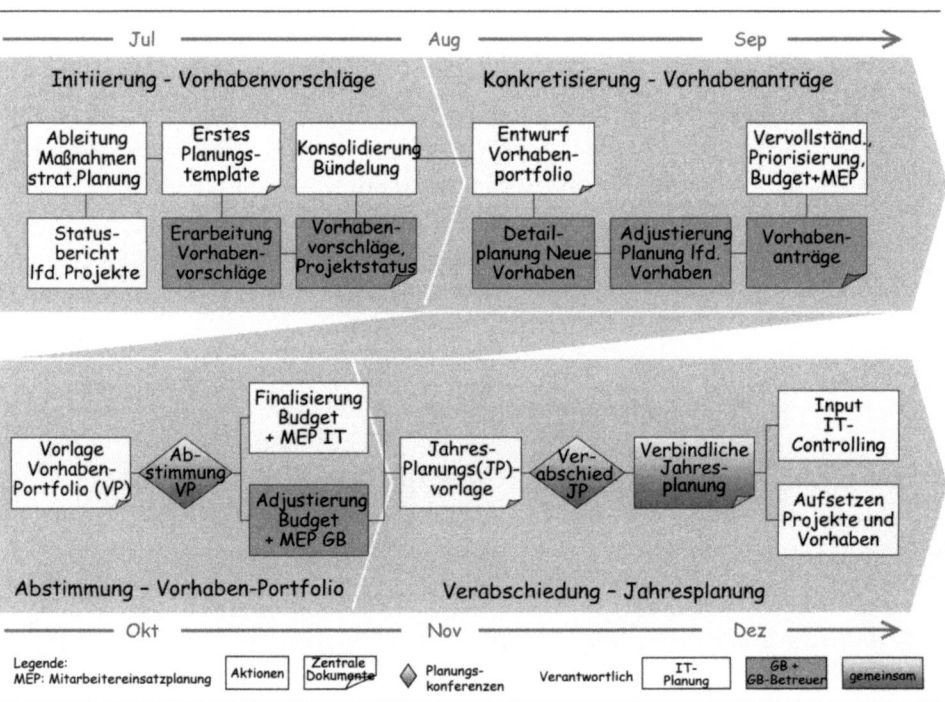

Abb. 5-6 Jahresplanung: Der Planungskalender

5.3 Jahresplanung

Der Jahresplanung zugrunde liegt ein Jahresplanungskalender, der sich in vier Hauptphasen gliedert:

- **Initiierung – Vorhabenvorschläge.** In der Initiierungsphase werden der Status quo der laufenden Projekte und die Vorgaben aus der strategischen Planung (welche idealerweise jeweils Ende Juni abgeschlossen ist) in ein erstes Planungs-Template überführt und den einzelnen Geschäftsbereichen übergeben. Diese erarbeiten Vorhabenvorschläge, wobei sie sich eng an die strategischen Vorgaben halten. Das heißt, es kommt hier in der Regel zu einer zeitlichen Umpriorisierung oder Schwerpunktverschiebung von Maßnahmen – vollständig neue Anforderungen bilden die Ausnahme. Diese Vorhabenvorschläge werden in einer ersten Runde durch die IT-Planungsstelle gebündelt.

- **Konkretisierung – Vorhabenanträge.** Daraus wird ein erstes vorläufiges Planungs-Portfolio geschnürt und zur weiteren Detaillierung der Planung (Darstellung von Lösungsszenarien, Risiken und Abhängigkeiten, Alternativ-Lösungen, sowie Ressourcenplanung einschließlich einer Adjustierung laufender Projekte) an die Geschäftsbereiche übergeben. Die fertigen Vorhabenanträge werden an die Planungsstelle zurückgespielt und dort konsolidiert.

- **Abstimmung – Vorhaben-Portfolio.** Aus den qualitätsgesicherten Vorhabenanträgen wird die Vorlage für das Vorhaben-Portfolio erstellt. Ihr wesentlicher Mehrwert gegenüber den Einzelanträgen ist eine Verträglichkeitsprüfung des Gesamt-Portfolios im Hinblick auf inhaltliche und zeitliche Abhängigkeiten sowie auf Ressourcenverträglichkeit. Diese Vorlage wird in einer ersten gemeinsamen Planungsrunde zwischen Geschäftsbereichen und IT auf höchster operativer Ebene abgestimmt. Je nach Größe des Instituts kann es hierbei ggf. zu mehreren Planungskonferenzen kommen.

- **Verabschiedung – Jahresplanung.** In der letzten Planungsphase erfolgt auf Basis des entschiedenen Vorhaben-Portfolios die Finalisierung bzw. letzte Adjustierung der Mitarbeitereinsatzplanung (MEP) und der Budgetplanung. Diese Informationen fließen in die Jahresplanungsvorlage ein.

Die Jahresplanungsvorlage ist ein Planungsdokument, das sich in Struktur und Inhalten stark am Generalentwicklungsplan orientiert. Die dort angelegten Planungszeilen werden hier detailliert heruntergebrochen und um weitere Planungsattribute ergänzt. Jede Planungszeile benennt das Vorhaben; führt einen Verweis auf den Vorhabenantrag; ordnet ihm namentlich die IT-Mitarbeiter mit genauer Ressourcenaufteilung, die Geschäftsbereichsmitarbeiter mit prozentualen Mitarbeiterkapazitäten (Minimum 20%) und weitere erforderliche externe Mitarbeiterressourcen (mit Skill-Profil) zu; und es enthält das bewilligte Investitionsbudget ggf. verbunden mit dem Modus zum Abruf bzw. zur Aktivierung dieses Budgets.

Die Jahresplanungsvorlage wird dann im Vorstand vorgestellt und verbindlich verabschiedet. Hierbei wird das IT-Budget für das nächste Jahr festgesetzt.

In einem letzten Schritt gilt es zeitnah, die entsprechenden Projekte und Vorhaben aufzusetzen und das IT-Controlling mit den entsprechenden Plandaten zu versorgen.

5.4 IT-Controlling

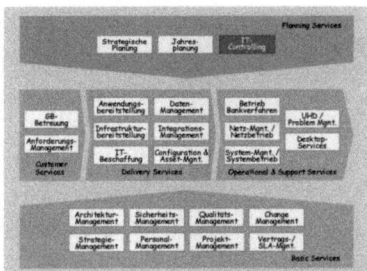

Dem signifikant erhöhten Steuerungsanspruch des IT-Bereichs gilt es durch erweiterte bzw. neue Verfahren im IT-Controlling Rechnung zu tragen.

Der im folgenden vorgestellte Controlling-Ansatz besteht aus vier Blöcken:

- **Ausrichtung und Ziele.** Es wird der grundsätzliche Wandel von einem passiv-vergangenheitsorientierten zu einem aktivsteuernden Controlling aufgezeigt.
- **Kennzahlen.** Es werden die wichtigsten IT-spezifischen Kosten- und Leistungskennzahlen vorgestellt.
- **Berichtswesen.** Es werden die erforderlichen Controlling-Berichte entlang der Leistungsstrukturen des IT-Bereichs definiert.
- **Tools.** Es wird ein funktionaler Ansatz zur Evaluierung von Controlling-Tools vorgestellt.

5.4.1 Ausrichtung und Ziele

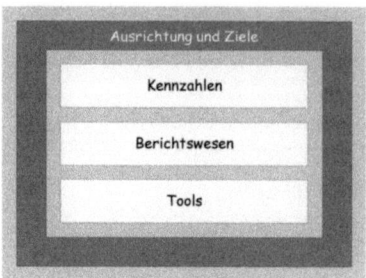

Der Wandel von einem passiv-vergangenheitsorientierten zu einem aktiv-antizipativen IT-Controlling verlangt eine Neuausrichtung unter drei Aspekten.

- **Der Steuerungskreislauf.**
Ein aktiv-antizipatives Controlling orientiert sich an einem Steuerungs*kreislauf* – ein Grundgedanke, der im Controlling seit langem in Theorie und Praxis Anwendung findet. Der Steuerungskreislauf besteht aus zwei Phasen: einer Managementphase und der eigentlichen Controlling-Phase. Diese Zweiteilung bezieht sich prinzipiell auf jeden IT-Prozess im IT-Prozesshaus. Die beiden Phasen Management und Controlling greifen fortwährend ineinander.

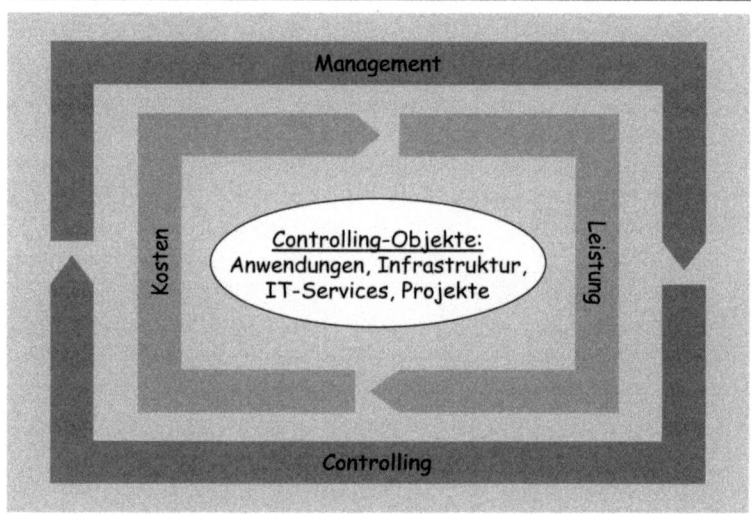

Abb. 5-7 Ausrichtung und Ziele im IT-Controlling

Management. Die zunehmende Anzahl an Entscheidungen und ihre größere Reichweite verlangen fundierte, nachvollziehbare und dennoch schnell gefällte Entscheidungen. Dabei bestimmt grundsätzlich jeder Entscheider für seinen Verantwortlichkeitsbereich, *was* entschieden wird und *wie* entschieden wird. Deshalb muss *er* die Vorgaben für das Controlling machen. Das betrifft die Verfahren, die Kennzahlen, Berichte und Verantwortlichkeiten. Zugleich gilt es das Prinzip dezentraler Verantwortung zu stärken. Nicht alle Vorgaben erfolgen auf dem Top-Level. Jeder Bereich kann und muss seine eigene Vorgaben definieren. Allerdings unter der Restriktion, dass Einheitlichkeit und Durchgängigkeit der Kennzahlen und Berichte gewährleistet ist.

Controlling. Erste Aufgabe des Controllings ist eine fehlerfreie Ergebnismessung. Häufig steht die Ergebnismessung aber zu sehr im Vordergrund. Das IT-Controlling muss Ergebnisse auch interpretieren können. Dazu ist neben einer betriebswirtschaftlichen Sicht („Zahlenbrille") ein Grundverständnis für den IT-Leistungsprozess erforderlich. Dies ist Voraussetzung, um – als Mehrwert des IT-Controllings – Ursachen für Soll/Ist-Abweichungen zu erkennen und daraus Handlungsoptionen abzuleiten. Das geht nur Hand in Hand mit den operativen Bereichen. Das Controlling kann hier nicht die fachliche Arbeit leisten. Aber es ist Auslöser und Prozessverantwortlicher für die Erarbeitung entscheidungsfähiger Vorschläge.

- **Definition der Controlling-Objekte.** Die Industrie hat vorgemacht, wie erfolgskritisch heute der Produktionsprozess für das Produkt ist. Die Controlling-Objekte haben sich deshalb am Leistungsangebot *und* am Leistungsprozess zu orientieren. Das Leistungsangebot umfasst die Bereitstellung von Anwendungs- und Infrastrukturlösungen sowie IT-Services auf Basis der bereitgestellten IT. Der IT-Leistungsprozess ist die Summe aller Prozesse im IT-Prozesshauses einschließlich der IT-Projekte. Im folgenden werden IT-Prozesse einheitlich als IT-Services bezeichnet.

- **Kosten- *und* Leistungs-Controlling.** Betriebswirtschaftlich gesehen gibt es weder ein reines Kostenziel, noch ein reines Leistungsziel. Kosten und Leistung sind immer miteinander korreliert. Wichtig ist dabei nicht nur eine konsolidierte Gegenüberstellung von Gesamtkosten und Gesamtleistung, sondern eine Differenzierung auf jedes zu steuernde Leistungspaket.

5.4.2 Kennzahlen

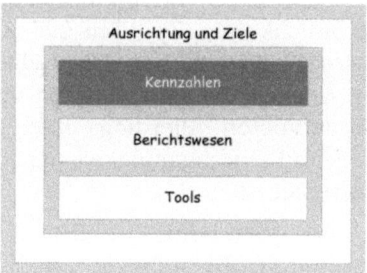

Kennzahlen sind die Basis des IT-Controllings. Keine Zielvorgaben ohne Kennzahlen – keine Zielerreichung ohne Kennzahlen.

Moderne Steuerungsansätze wie die Balanced Scorecard reduzieren sich in ihrem Kern auf die Definition genau dieser Kennzahlen. Die IT-Kennzahlen sind folgendermaßen strukturiert:

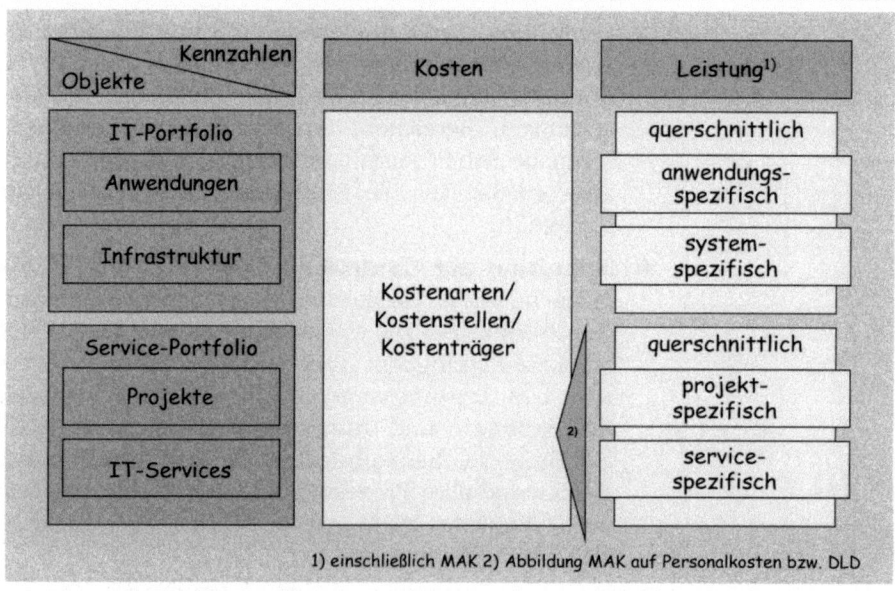

Abb. 5-8 IT-Kennzahlen im Überblick

Die Kennzahlen gliedern sich in zwei Blöcke:

- **Kostenkennzahlen.** Sie bilden die Grundlage für die Kostenarten-/Kostenstellen-/Kostenträger-Rechnung.
- **Leistungskennzahlen.** Sie differenzieren sich in Kennzahlen zur IT-Bereitstellung und zu den IT-Services, sowie in blockspezifische und querschnittliche Kennzahlen.

5.4.2.1 Leistungskennzahlen

Die Definition der Leistungskennzahlen erfolgt entlang von Leistungsangebot und IT-Services (vertikale Achse). Dabei wird differenziert nach den Dimensionen direkte/indirekte bzw. kurzfristige/langfristige Steuerung (horizontale Achse).

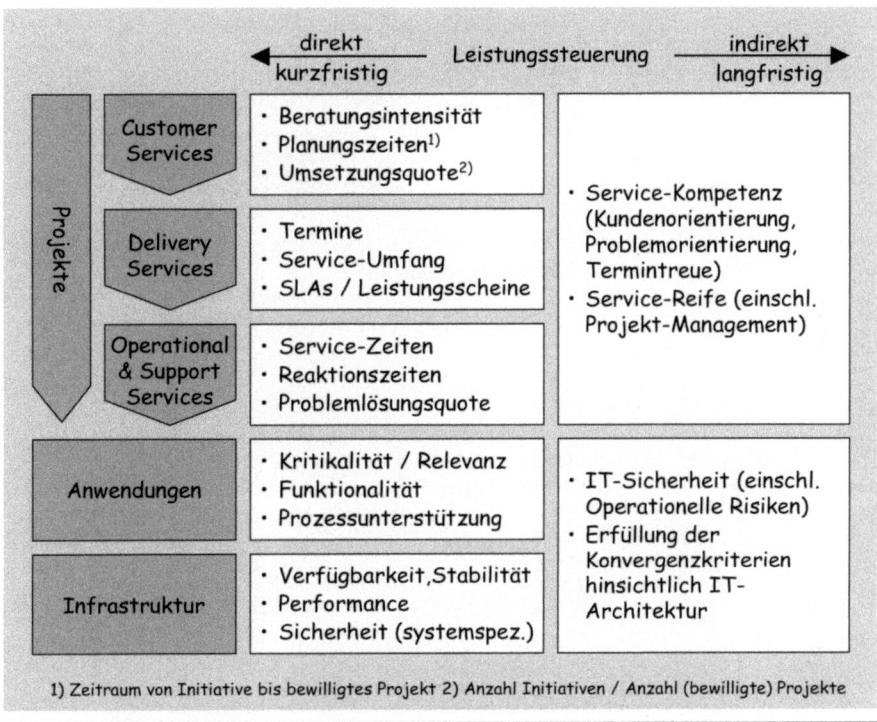

Abb. 5-9 Die wichtigsten Leistungskennzahlen

Entscheidend ist die Durchgängigkeit der Kennzahlen in der Horizontalen. Denn dies korrespondiert im wesentlichen mit einer Durchgängigkeit von operativer und strategischer Steuerung. Die strategischen Kennzahlen müssen sich ableiten lassen aus den operativen. Umgekehrt bedeutet die Vorgabe neuer strategischer Kennzahlen das Herunterbrechen in – ggf. neu zu definierende – operative Kennzahlen.

5 Planung & Controlling: Neue Reichweite gewinnen

Ebenfalls zu den Leistungskennzahlen werden die Kennzahlen für die Mitarbeiterkapazitätsplanung (MAK-Planung) gerechnet.

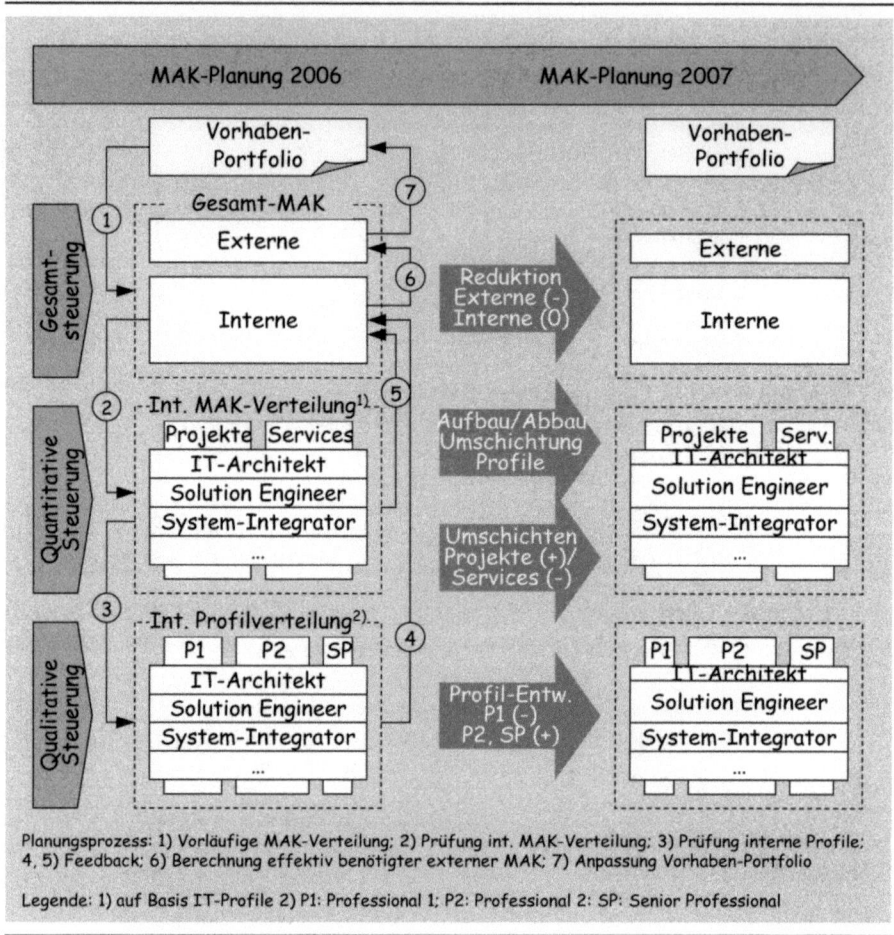

Abb. 5-10 Kennzahlen für die MAK-Planung

Stellhebel für die Kapazitätssteuerung ist die interne MAK-Verteilung nach Profilen und die interne Profilverteilung nach Senioritätsstufen. (siehe auch Kapitel 8, Personal). Dabei erfolgt ein Splitting auf Projekte und IT-Services. Daraus wiederum ergeben sich Umfang und Struktur des Externen-Portfolios.

Auf Basis derselben Kennzahlen erfolgt – parallel zur jeweiligen Jahresplanung – die mittel- bis langfristige Personalentwicklung mit einem quantitativen und einem qualitativen Zielkorridor.

5.4.2.2 Kostenkennzahlen

Die Kostenkennzahlen sind Grundlage für das Kostenarten-/Kostenstellen-/Kostenträgerverfahren.

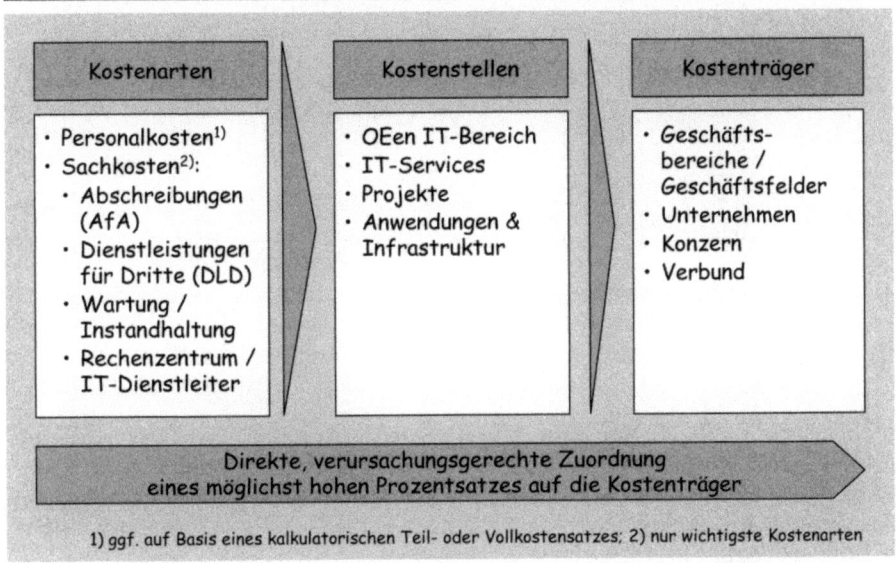

Abb. 5-11 Kostenkennzahlen im Überblick

Ziel des Verfahren ist eine direkte, verursachungsgerechte Zuordnung eines möglichst hohen Prozentsatzes an Kosten auf die Kostenträger.

Für die Kostenarten wird hier und im folgenden ein vereinfachtes Schema zugrundegelegt, indem nur die – hinsichtlich ihrer Höhe – signifikanten Kostenarten aufgeführt werden. Dies sind Personalkosten, Abschreibungen für Hardware- und Software-Investitionen, Dienstleistungen für Dritte (insbesondere externe Realisierungspartner und Beratungshäuser) und die Kosten für den oder die IT-Dienstleister.

Kostenträger sind einzelne Geschäftsbereiche, das Unternehmen, der Konzern oder ein Verbund.

Entscheidender Hebel für die Verteilung der Kosten sind die Kostenstellen. Die Kostenstellen müssen sich eng an der bereitzustellenden IT sowie den IT-Services orientieren.

Dazu werden vier Kostenstellenmodelle definiert.

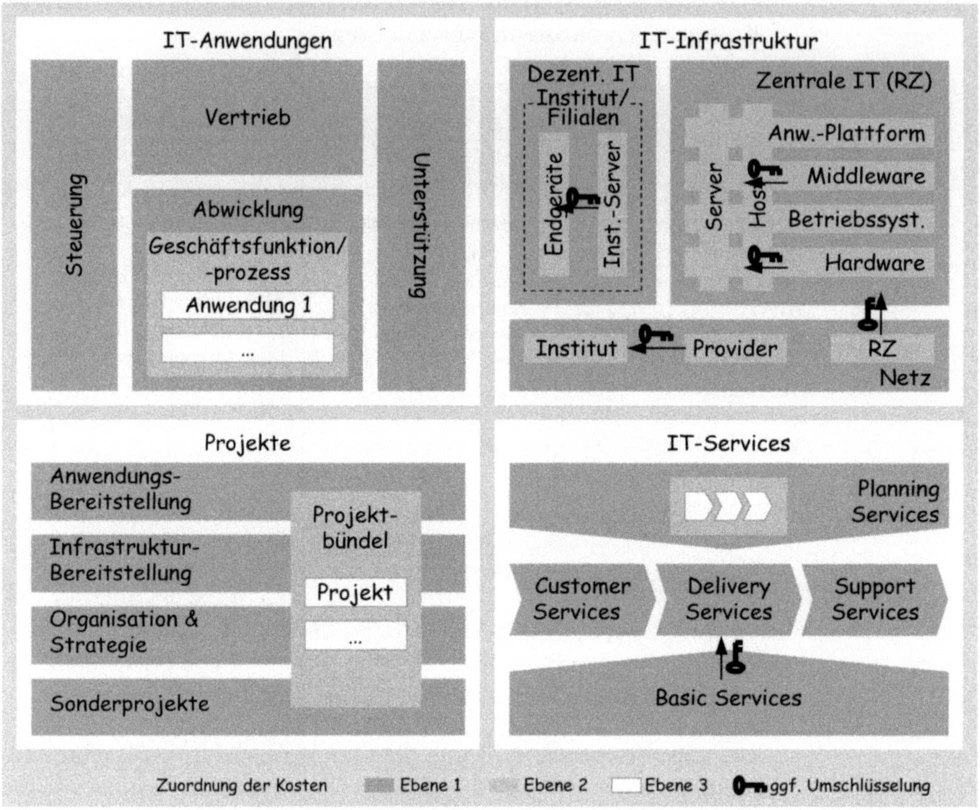

Abb. 5-12 Kostenstellenmodelle: Überblick

Jedes Kostenstellenmodell hat eine spezifische Binnenstruktur:

- **IT-Anwendungen.** Hier werden alle anwendungsbezogenen IT-Kosten nach Geschäftsplattformen (Ebene 1), nach Geschäftsfunktionen bzw. -prozessen (Ebene 2) sowie nach Einzelanwendungen (Ebene 3) zugeordnet.

  Die Kosten umfassen SW-Lizenzen, interne und externe Bereitstellungskosten (Personalkosten/DLD) sowie anteilige Infrastrukturkosten für Basis-Software und für Hardware, sofern eine unmittelbare Zuordnung zur Anwendung möglich ist.

- **IT-Infrastruktur.** Hier werden alle infrastrukturbezogenen IT-Kosten nach Netz, zentrale und dezentrale Infrastruktur

(Ebene 1), nach Server/Host (vertikale Sicht) bzw. Plattformen (horizontale Struktur), dezentrale Server und Endgeräte (Ebene 2) sowie nach Einzelkomponenten (Ebene 3, nicht in der Graphik enthalten) zugeordnet.

- **IT-Projekte.** Hier werden alle Kosten für Projekte (in Abgrenzung zu Aufgaben im Rahmen der Linienorganisation) zugeordnet.

  Dies umfasst interne und externe Bereitstellungskosten (Personalkosten/DLD), Hardwarekosten sowie SW-Lizenzkosten für Anwendungs- und Basis-Software.

- **IT-Services.** Hier werden alle Kosten für Linientätigkeiten und Projekte nach Service-Kategorie (Ebene 1), nach Service (Ebene 2) und Teil-Service (Ebene 3) zugeordnet. Das Service-Modell entspricht im dem Maße dem herkömmlichen OE-Kostenstellenmodell, als sich die IT-Aufbauorganisation am IT-Service-Modell orientiert.

  Dies umfasst interne und externe Bereitstellungskosten (Personalkosten/DLD) sowie alle Projektkosten.

Ziel bei allen Kostenstellenmodellen ist ein Zuordnung der Kostenpositionen auf Ebene 3. Nicht zuzuordnende Kosten auf Ebene x werden als Gemeinkosten auf Ebene x+1 zugeordnet.

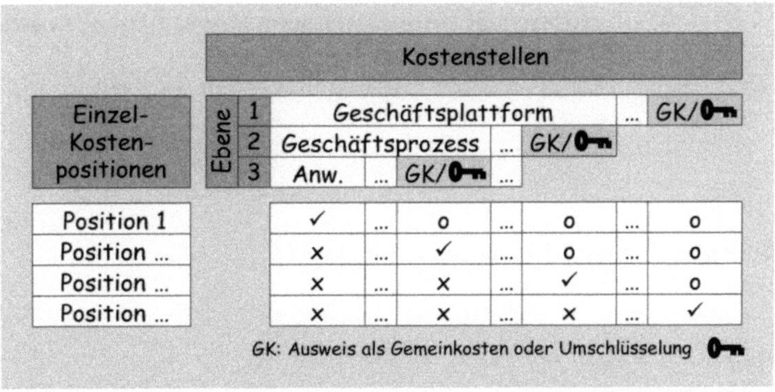

Einzel-Kosten-positionen	Ebene	Kostenstellen							
	1	Geschäftsplattform				...	GK/O⁻ⁿ		
	2	Geschäftsprozess		...	GK/O⁻ⁿ				
	3	Anw.	...	GK/O⁻ⁿ					
Position 1		✓	...	o	...	o	...	o	
Position ...		x	...	✓	...	o	...	o	
Position ...		x	...	x	...	✓	...	o	
Position ...		x	...	x	...	x	...	✓	

GK: Ausweis als Gemeinkosten oder Umschlüsselung O⁻ⁿ

Abb. 5-13 Zuordnungsschema am Beispiel IT-Anwendungen

Diese werden entweder mitgeführt oder umgeschlüsselt. Beispiel Infrastrukturmodell. Die Kosten für eine Storage-Lösung sind Gemeinkosten auf der Ebene der Serverkosten. Hier kann eine Zuschlüsselung pro Server- oder Server-Cluster erfolgen.

Alle vorstehend erläuterten Modelle haben einen spezifischen Einsatzzweck. Sie bilden Ausschnitte des IT-Bereichs bzgl. ausgewählter Kosten ab. Dabei kommt es einerseits zu Überschneidungen zwischen den Modellen. Andererseits ergeben sich „remanente" Kosten. Als remanente Kosten werden hier Gemeinkosten bezeichnet, die sich auch auf oberster Ebene eines Kostenstellenmodells nicht sinnvoll zuordnen lassen.

Beispiel zentrale Infrastrukturkosten. Große Teile dieser Infrastruktur können heute nicht ohne weiteres den Anwendungen zugeordnet werden, obwohl ausschließlich für diese Anwendungen angeschafft. Die Kosten, um die es hier geht, sind beträchtlich. Ein Richtwert geht heute von einer Verteilung von 1:2 von reinen Anwendungs- zu Infrastruktur-Investitionen aus. D.h. jeder dritte Euro wird heute schon für die IT-Infrastruktur ausgegeben. Und dieser Anteil wird in einer service- und plattformorientierten Unternehmens-IT noch zunehmen.

Was technologisch sinnvoll ist, muss aber auch kostenmäßig abbildbar und steuerbar sein. Wird ein teures Middleware-Produkt zusammen mit einer neuen Handelsplattform eingeführt und pauschal unter Infrastrukturkosten gebucht, so ist das entweder eine Quersubventionierung durch andere Geschäftsbereiche, falls diese das Middleware-Produkt nicht nutzen. Oder sie nutzen das Produkt. Dann können aber die Synergieeffekte gegenüber einer herkömmlichen Schnittstellenprogrammierung, die auf jeden Fall den Anwendungskosten zugeschlagen würde, betriebswirtschaftlich nicht begründet werden.

5.4 IT-Controlling

Die skizzierten Abgrenzungsprobleme gefährden letzten Endes die Steuerungsfähigkeit der Gesamt-IT-Kosten. Deshalb ist es zielführend – neben und ergänzend zu den vorstehend vorgestellten Teilmodellen – ein konsolidiertes Modell zu definieren.

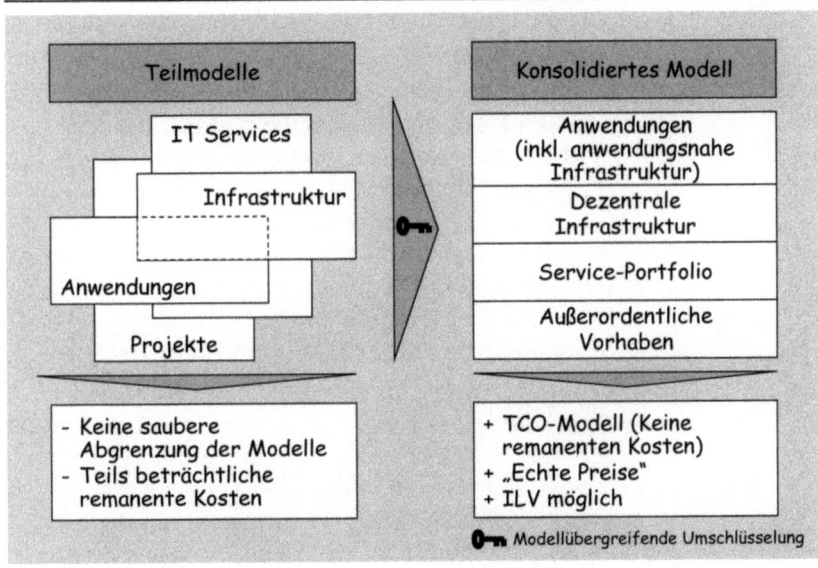

Abb. 5-14 Auf dem Weg zu einem Konsolidierungsmodell

Das Konsolidierungsmodell ist ein TCO-Modell entlang der Leistungsstruktur des IT-Bereichs. Es weist die *Voll*kosten für die Bereitstellung von IT-Anwendungen einschließlich der zentralen Infrastruktur, für die Bereitstellung der dezentralen Netz- und System-Infrastruktur und das ergänzende Service-Angebot aus. Außerordentliche Vorhaben bzw. Belastungen, wie Fusions- oder Outsourcing-Projekte, werden gesondert ausgewiesen.

Das Konsolidierungsmodell ist ein entscheidender Schritt auf dem Wege zu einer internen Leistungsverrechnung (ILV) auf Basis echter Preise. Beispielsweise erlaubt das Modell eine saubere Berechnung von Kosten für einen User Help Desk, indem nicht nur die reinen Service-Kosten (Personalkosten), sondern die Kosten für eine IT-interne UHD-Anwendung plus ggf. angefallene Projektkosten berücksichtigt und daraus z.B. ein Vollkostensatz pro Stunde bzw. pro Bearbeitungsfall berechnet werden kann.

5 Planung & Controlling: Neue Reichweite gewinnen

Um aus den vier vorgestellten Teilmodellen zum Konsolidierungsmodell zu gelangen, sind zwei Schritte durchzuführen. Erstens sind die Teilmodelle zu bereinigen, indem festzulegen ist, welche Kosten originär aus welchem Modell kommen. Dies ist erforderlich, weil die Kosten redundant in mehreren Modellen enthalten sind. In einem zweiten Schritt sind dann modellübergreifend folgende Umschlüsselungen vorzunehmen.

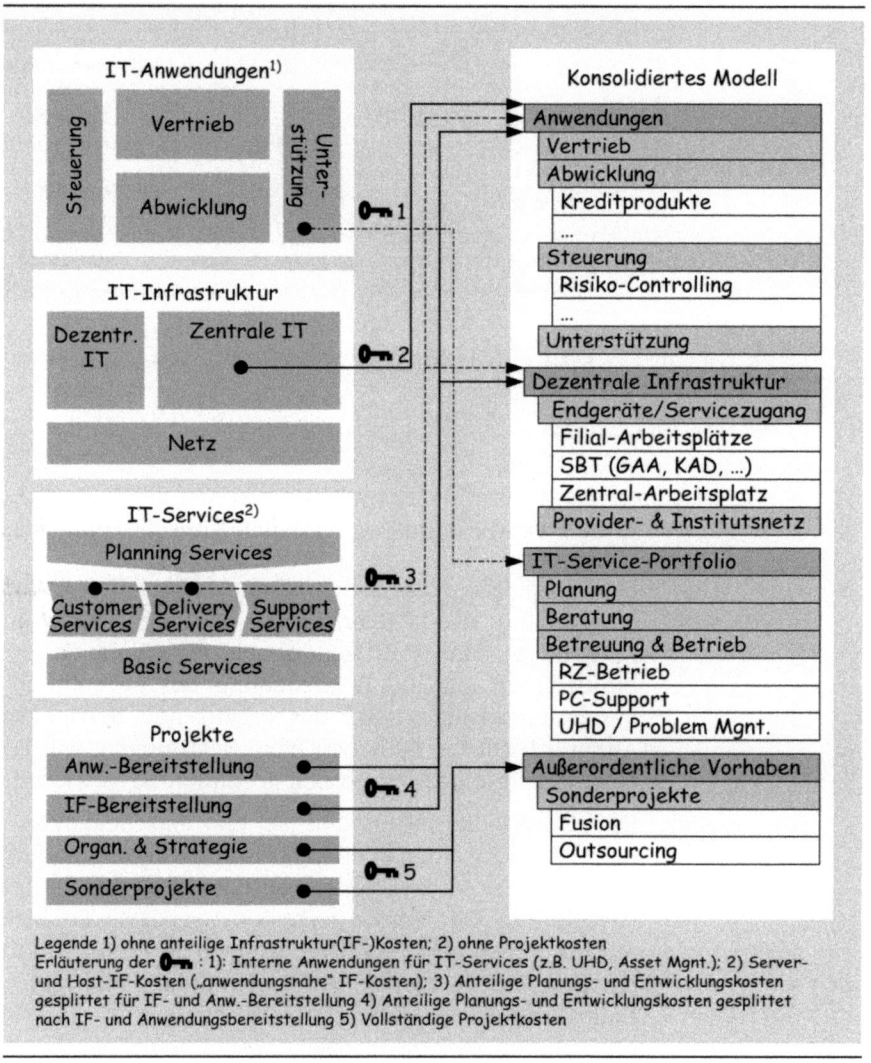

Abb. 5-15 Umschlüsselungen im Konsolidierungsmodell

Standpunkt

Transparente Kennzahlen und Kosten des IT-Dienstleisters – Wie passt das zusammen?

Seine Leistungsfähigkeit spielt das IT-Controlling dann aus, wenn sich Verfahren und Kennzahlen über den gesamten Leistungsprozess erstrecken. Damit ist nicht nur der IT-Bereich betroffen, sondern auch der IT-Dienstleister. Insbesondere vor dem Hintergrund eines Betriebs- und Entwicklungs-Outsourcings. Mittel- bis langfristig wird dieser Leistungsblock zu den größten im IT-Bereich gehören.

Dementsprechend wichtig ist eine transparente Darstellung dieses Kostenblocks aus Sicht des IT-Bereichs als Leistungsnehmer. Dabei sind zwei Tatbestände zu beachten.

In einem Großteil der Banken – sofern sie einem IT-Dienstleister in eigener Trägerschaft angeschlossen sind – wird das Umlageverfahren angewendet. Dabei erfolgt die Abrechnung eines Mandanten – sprich einer Bank – über eine einzige Kennzahl, in der Regel über die Bilanzsumme. Die Banken versuchen gegenwärtig, dieses starre Verfahren in Richtung auf differenziertere Preismodelle aufzubrechen. Doch Kernproblem des Umlageverfahrens ist nicht eine mehr oder weniger verursachungsgerechte Zuschlüsselung von Kosten. Sondern das Konzept der Umlage selber. Die effektiven Kosten werden immer erst am Ende einer Planungsperiode bestimmt. Damit gewährt das Umlageverfahren prinzipiell keine Ex ante-Planungssicherheit. Das ist letzten Endes kein verfahrentechnisches, sondern ein eigentumsrechtliches Problem. Die Institute als Träger sind Eigentümer ihrer Rechenzentralen. Dadurch sind die Rechenzentralen dem Markt und dessen Preisbildung nur bedingt ausgesetzt. Solange sich an dieser Grundkonstellation nichts ändert, wird auch das Umlageverfahren bestehen bleiben.

Unabhängig vom Thema Umlageverfahren gilt es – wie angerissen – möglichst differenzierte Preismodelle beim IT-Dienstleister zu implementieren. Grundsätzlich ist dabei die Hoheit des IT-Dienstleisters zu beachten. Deshalb gilt ist, das interne Controlling des IT-Dienstleisters, das vereinbarte Verrechnungsmodell und das IT-Controlling des IT-Bereichs aufeinander abzustimmen. Grundlage dafür ist ein gemeinsamer IT-Controlling-Ansatz – was beispielsweise die Kostenstellenmodelle anlangt – im Rahmen eines partnerschaftlichen Rollenmodells.

5.4.3 Berichtswesen

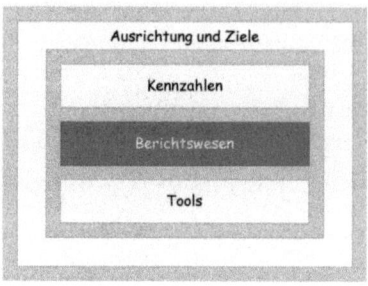

Das Berichtswesen bündelt Kennzahlen zu Aussagen. Dies bedeutet den Schritt von einem quantitativen Zahlenwerk zu einem qualitativem Controlling.

Für die Implementierung des Berichtswesens gelten drei kritische Erfolgsfaktoren:

- **Berichtsstruktur bestimmt Kennzahlenstruktur.** Grundsätzlich geht die Berichtsdefinition der Kennzahlendefinition voraus – und nicht umgekehrt. Dies verhindert die häufige Praxis, anhand der verfügbaren Kennzahlen Berichte zusammenzustellen. Stattdessen wird eine strikte Orientierung an den Controllingzielen gefördert. Nebeneffekt dieser Vorgehensweise ist eine regelmäßige Qualitätssicherung des Kennzahlenmaterials.

- **Durchgängigkeit und Konsistenz aller Berichte sicherstellen.** Das Berichtswesen hat verschiedene Entscheider in verschiedenen Rollen durch entsprechende Sichten zu unterstützen. Gleichzeitig darf dies nicht zu inkompatiblen Zielvorgaben oder inkonsistenten Kennzahlen führen.

- **Flexibilität des Berichtswesens gewährleisten.** So flexibel neue Strukturen im IT-Bereich eingeführt werden, so flexibel muss auch das Berichtswesen gestaltet sein. Das Berichtswesen muss neue oder in ihrer Einschätzung veränderte Qualitätskriterien integrieren können. Und es muss neue Sichten auf vorhandene Kennzahlen erlauben.

5.4 IT-Controlling

Das Berichtswesen unterstützt vier Controlling-Felder:

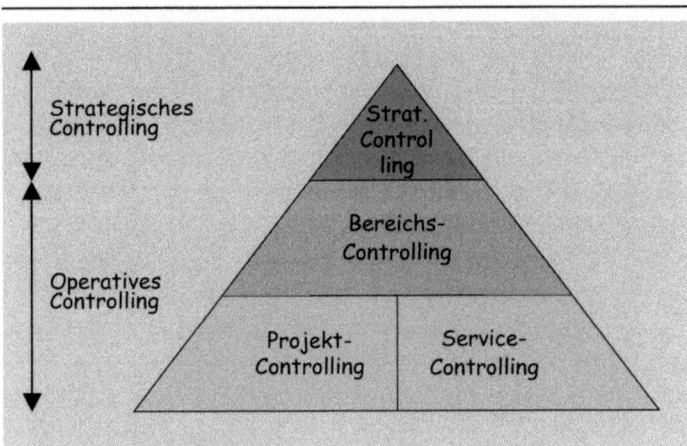

Abb. 5-16 IT-Controlling: Vier Felder

Daraus leiten sich folgende Berichte ab:

Berichtszweck/ Berichtstitel	Inhalte/Kennzahlen	Empfänger	Verantwortlich	Periodizität
Legende: Fx: Führungsebene x; FK: Führungskreis; PM: Programm-Manager; PL: Projektleiter; MA: Mitarbeiter; GB: Geschäftsbereich; GBB: GB-Betreuer				
Strategisches Controlling				
Bebauungsplan- (BB)-Controlling	Qualitätssicherung BB-Dokument	FK, GB-Betreuer	F1	jährlich
	Prüfung BB-Prozess (Planungskalender, Termine)			
Jahresplanungs- (JP)-Controlling	Qualitätssicherung JP-Dokument	FK, GB-Betreuer	F1	jährlich
	Prüfung JP-Prozess (Planungskalender, Termine)			
Personal-entwicklungs-Controlling	Mittel- bis langfristige Kapazitätsplanung auf Basis IT-Profil-/Stufenmodell	FK, IT-Personal-Management	F1	jährlich
Strategie-Controlling	Statuskontrolle Strategieumsetzung und Strategie-Initiativen	F1, Strategie-Management	F1	jährlich

5 Planung & Controlling: Neue Reichweite gewinnen

Berichtszweck/ Berichtstitel	Inhalte/Kennzahlen	Empfänger	Verantwortlich	Periodizität
Legende: Fx: Führungsebene x; FK: Führungskreis; PM: Programm-Manager; PL: Projektleiter; MA: Mitarbeiter; GB: Geschäftsbereich; GBB: GB-Betreuer				
Bereichs-Controlling				
Budget-Controlling	Bereitstellung Plan-/Ist-Zahlen für sämtliche Kostenstellenmodelle	FK, PL	F2, F3	jährlich bis monatlich
Mitarbeitereinsatzplanung	Operative Planung der Mitarbeiterkapazitäten (MAK)	FK, PL	F2, F3	monatlich
IT-Cockpit (siehe folgender Detailkasten)	Operative Top-Level-Steuerung von Projekt- und Service-Portfolio	F1, IT-Vorstand	F1	monatlich bis täglich
Externen-Controlling	Zentrales Controlling der externen Unternehmen bzw. Mitarbeiter (Leistungen, Tagessätze, Rating)	FK, PM/PL	F2, F3	monatlich
SLA-Controlling	Überwachung der definierten SLA	FK, PM/PL	F2, F3	jährlich bis monatlich
Projekt-Controlling				
Projekt-Controlling	Controlling der Einzelprojekte hins. Risiken, Leistung (Umfang, Termine) und Kosten (Investitionen, MAK)	FK, PM, PL, Projekt- MA	PM, PL	monatlich bis wöchentlich
Service-Controlling				
Customer Services	Beratungsintensität, Planungszeiten, Umsetzungsquote, Kundenzufriedenheit	Jeweilige F2, F3, GBB	Jeweilige F2, F3	jährlich
Delivery Services	*Im wesentlichen auf Basis derselben Inhalte und Kennzahlen wie Projekt-Co.*	Jeweilige F2, F3, Service-MA	Jeweilige F2, F3	Jährlich bis monatlich
Support Services	Verfügbarkeit, Stabilität, Performance, Sicherheit Service- & Reaktionszeiten, Problemlösungsquote	Jeweilige F2, F3, Service-MA	Jeweilige F2, F3	abhängig vom Service

5.4 IT-Controlling

Detail

IT-Cockpit: Operative Top-Level-Steuerung des IT-Bereichs

Einer der wichtigsten Berichtstypen in vorstehender Tabelle ist das IT-Cockpit. Genau genommen handelt es sich nicht um einen fetigen Bericht, sondern um eine OLAP-Anwendung.

Das IT-Cockpit ist die operative Steuerungszentrale für den F1, um den IT-Leistungsprozess – als Summe aller IT-Services – zu steuern.

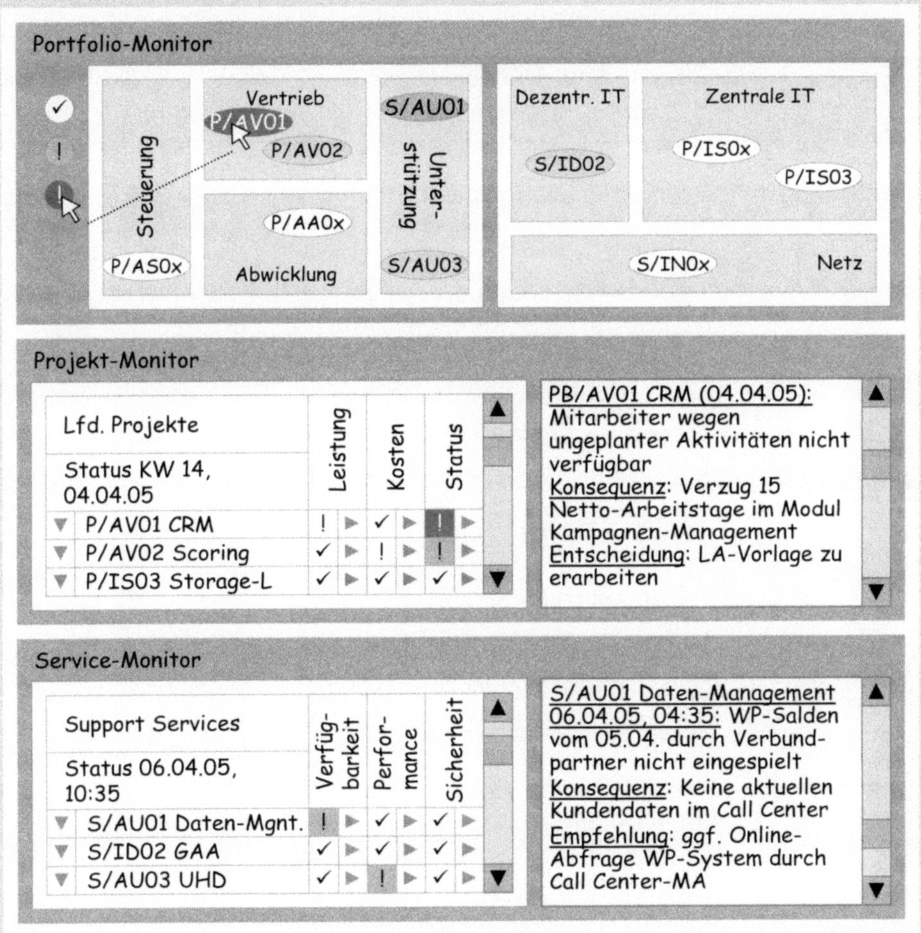

Abb. 5-17 Das IT-Cockpit

Der Zugang erfolgt über den Portfolio-Monitor. Im Portfolio-Monitor sind alle Projekte und Services mit ihrem jeweiligen

5 Planung & Controlling: Neue Reichweite gewinnen

Detail

Status zuordnet. Der Portfolio-Monitor erlaubt ein gezieltes Drill Down in den Projekt-Monitor oder in den Service-Monitor. Ziel ist eine rasche, aktuelle Statusübersicht mit der Möglichkeit eines Drill Downs in allen Leistungsbereiche.

Das IT-Cockpit stellt dabei die Berichtsebene 1 dar. Über ein Drill Through aus dem Projekt- oder Service-Monitor wird die Berichtsebene 2 erreicht. Dort sind Detail-Informationen hinterlegt. Diese Detailinformationen, z.B. der Projekt-Statusbericht, sind exakt dieselben, die in der operativen Projekt- und Service-Steuerung verwendet werden. Auf diese Weise ist die einleitend geforderte Durchgängigkeit und Konsistenz des Berichtswesens gewährleistet.

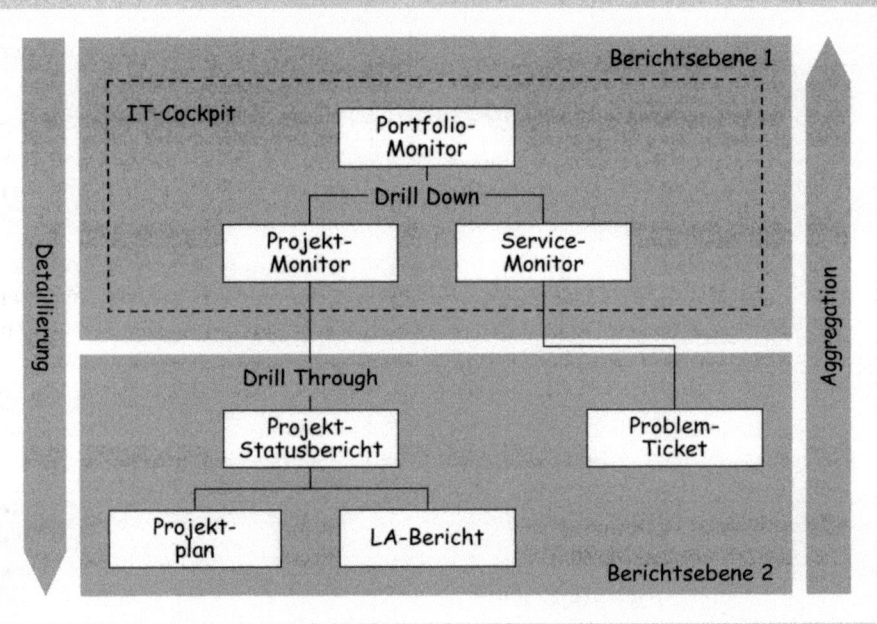

Abb. 5-18 Einbettung des IT-Cockpits in das Berichtswesen

5.4.4 Controlling-Tools

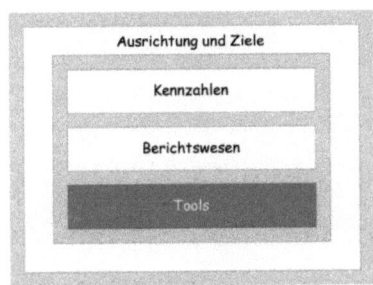

Angesichts von Umfang und Komplexität des IT-Controllings steht eine Toolunterstützung außerfrage.

Wichtig ist dabei nicht ein primär technischer, sondern ein funktionaler Ansatz. Dabei stehen zwei Fragen im Vordergrund. Welche Funktionen sind abzudecken? Und wie sind die einzelnen Funktionen zu verzahnen?

Im folgenden werden anhand der wichtigsten Dimensionen die funktionalen Anforderungen formuliert:

- **Volumen an Kennzahlen und Berichten.** *Benchmark*: Bereits ein minimales Berichtswesen (5 - 10 Kennzahlen, 5 - 10 Berichtstypen) ist Indikator für eine Automatisierung der Berichtserstellung.

- **Größe des Verteilers.** *Benchmark*: Ein Verteiler größer als 5 Personen (mit unterschiedlichen Informationsbedürfnissen) ist Indikator für eine automatisierte Verteilung bzw. eine verteilte Multi-User-Lösung.

- **Periodizität der Berichte.** *Benchmark:* Berichtsabstände kürzer als ein Monat sind ein Indikator für eine automatisierte Berichtserstellung und -verteilung.

- **Anzahl und Datenqualität der liefernden Vorsysteme.** *Benchmark:* Bereits mehr als *ein* Vorsystem ist Indikator für eine automatisierte Datenbeschaffung einschließlich eines Datenqualitätsmanagements (siehe Abb. 5-19, Seite 98).

- **Rollen und Verantwortlichkeiten.** *Benchmark:* Mehr als ein Daten- und Berichtsverantwortlicher oder eine explizite Möglichkeit der dezentralen Einpflege von Daten ist Indikator für ein Multi-User-Lösung.

5 Planung & Controlling: Neue Reichweite gewinnen

Folgende Darstellung zeigt im Überblick die funktionalen Anforderungen an die Tool-Unterstützung entlang des Informationsbereitstellungsprozesses von der Beschaffung bis zur Verteilung.

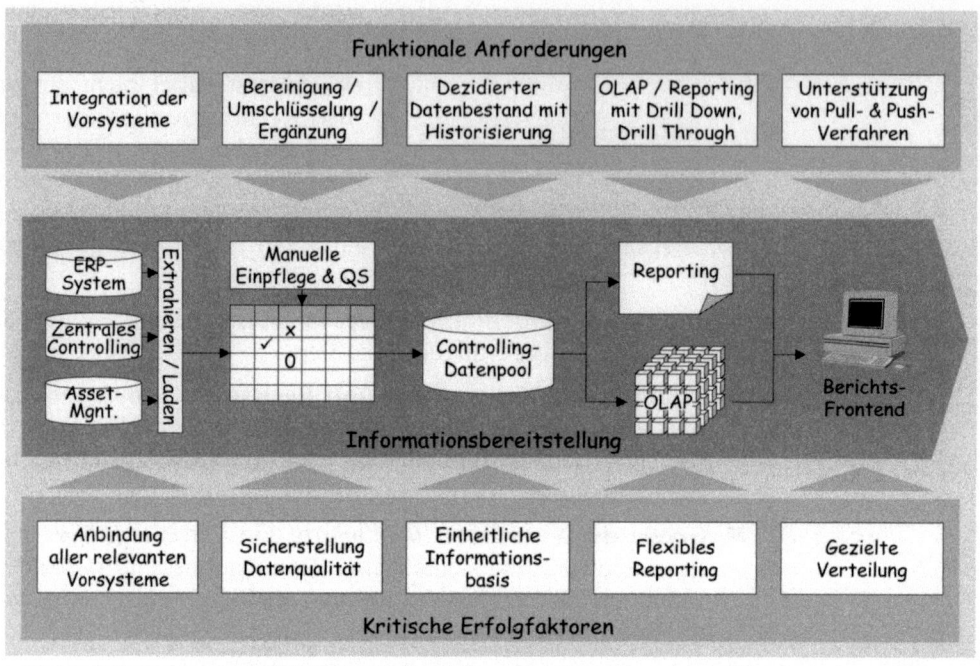

Abb. 5-19 Funktionale Anforderungen an ein Controlling-Tool

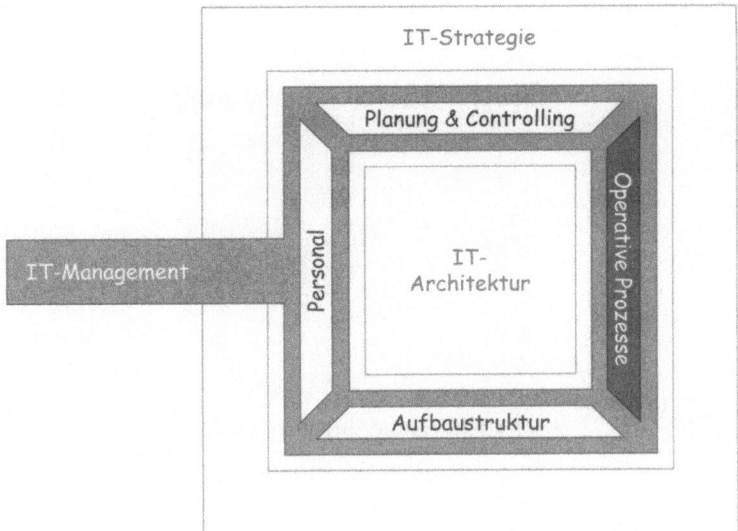

6 Operative Prozesse: Stärkung der Wertschöpfung

Für eine nachhaltige Stärkung der Wertschöpfung gilt es sich auf die Optimierung von vier Prozessen zu konzentrieren:

- **Geschäftsbereichsbetreuung.** Bündelung der Funktionen: Geschäftsprozessoptimierung und IT-Beratung; Bankfachliche Konzeption; Umsetzungsunterstützung, Anwendungsbetreuung.
- **Architektur-Management.** Bündelung der Funktionen: Bereitstellung eines Architektur-Regelwerks; Definition und Fortschreibung von Zielarchitekturen im Rahmen der strategischen Planung; Durchführung von Architektur-Prüfaufträgen.
- **Projekt-Management.** Bündelung der Funktionen: Bereitstellung und Fortschreibung eines Regelwerks für das IT-Projekt-Management (PM); PM-Beratung und -Schulung; Durchführung von Projekt-Audits.
- **Vertrags-/SLA-Management.** Bündelung der Funktionen: Bereitstellung eines Vertragsregelwerks; Mitwirkung bei Vertragsgestaltungen; Durchführung von Vertragsprüfungen; Vertragsverwaltung.

6.1 Geschäftsbereichsbetreuung

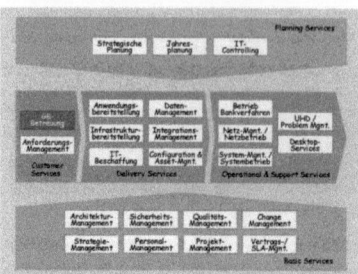

Die Geschäftsbereichsbetreuung (im folgenden mit GB-Betreuung abgekürzt) ist der Schlüsselprozess, um die Kernleistung des IT-Bereichs – die Planung, Bereitstellung und Betreuung eines bankweiten IT-Portfolios – künftig stärker auf den Kunden, also die Geschäftsbereiche, auszurichten.

Die Leistungsbeziehungen zu den Geschäftbereichen sind über mehrere Rollen definiert. Die GB-Betreuung fokussiert auf die Rolle des Geschäftsbereichs als Nachfrager nach IT-Lösungen und als Anwender von IT-Lösungen.

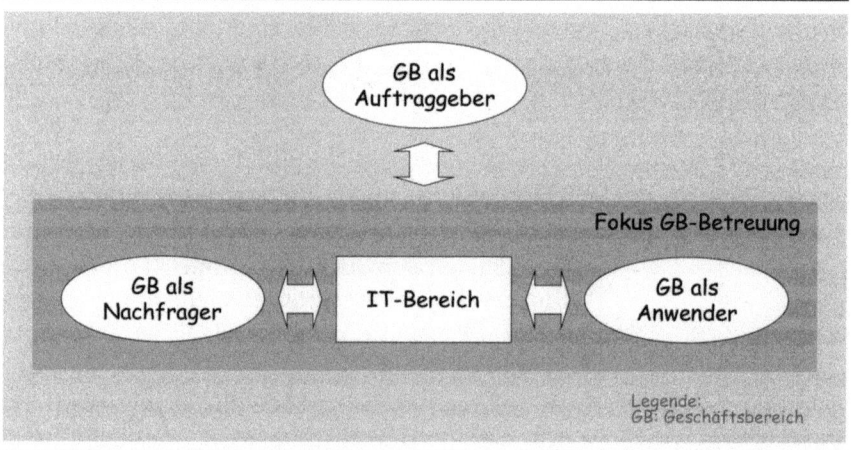

Abb. 6-1 Leistungsbeziehungen: Fokus der GB-Betreuung

Gerade hinsichtlich der GB-Betreuung ist das Verhältnis zwischen Geschäftsbereichen und IT-Bereich in der Vergangenheit nicht unproblematisch gewesen. Dabei dominierten zwei Verhaltensmuster.

Entweder übernahmen die Geschäftsbereiche die Federführung bei der IT-Weiterentwicklung – teilweise direkt im Kontakt mit dem IT-Dienstleister und externen Softwarepartnern. Und stellten den IT-Bereich mit der geplanten Einführung von Lösungen quasi vor vollendete Tatsachen. Konsequenz war das Herausbilden von unerwünschten Schatten-IT-Abteilungen in den Geschäftsbereichen.

Oder die Geschäftsbereiche gingen – wegen aus ihrer Sicht unzureichender Unterstützung durch den IT-Bereich – in Selbstimmigration mit dem Verweis „Wir bekommen immer gesagt, wie kompliziert und langwierig heute IT-Entwicklung ist. Da muss man froh sein, wenn überhaupt mal wieder ein Release kommt".

Hauptverantwortlich für beide Problemlagen ist eine Service-Lücke im IT-Bereich. Deren Ursache wiederum sind unvollständige oder nicht klar abgegrenzte Leistungsbeziehungen zwischen IT-Bereich und Geschäftsbereichen.

Das künftige Bild sieht deshalb die Geschäftsbereichsbetreuung in einer *Brücken*funktion zwischen den Kern-IT-Services und den Geschäftsbereichsanforderungen.

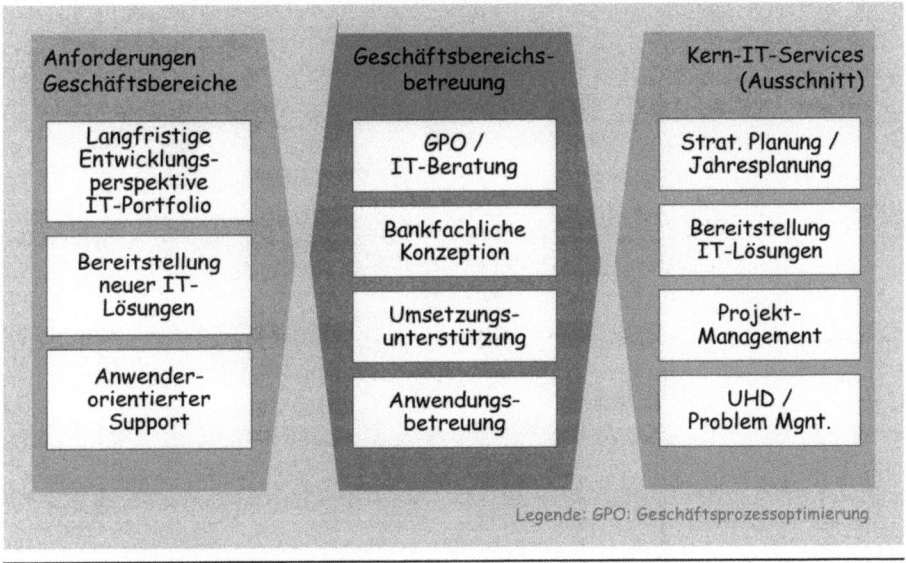

Abb. 6-2 Ziele der GB-Betreuung

Die GB-Betreuung schafft damit eine neue inhaltliche und zeitliche Nähe zu allen Fragestellungen und Anforderungen des Geschäftsbereichs mit Bezug zu IT-Lösungen.

6 Operative Prozesse: Stärkung der Wertschöpfung

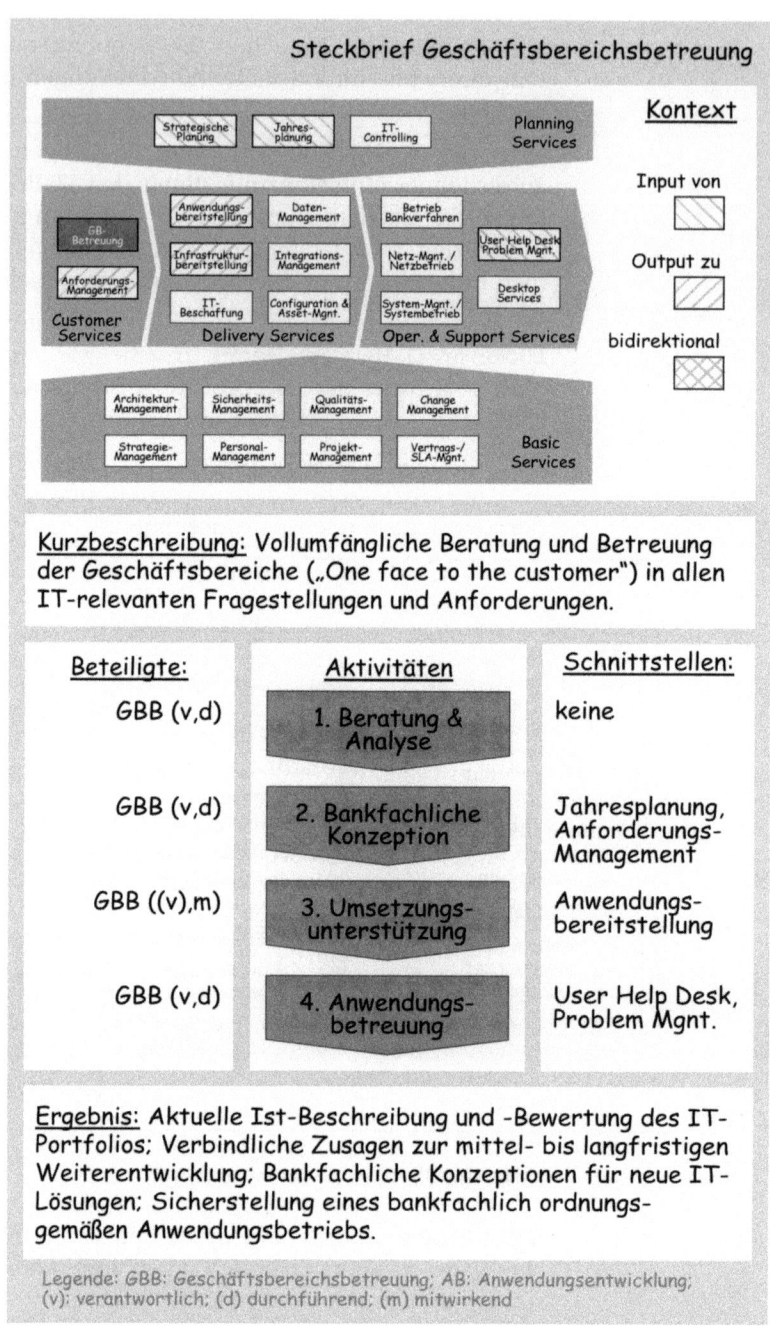

Abb. 6-3 Steckbrief Geschäftsbereichsbetreuung

Grundsätzlich verfolgt die GB-Betreuung eine Bündelung aller IT-relevanten Aktivitäten in Richtung der Geschäftsbereiche (One face to the customer). D.h. ein Geschäftsbereich wird in allen Fragestellungen durch ein und dasselbe Team betreut.

Die IT-interne Strukturierung der GB-Betreuung orientiert sich dabei am Geschäftsplattformenmodell:

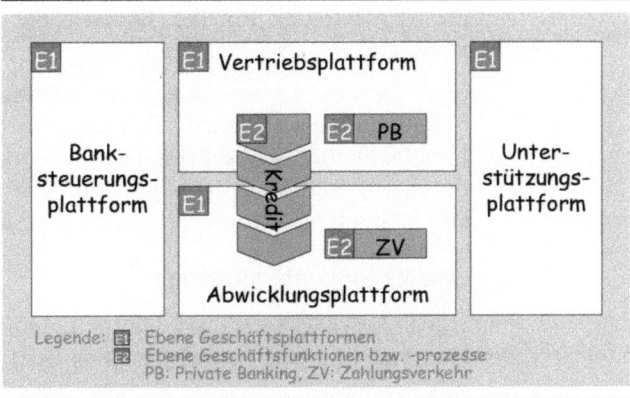

Abb. 6-4 Ausrichtung der GB-Betreuung auf das Geschäft

Jede der vier Plattformen Vertrieb, Abwicklung, Banksteuerung und Unterstützung wird dabei dezidiert von einem Team unterstützt. Je nach Größe des Instituts splittet sich die Betreuung nochmals auf einzelne Geschäftsprozesse, z.B. den Kreditprozess, bzw. Geschäftsfunktionen, z.B. Private Banking.

6.1.1 Beratung und Analyse

Der Beratung und Analyse kommt die Rolle des Key Accounts zu. Sie hat das Ziel, den Meinungsbildungsprozess im Fachbereich zu verfolgen, daraus die IT-relevanten Themen zu generieren und diese wiederum in einem Moderationsprozess mit den Fachbereichen zu diskutieren und zu konkretisieren.

Dies ist deshalb wichtig, weil die formalisierten Prozesse Strategische Planung und Jahresplanung nur die Speerspitze der Geschäftsbereichsplanungen bilden. Der GB-Betreuer braucht darüber hinaus ein wesentlich detaillierteres Bild seines Geschäftsbereichs, um perspektivisch zu wissen, wann welche Anforderungen in welchem Kontext aktuell werden.

6.1.2 Detailplanung und Bankfachliche Konzeption

Diese Aufgabe umfasst zum einen Mitwirkungsleistungen bei den zentralen Planungsprozessen. Innerhalb der strategischen Planung wird die vertikale Planung (siehe Abb. 5-4, Seite 70), also die Einzelplanung pro Geschäftsbereich, maßgeblich durch die jeweiligen GB-Betreuer erarbeitet. Im Jahresplanungsprozess sind die GB-Betreuer für die Erarbeitung der Vorhabenanträge zuständig.

Zum zweiten werden die in der Jahresplanung beauftragten Vorhabenanträge umgesetzt. Kernstück ist hier die Erarbeitung eines bankfachliches Konzeptes, das die Grundlage für die Implementierung bietet. Das bankfachliche Konzept beschreibt detailliert alle fachlichen Anforderungen an eine künftige IT-Lösung.

6.1.3 Umsetzungsunterstützung

Die Umsetzung erfolgt zumeist im Rahmen von Projekten. Projektleiter ist dann entweder ein Mitarbeiter aus der Anwendungsbereitstellung, sofern diese Inhouse erfolgt. Im Falle der Bereitstellung durch den IT-Dienstleister wird auch die Projektleitung seitens des Dienstleisters ausgeübt. Der GB-Betreuer ist dann im Projektteam als fachlich Verantwortlicher für die Umsetzung tätig. Zugleich ist der entsprechende Teamleiter der GB-Betreuung im Lenkungsausschuss. Über diese Rolle wird die Auftraggeberfunktion gegenüber dem externen Dienstleister wahrgenommen.

Im Zuge des Rollouts ist die GB-Betreuung für die Anwenderschulung zuständig. Dies kann, muss aber nicht durch die GB-Betreuung selbst erfolgen. Die GB-Betreuung trägt primär die organisatorische Verantwortung für eine umfängliche, insbesondere institutsspezifische Schulung. Dabei wird sie – ab einer Größenordnung der Anzahl an Anwendern oder bei kurzen Vorlaufzeiten – auf externe Schulungspartner zurückgreifen.

6.1.4 Anwendungsbetreuung

Mit der Bereitstellung einer Anwendung erfolgt die Übergabe vom Projekt in die Linie, sprich in die Operational & Support Services. Die Anwendungsbetreuung umfasst zwei Aufgaben:

- **Sicherstellung fachlicher Betrieb.** Sicherstellung eines bankfachlich ordnungsgemäßen Betriebs der Anwendungen im Regelbetrieb (Online) und bei der Tagesendeverarbeitung (Batch). Dazu zählt die Bereinigung fachlich fehlerhafter Vorgänge/Transaktionen aufgrund von Anwender- oder auch Daten- und Prozessfehlern. Dabei können auch Programmänderungen (Bug Fixes, Patches) erforderlich werden.

- **Fachliche Anwenderbetreuung.** Darunter fallen zum einen komplexe Anwenderprobleme, die nicht durch den UHD (1st-Level-Support) oder das Problem Management (2nd-Level-Support) gelöst werden. Zum zweiten die User- und Zugriffsrechte-Verwaltung.

Bei allen genannten Aktivitäten ist zwischen Initiierung und Durchführung von Aufträgen zu unterscheiden. Die Initiierung erfolgt durch die GB-Betreuung, die Durchführung erfolgt entweder ebenfalls durch die GB-Betreuung oder – bei den Kernanwendungen – im Rahmen eines zentralen Prozesses Betrieb Bankverfahren und / oder durch die Anwendungsbereitstellung.

6.1.5 GB-Betreuung: Exzellenzprofil

Die Abdeckung aller vier vorstehend erläuterten Funktionen durch den GB-Betreuer verlangt ein spezifisches Exzellenzprofil.

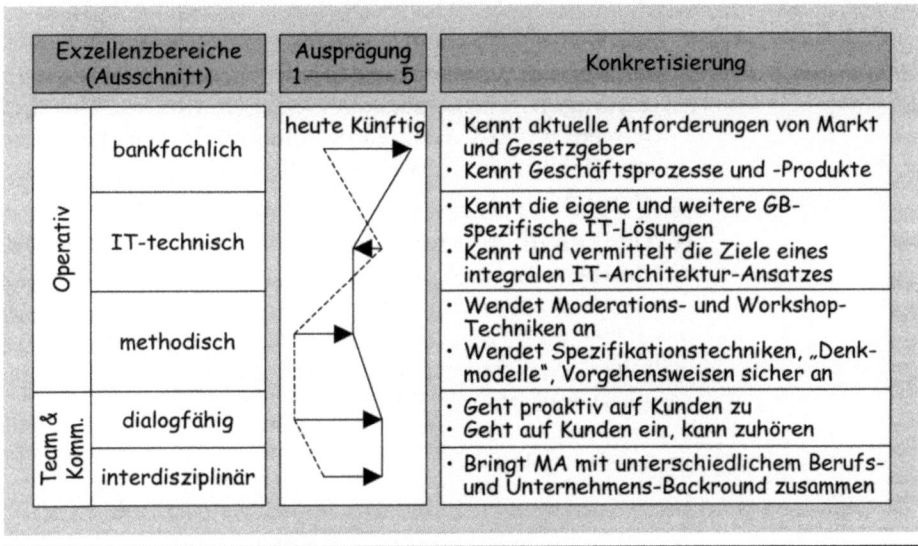

Abb. 6-5 Exzellenzprofil GB-Betreuung

Es positioniert den GB-Betreuer als Generalist mit bankfachlichen Kenntnissen *und* IT-Backround, kombiniert mit ausgeprägten methodischen und kommunikativen Fähigkeiten.

6.2 Architektur-Management

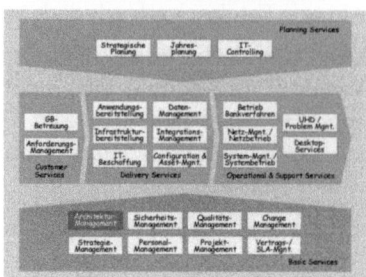

Im Mittelpunkt aller IT-Leistungen und zugleich einen Rahmen um sie herum bildend steht die IT-Architektur der Unternehmens-IT.

Wenngleich IT-Architektur an vielen Stellen geplant und gebaut wird, so gilt es, eine Klammerfunktion zu setzen hinsichtlich der zentral zu bündelnden Aufgaben im Bereich Architektur-Management. Dabei prägen drei Grundherausforderungen dessen künftige Ausrichtung:

- **Standard-Anwendungen bringen ihre eigene Architektur mit.** Die Auswahl der IT-Lösungen erfolgt noch zu sehr anhand der bankfachlichen Kriterien. Infolgedessen weisen vor allem eingekaufte Standard-Software-Lösungen einen beträchtlichen Anteil nicht standardisierter IT-Komponenten aus, denn Standardisierung bezieht sich landläufig auf Geschäftsprozesse, nicht aber auf die IT-Infrastruktur.

- **Gleichzeitige Über- *und* Unterregulierung von Architekturfragen.** Hinsichtlich der übergeordneten, unternehmensweiten Architekturfragen bestehen heute Lücken in der Breite der Behandlung. Andererseits ist eine zu große Tiefe in der Beschäftigung mit Einzelthemen zu beobachten.

- **Denken in Einzellösungen statt integrales Architekturdenken.** Bei aller Unterschiedlichkeit der IT-Entwicklung in den einzelnen Häusern – eines haben sie gemeinsam: Optimale Einzellösungen haben in der Vergangenheit fast nie zu einer optimalen Gesamtlösung, sprich einer kosten- und leistungsoptimalen Unternehmens-IT, geführt.

6.2 Architektur-Management

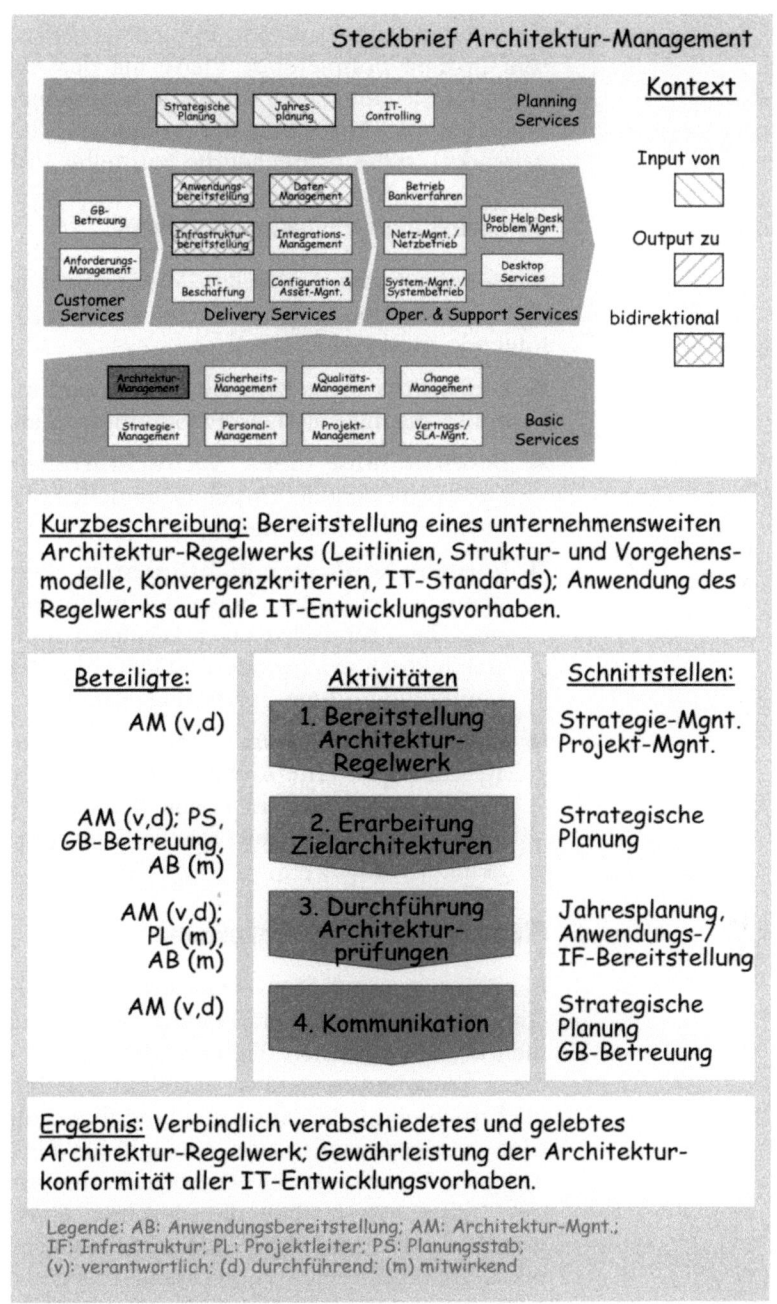

Abb. 6-6 Steckbrief Architektur-Management

Grundsätzlich gliedert sich Architektur-Management in zwei Phasen. In eine normierende Phase mit der Aufstellung von Regelungen – sie beinhaltet die Prozessbausteine 1 und 2. Und eine moderierende Phase mit der Vermittlung und Prüfung des Regelwerks – diese beinhaltet die Bausteine 3 und 4.

6.2.1 Bereitstellung Architektur-Regelwerk

Erste Aufgabe im Architektur-Management ist die Bereitstellung und Fortschreibung eines Architektur-Regelwerks. Dies umfasst folgende Aufgaben:

- **Definition von Leitlinien** zur künftigen Bedeutung und zum Umgang mit IT-Architekturthemen im Unternehmen.
- **Bereitstellung eines Architekturrahmens** in Form von Strukturmodellen, Vorgehensmodellen, Dokumentationsrichtlinien und Dokumententypen.
- **Vorgabe konkreter Richtlinien** zu allen Ebenen der Unternehmensarchitektur. Beispiel: „Im künftigen Software-Design sind die Grundsätze einer Levelized Architecture (Schichtenarchitektur) anzuwenden". Oder „Im Bereich Systemdienste sind künftig offene Verzeichnis-Standards zu verwenden".
- **Research-Aktivitäten.** Darunter fallen Marktstudien zu Technologie- und Architektur-Trends, Produktevaluierungen etc. Dabei sollte immer eine konkrete Fragestellung im Unternehmen zeitnah und für die Zielgruppe zugeschnitten aufbereitet werden.

6.2.2 Erarbeitung von Zielarchitekturen

Eine der wesentlichen *inhaltlichen* Aufgaben des Architektur-Managements ist die Erarbeitung der Zielarchitekturen im Rahmen der strategischen Planung. Hier gilt es auf Basis der fachlichen Vorgaben – und in Abstimmung mit den Geschäftsbereichsbetreuern, der Anwendungsentwicklung und mit dem Betrieb – eigenständig eine Vorlage für eine Gesamtarchitektur bzw. die Fortschreibung der existierenden Architektur zu erarbeiten. Dabei stehen nicht die einzelnen IT-Lösungen im Vordergrund, sondern das Erarbeiten einer Zielarchitektur, die ein klares Zielbild und einen Entwicklungskorridor für die einzelnen IT-Lösungen aufzeigt.

6.2.3 Durchführung von Architekturprüfungen

Architekturprüfungen werden zur Prüfung und Bewertung von geplanten oder bereits realisierten IT-Architekturen durchgeführt. Die Granularität reicht von Einzel- über Teilarchitekturen bis zur Gesamt-IT-Architektur. Es werden drei verschiedene Einsatzfelder für Architekturprüfungen unterschieden:

- **Prüfung Architektur-Design.** Im Rahmen der Konzeption einer in wesentlichen Architekturaspekten neuen oder komplexen IT-Lösung wird begleitend eine Prüfung des Architektur-Designs durchgeführt.
- **Architektur-Review.** Im Nachgang zu einer Konzeption bzw. zu einer bereits erfolgten Implementierung wird eine nachträgliche Prüfung der gewählten Architektur – ggf. mit einem speziellen Untersuchungsfokus - durchgeführt.
- **Sonderaufträge.** Im Rahmen von Machbarkeitsstudien zu strategischen Geschäftsentscheidungen, wie etwa bei Auslagerungen oder bei Due Diligence-Verfahren im Vorfeld von Fusionen, wird eine gesonderte Architekturprüfung durchgeführt.

Architekturprüfungen sind *eine* Qualitätssicherungsmaßnahme unter mehreren. Eine Prüfung des Architektur-Designs beispielsweise beinhaltet keine detaillierte Prüfung der fachlichen Anforderungen an Funktionalität und Prozessunterstützung, sondern prüft ihre Umsetzbarkeit im Hinblick auf das konkret gewählte Architektur-Szenario.

Im folgenden wird ein standardisiertes Architektur-Review-Verfahren am Beispiel der Software Architecture Analysis Method (SAAM) vorgestellt. Diese Methode wurde 1990 vom Software Engineering Institute (SEI) an der Carnegie Mellon University entwickelt. Die SAAM bildet die Basis für viele weitere Verfahren, z.B. die Architecture Tradeoff Analysis Method (ATAM) und die Cost Benefit Analysis Method (CBAM).

6 Operative Prozesse: Stärkung der Wertschöpfung

Detail

Architektur-Review am Beispiel der SAAM

Die Sofware Architecture Analysis Method (SAAM) stellt ein standardisiertes Architektur-Review-Verfahren dar.

Die Durchführung der SAAM erfolgt in vier Schritten:

1. Erheben Architektur-anforderungen	• Prüfung der Anforderungen auf Vollständigkeit • Festlegung der architekturbestimmenden Anforderungen • Abstimmung Untersuchungsraum, Prüfkriterien und Vorgehensweise mit Auftraggeber
2. Ableitung Architektur-Szenario	• Darstellung / Ableitung des zugrundegelegten Architektur-Szenarios (hinsichtlich SW-, Schnittstellen-, System- und IF-Architektur) • Darstellung ggf. auf Ebene von Architekturobjekten bzw. -attributen
3. Analyse und Bewertung des Szenarios	• Abbildung der Anforderungen auf die konkreten Ausprägungen der Architekturobjekte/-attribute • Prüfung des Abdeckungsumfangs und -grades • Aufzeigen von Einzel-Alternativen
4. Konsolidierung Empfehlung	• Ableitung des Abdeckungsumfangs insgesamt • Darstellung von K.O.-Kriterien • Empfehlung Go / No Go • Eigene Darstellung bzw. Beauftragung von Alternativ-Szenarien und Wiedervorlage

Dokumentation Prüfauftrag

Abb. 6-7 Bestandteile der SAAM

Im folgenden werden die inhaltlich relevanten Schritte 1 - 3 erläutert:

- **Schritt 1: Erhebung Architekturanforderungen.** Hier gilt es explizit nicht, noch einmal alle fachlichen und technischen Anforderungen an die IT-Lösung zu erheben. Dies ist Aufgabe eines Lastenhefts. Sondern es sind diejenigen Anforderungen herauszuarbeiten mit einer Implikation auf die IT-Architektur.

  Als Beispiel für die folgenden Ausführungen soll dabei ein Vorhaben zur Implementierung eines neues Girosystems stehen. Hierfür wurden durch die verschiedenen Zielgruppen folgende architekturrelevante Anforderungen herausgearbeitet (nur auszugsweise Darstellung):

6.2 Architektur-Management

Detail

Anf.-Nr.	Fokus	Anforderungen (Ausschnitt)
A1	Anwendungs-architektur	Lösung muss künftig unabhängig vom Touchpoint (GAA, Online) Realtime-Salden anzeigen
A2		Lösung muss mit existierendem Kundenbestandssystem interoperieren
A3		Lösung muss ab 2007 zusätzlich 500.000 Girokonten verwalten können
SW1	Software-Architektur	Neue Geschäftsprozesssteuerung ist von den Businessfunktionen zu separieren
SW2		Bestehende Girofunktionalitäten am Host sind wiederzuverwenden
S1	Systemarchitektur	24-Stunden-Verfügbarkeit ist zu gewährleisten
S2		Anbindung an die zentrale Benutzerverwaltung ist zu gewährleisten

- **Schritt 2: Ableitung Architektur-Szenario.** Es wird das gewählte Architektur-Szenario dargestellt bzw. aus den vorhandenen Konzeptionen abgeleitet. Dabei bestimmt der Untersuchungsfokus die Detaillierung der Architekturobjekte bzw. -attribute. Im vorliegenden Beispiel handelt es sich um eine „Three-Tier-Architektur" mit einem Browser-basierten Frontend, einem Application Server mit einer neu zu implementierenden Geschäftsprozesssteuerung unter der Verwendung von Teilen der Legacy-Applikation „Giro" auf dem Host.

- **Schritt 3: Analyse und Bewertung des Szenarios.** Im Rahmen dieses Szenarios erfolgt eine Abbildung der Anforderungen auf die konkreten Ausprägungen der Objekte und Attribute und eine Beurteilung der Abdeckung. Dies zeigt die Tabelle auf der folgenden Seite.

6 Operative Prozesse: Stärkung der Wertschöpfung

Detail

Anforderung	Ausprägung	Erfüllt ja/nein	Variante
A1 Realtime-Salden	Online-Fähigkeit Host-Buchungskern	Nein	Machbarkeitsstudie Online-Fähigkeit
A2 Anbindung Bestandsysteme	Interoperabilität über Standard Message Broker	Ja, über Standard-Message-Formate	Keine
A3 Zusätzliche Girokonten	Skalierbarkeit	Ja, Hardware-Skalierung	Keine
SW1 Neue Geschäftslogik	Kapselung der Geschäftsprozesssteuerung	Nein	Redesign Software-Architektur (Levelized Architecture)
SW2 Wiederverwendung	Eigenentwickelte Schnittstellen	eingeschränkt, keine Standardschnittstellen	Anbindung TA-Monitor über ORB
S1 24-Stunden-Verfügbarkeit	Online-Backup-Verfahren	Ja, über Hot-Standby-Lösung	keine
S2 Anbindung zentrale Benutzerverwaltung	Interoperabilität durch offenen Verzeichnis-Standard	Ja, über LDAP	keine

Die Summe der Schritte – Vollständigkeitsprüfung der Anforderungen, Zuordnung der Anforderungen zu konkreten Architekturausprägungen, Qualitäts- bzw. Machbarkeitsprüfung mit Empfehlung von Varianten und eine abschließende Empfehlung zur Gesamttragfähigkeit der Architektur – sind der Mehrwert der SAAM.

6.2.4 Kommunikation

Architektur-Management hat die Aufgabe, ein schwer greifbares Thema – IT-Architektur ist nicht sichtbar in den Anwendungen und für den Geschäftserfolg nicht unmittelbar messbar – und dennoch ein erfolgkritisches Thema zu vermitteln.

Entscheidend für die Durchschlagskraft des Architektur-Managements ist das Verständnis, dass Unternehmensarchitektur nicht in einem abstrakten Raum entsteht, sondern immer in Verbindung mit konkret umzusetzenden Vorhaben. Hier gilt es, zwischen Architektur-Management – als zentraler OE – und den Linien- und Projektverantwortlichen in einen konstruktiven Dialog einzutreten. In diesem Dialog wird es immer um einen Kompromiss gehen zwischen idealer Architektur und pragmatischer Lösung.

Architektur-Management ist ein Querschnittsprozess. Als solcher haben die Prozessverantwortlichen wenig Durchsetzungskompetenzen. Häufige Aussagen von Chef-Architekten – wonach sie zwar zu allen möglichen Gestaltungsfragen konsultiert werden, ihre Stellungnahme aber letzten Endes ohne Konsequenzen bleibt – ist bezeichnend. Entscheidend ist hier die Verankerung einer verpflichtenden Nutzung der Architektur-Management-Services durch die Planungs- und Bereitstellungsprozesse. Konkret könnte dies bedeuten, dass ab einer gewissen Budgethöhe oder der strategischen Relevanz eines Projektes beispielsweise eine Architekturprüfung vor Aufsetzen des Projektes zwingend vorgeschrieben ist.

6.3 Projekt-Management

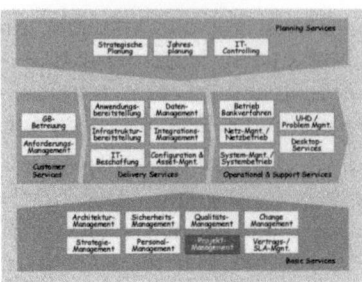

Die Anzahl der Vorhaben im IT-Bereich, die in Form von Projekten realisiert werden, steigt stetig.

Grund hierfür ist die Eignung von Projekten für innovative, in dieser spezifischen Konstellation noch nicht gelöste Aufgabenstellungen. Eine Projektstruktur bietet aufgrund ihres Just in time-Charakters hohe Flexibilität in der Vorgehensweise und der Besetzung des Projektteams.

Nicht nur immer mehr, sondern auch immer komplexere Projekte bestimmen das Projekt-Portfolio im IT-Bereich.

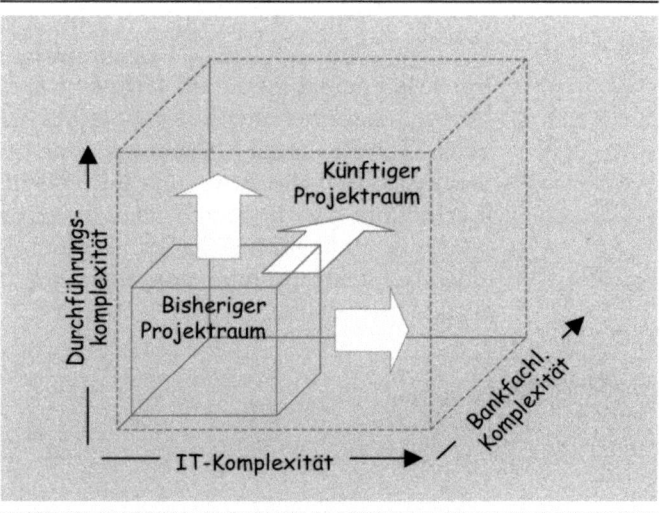

Abb. 6-8 Der künftige Projektraum

Die wachsende Komplexität zeigt sich in den Dimensionen technische, bankfachliche und Durchführungskomplexität. Projekte im Fadenkreuz aller drei Dimensionen – etwa Migrationen, Fusionen oder Auslagerungen – verlangen Projekt-Qualitäten, die nur ein standardisiertes Projekt-Management bieten kann.

6.3 Projekt-Management

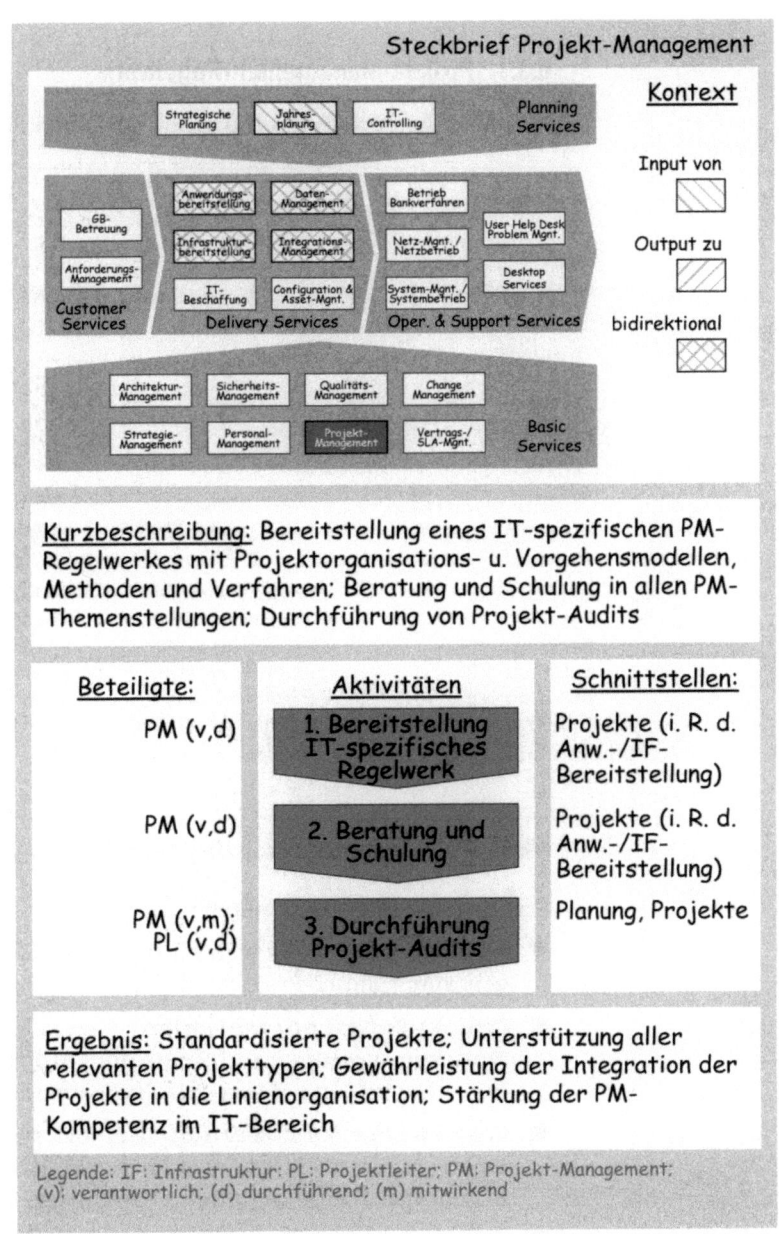

Abb. 6-9 Steckbrief Projekt-Management

6.3.1 Projekt-Management-Regelwerk

Das Regelwerk definiert die grundsätzlichen Strukturen:

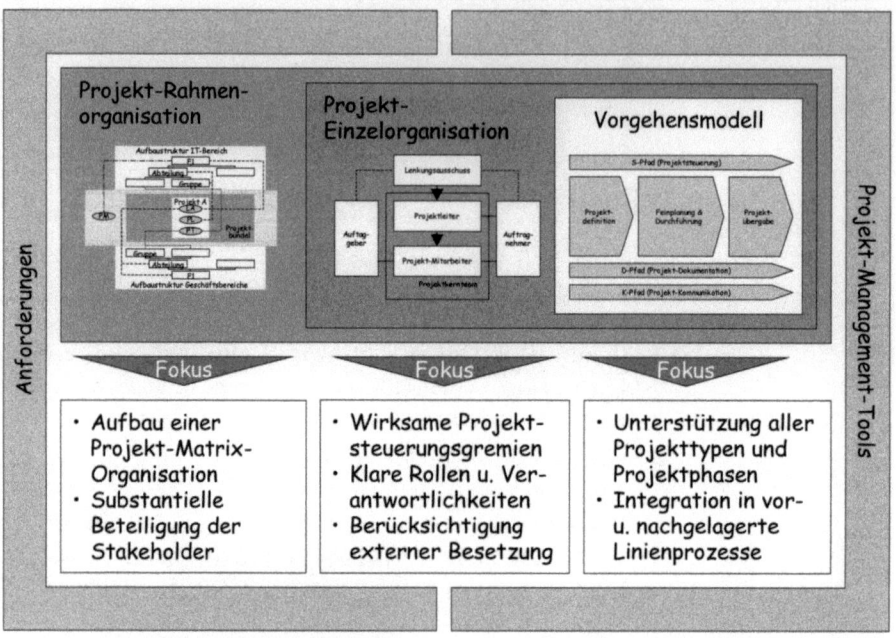

Abb. 6-10 Regelwerk Projekt-Management

Das Regelwerk besteht aus fünf Teilen:

- **Anforderungen.** Es werden die grundsätzlichen Anforderungen durch die IT-Projekte in den Banken aufgezeigt.
- **Projekt-Rahmenorganisation.** Unter Berücksichtigung der typischen Verantwortlichkeits- und Aufbaustrukturen im IT-Bereich wird eine Matrix-Projektorganisation vorgestellt.
- **Projekt-Einzelorganisation.** Um die wesentlichen Projekttypen zu unterstützen, werden zwei Varianten der Projekt-Einzelorganisation mit ihren Projektorganen vorgestellt.
- **Vorgehensmodell.** Mit dem Ziel von Standardisierung *und* Flexibilität wird ein zweistufiger Ansatz für ein Projekt-Vorgehensmodell vorgestellt.
- **Projekt-Management-Tools.** Es werden die Bedingungen und Kriterien für einen Tool-Einsatz vorgestellt.

6.3.1.1 Anforderungen

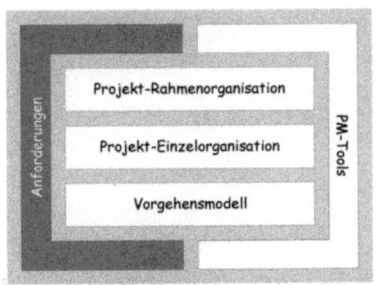

Projekte im allgemeinen, und speziell IT-Projekte in Banken, sind durch fünf bestimmende Merkmale gekennzeichnet:

- **Innovation.** Projekte sind einmalig in ihrer konkreten Ausprägung und beschreiten meistens Neuland. Infolgedessen kann nur bedingt auf den „Projekt-Record" oder einschlägige Erfahrungen zurückgegriffen werden.

- **Komplexität.** Projekte sind ganzheitliche Aufgaben mit einer inhaltlichen, einer personellen und einer kommunikativen Dimension. Als solche wohnt ihnen eine höhere Komplexität inne als einzelnen, separaten Linienaufgaben.

- **Limitierung der Ressourcen.** Die zeitliche Begrenzung eines Projektes ist *das* Merkmal eines Projektes. Das heißt aber: Projekte stehen fast immer unter höherem Termindruck als Linienaufgaben. Projekte sind aber auch hinsichtlich ihrer Ressourcen begrenzt. Damit besteht, beispielsweise im Hinblick auf die Mitarbeiterressourcen, immer eine latente Wettbewerbssituation zur Linienorganisation.

- **Interdisziplinäre Projektteams.** Projekte bringen in der Regel Mitarbeiter aus den Geschäftsbereichen und dem IT-Bereich zusammen. Mit unterschiedlichem Backround, was Arbeitsorganisation und -methoden anlangt. In Großprojekten sind sogar mehrere Unternehmen beteiligt. Dann finden sich in *einem* Projektteam Mitarbeiter der Bank, des IT-Dienstleisters, von Softwarepartnern und von externen Beratungshäusern.

- **Stakeholder Management.** Insbesondere die politische Dimension von Projekten verlangt immer häufiger die Etablierung eines expliziten Projekt-*Kommunikations*pfades. Dies beinhaltet einen Kommunikationsplan, der festhält, welche Ergebnisse, in welchen Abständen über welche Kanäle zu kommunizieren sind.

6.3.1.2 Projekt-Rahmenorganisation

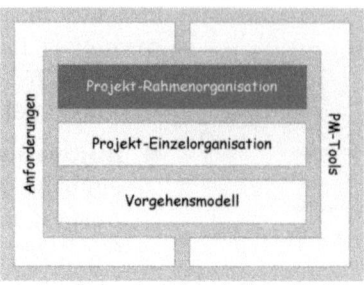

Die Projekt-Rahmenorganisation in einem Institut hat sich an dessen „Arbeitsorganisation" – dieser Begriff steht hier für eine Kombination aus Prozess- und Aufbauorganisation – zu orientieren.

Die Projektrahmenorganisation kann prinzipiell in drei Varianten implementiert werden:

Beschreibung	Verantwortung/ Kompetenz im Projekt	Einsatz-schwerpunkte
Reine Projektorganisation		
Projektorganisation als Backbone der Aufbau-Organisation	Volle unternehmerische Ergebniserantwortung Volle Durchsetzungskompetenz Volle Weisungsbefugnis	Bereiche/Unternehmen überwiegend mit Projektaktivitäten
Matrix-Projektorganisation		
Projekt- und Linienorganisation bilden eine Matrix	Geteilte Ergebnisverantwortung (gemeinsam mit Geschäftsbereichen) Volle Durchsetzungskompetenz Keine Weisungsbefugnis	Bereiche/Unternehmen mit einer Mischung aus Linien- u. Projektaktivitäten
Virtuelle Projektorganisation		
Projektorganisation ist virtuell über die Linienorganisation gelegt	Keine Ergebnisverantwortung, nur Prozess-Verantwortung Keine Durchsetzungskompetenz Keine Weisungsbefugnis	Bereiche/Unternehmen mit überwiegenden Linienaktivitäten

6.3 Projekt-Management

Aufgrund des typischen Leistungsprofils im IT-Bereich – einer relativ gleichmäßigen Verteilung von Linien- und Projektaktivitäten – ist hier die Matrix-Projektorganisation gut geeignet.

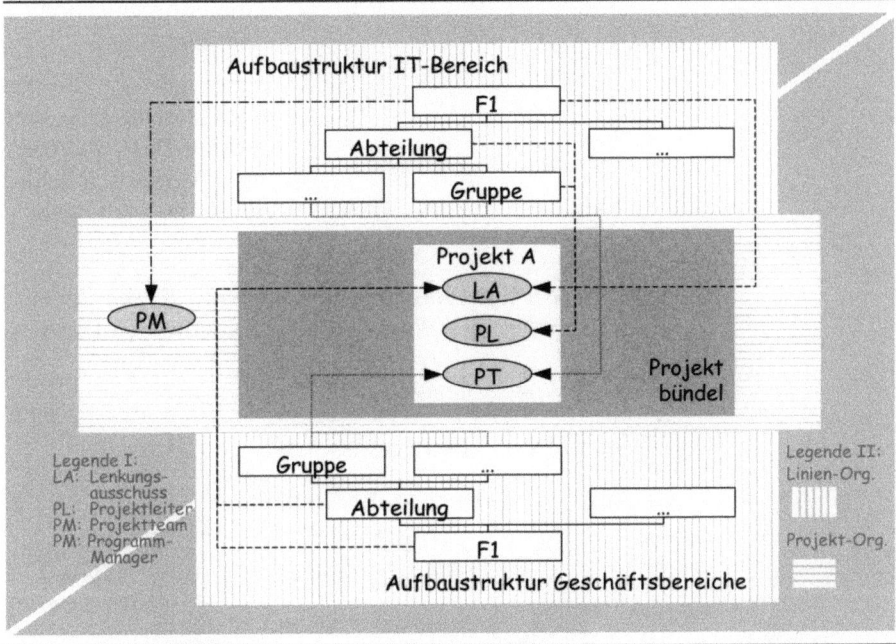

Abb. 6-11 Matrix-Projektorganisation

Die Darstellung zeigt die vertikal verlaufende Aufbaustruktur von IT-Bereich und Geschäftsbereichen. Dazwischen verläuft die horizontale Projektorganisation. Wichtig ist eine Beteiligung der Geschäftsbereiche im Projektteam *und* im Lenkungsausschuss, während die operative Verantwortung beim Projektleiter aus dem IT-Bereich liegt.

Der Programm-Manager ist eine zusätzliche Instanz, um Projektbündel oder Großprojekte zu steuern. Kompetenzmäßig ist der Programm-Manager zwischen dem Lenkungsausschuss und den (Teil-)Projektleitern angesiedelt. Seine Aufgabe besteht darin, zwischen den in der Regel nur monatlich tagenden Lenkungsausschusssitzungen die Koordination projektübergreifender Themenstellungen in der erforderlichen operativen Nähe sicherzustellen.

6.3.1.3 Projekt-Einzelorganisation

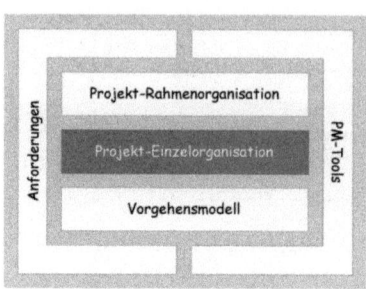

Die Projekt-Einzelorganisation muss sich in die Projekt-Rahmenorganisation nahtlos einfügen.

Dabei gilt es alle Stakeholder eines Projektes zu identifizieren und auf Basis definierter Rollen und Verantwortlichkeiten am Projekt zu beteiligen.

Die Projekt-Einzelorganisation unterstützt die zwei Varianten Bankinterne Projekte und Projekte mit externen Partnern:

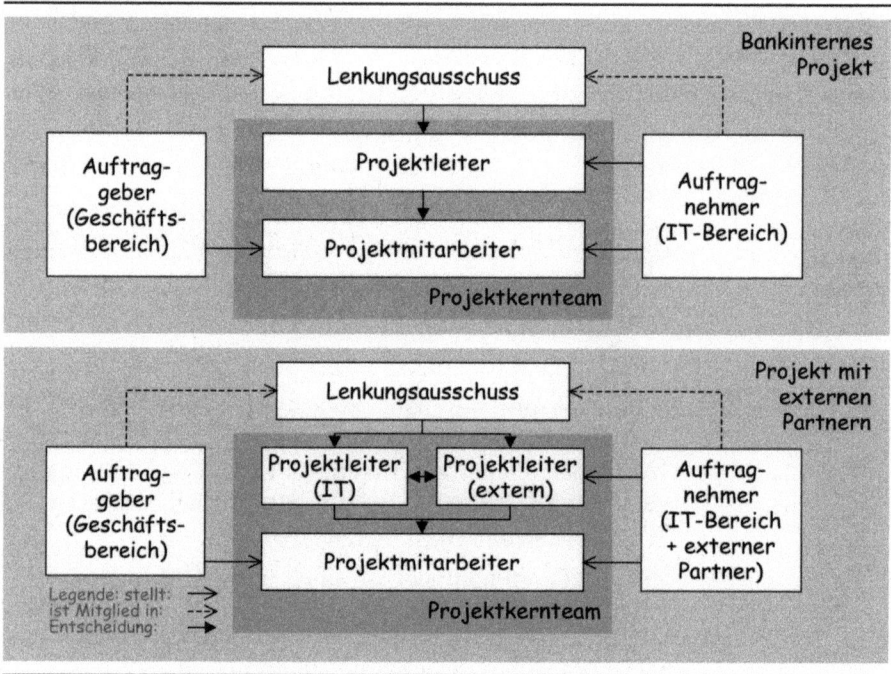

Abb. 6-12 Projekt-Einzelorganisation

Die Einzelorganisation besteht aus drei Organen, deren Zusammenspiel formal geregelt ist (siehe nachfolgende Tabelle).

6.3 Projekt-Management

Aufgaben	Kompetenzen	Verantwortung
Lenkungsausschuss: Steuerung des Projektes		
Beauftragung Gesamtprojekt	Vertragsabschluß, Budget-/ Ressourcenhoheit; Benennung Projektmitglieder	Leistungsumfang, Budget, Projektstruktur
Steuerung Gesamtprojekt	Entscheidungskompetenz zu allen Projektsteuerungsparametern	Wesentliche Inhalte; Zielerreichung
Abnahme von Ergebnissen	Votierung Entscheidungsvorlagen für Zwischen- und Endergebnisse	Richtungsentscheidungen; Vorgaben zur Zielanpassung
Kommunikation der Ergebnisse	Information Vorstand, Gremien etc.	Akzeptanzsicherung Ergebnisse
Problemlösung	Prüfung Ressourcenausstattung; Weisungsbefugnis gegenüber Mitarbeitern	Lösung inhaltlicher Probleme; Konfliktlösung
Projektleitung: Sicherstellung der Projektergebnisse		
Sicherstellung Projektergebnisse	Planung der Ergebnisse und Arbeitsinhalte; Vergabe von Arbeitspaketen	Sicherstellung Zieldefinition und Zielerreichung
Steuerung des Projektteams	Fachliche Weisungsbefugnis, Konfliktmanagement	Optimale Teamleistung
Unterstützung LA	Vorbereitung/Nachbereitung LA-Sitzungen	Vollständige Information des LA
Projektmitarbeiter: Erarbeitung der Projektinhalte		
Erarbeitung Projektinhalte	Eigenständige Erarbeitung von Arbeitspaketen	Arbeitspakete
Unterstützung Team-Sitzungen	Vorbereitung/Nachbereitung Teamsitzungen	Benennung von Problemen/ Risiken

6.3.1.4 Vorgehensmodell

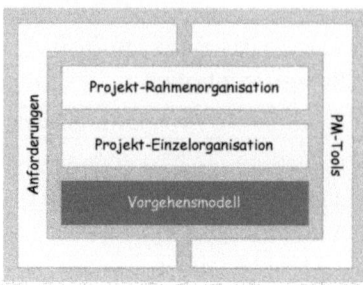

Während Projekt-Rahmen- und Projekt-Einzelorganisation die „Aufbauorganisation" eines Projektes darstellen, regelt das Projektvorgehensmodell dessen „Ablauforganisation".

Dabei gilt es die Vielfalt an Projekttypen mit spezifischen Vorgehensmodellen zu berücksichtigen, die heute im IT-Bereich zum Einsatz kommen:

Vorgehensmodell	Einsatzgebiete (Beispiele)
Herkömmliche Vorgehensmodelle	
Software-Entwicklung	Bereitstellung neuer IT-Lösungen im Anwendungs- und/oder Infrastrukturbereich
GPO	Geschäftsprozess- und Organisationsoptimierung
Phasenspezifische Vorgehensmodelle („Bausteine")	
Vorstudien, Machbarkeitsstudien	Im Vorfeld von Projekten bzw. zur Klärung prinzipieller Optionen z.B. bei der Weiterentwicklung der IT-Architektur
Marktevaluierungen, Produktauswahlen	Im Vorfeld von Systemeinführungen, im Rahmen von Produktauswahlverfahren
Portierungen, Migrationen	Substitution von Systemplattformen; Anwendungsmigrationen, Datenmigrationen
Kombinierte Vorgehensmodelle	
Fusionen	Technische Fusion von Instituten
Outsourcing	Entwicklungs- und Betriebs-Outsourcing zum strategischen IT-Dienstleister

Diese Vielfalt an Vorgehensmodellen ist gleichermaßen berechtigt wie unberechtigt. Sicherlich kann es nicht das *eine* Vorgehensmodell für alle IT-Projekttypen geben. Ein solches Modell wäre überladen und nicht handhabbar. Andererseits ist die Frage berechtigt, warum eine Produktauswahl, die bereits ein Dutzend mal durchgeführt wurde, ein neues dreizehntes Vorgehensmodell zu den existierenden zwölf hinzufügen muss.

Die Antwort auf dieses Dilemma ist ein Zweistufenansatz. Leitgedanke des Zweistufenansatzes ist es, die Gemeinsamkeiten jeder Projektvorgehensweise vor die Klammer zu ziehen und in einem generischen Vorgehensmodell zu bündeln. Ein phasenspezifisches Vorgehensmodell, z.B. eine Produktauswahl, lässt sich dann in das generische Vorgehensmodell einklinken.

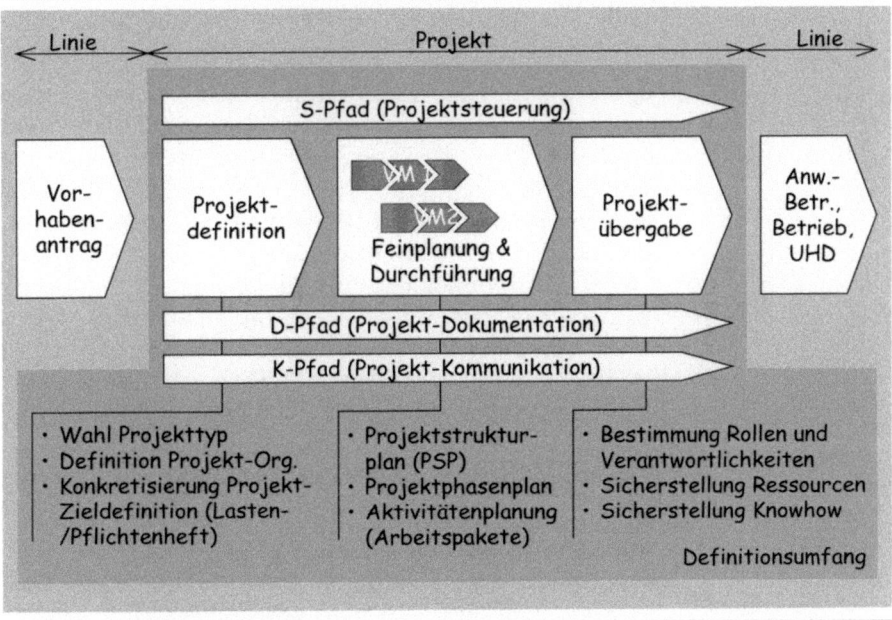

Abb. 6-13 Projektvorgehensmodell

Der Zweistufenansatz gewährleistet eine maximale Standardisierung und Wiederverwendbarkeit in bezug auf Berichtwesen, Dokumentation, Qualitätssicherung etc., *ohne* die Besonderheiten eines speziellen Vorgehensmodells außeracht zu lassen.

Abbildung 6-13 zeigt, wie groß der gemeinsame Nenner aller Projekttypen ist. Dabei unterstützt das Vorgehensmodell zwei Grundzielsetzungen. Es definiert die Binnenstruktur des Projektablaufes. Und es synchronisiert die Projektabläufe mit den vor- und nachgelagerten Linienprozessen. Diese Synchronisation erfolgt beim Aufsetzen der Projekte aus der Planung und zum Abschluss der Projekte mit der Übergabe in die Linie.

Projektorganisation und Vorgehensmodell bilden die Bausteine eines Projektes. Entscheidend ist, wie diese Bausteine zusammengesetzt werden im konkreten Einzelfall. Dabei ist eine Reihe von Punkten zu beachten.

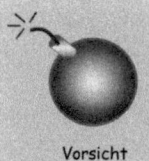
Vorsicht

Was Sie im Projekt konkret beachten sollten

Das Steuerungsdilemma. Im Projektverlauf nimmt die Steuerbarkeit der Zielgrößen kontinuierlich ab, während die potentielle Abweichung der Zielgrößen vom ursprünglichen Plan zunimmt. Das ist das Steuerungsdilemma jedes Projektes.

Konsequenz: Erste Zeichen einer Abweichung werden gerade hinsichtlich ihres Schneeballeffektes anfänglich unterschätzt. Nach Erreichen des Point of No Return ist ein Projekt durch erhöhte Monitoring-Aktivitäten nicht mehr zu retten. Alle Maßnahmen machen ein zu langsames oder zu teures Projekt noch langsamer und noch teurer. *Empfehlung:* Der entscheidende Hebel zur Vermeidung dieses Dilemmas ist die antizipativ-planerische Funktion des Lenkungsausschusses (LA). Dem LA müssen – durch den Projektleiter vorbereitet – zu jedem Zeitpunkt Gesamtziel, nächste Teilziele, nächste Schritte, sowie Probleme und Risiken nachvollziehbar vorliegen. Aufgabe das LA ist es nicht primär, Ergebnisse abzunicken. Sondern heute Entscheidungen zu treffen für Ergebnisse, die erst morgen auf dem Tisch liegen.

Mangelnde Standardisierung. Angesichts der Vielfältigkeit von Projekttypen bedeutet Standardisierung explizit nicht: *eine* Projektorganisation oder *ein* Vorgehensmodell. Andererseits ist ein Überlassen der Projektdefinition den einzelnen Projekten die falsche Antwort. *Konsequenz:* Ohne Standardisierung begibt sich der IT-Bereich eines effizienten und komplexitätsreduzierenden Projekt-Managements. *Empfehlung:* Der Mehrwert eines standardisierten Projekt-Managements liegt darin, den gemeinsamen Nenner von Verfahren und Methoden zu erkennen und so zu standardisieren, dass sie mit wenig Aufwand auf Projekte gleichen Typs angewendet werden können.

Unzureichende Kompetenzen des Projektleiters. Die Projektstruktur ist eine sekundäre und temporäre Struktur in den Banken. Projektleiter – als Führungskräfte auf Zeit – haben nicht immer einen leichten Stand gegenüber den etablierten Linienstrukturen. *Konsequenz:* Hohen Erwartungen an die Performance des Projektes steht bisweilen eine unzureichende

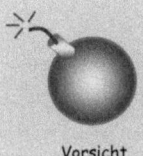
Vorsicht

Kompetenzausstattung gegenüber. *Empfehlung:* Aus Sicht des Projektleiters muss eine Kongruenz von Aufgaben, Kompetenzen und Verantwortung bestehen, um Projektergebnisse nicht nur zu planen, sondern auch gegenüber den Beteiligten durchsetzen zu können. Diese Kompetenzen sind verbindlich zu regeln und allen Beteiligten zu kommunizieren.

Fehler in der Projektteambesetzung. Die Projektteambesetzung ist insofern erfolgskritisch, als sie im Laufe des Projektes im wesentlichen nicht mehr verändert werden kann.

Fehler 1: Falsche Verteilung Interne zu Externe. Das Verhältnis von internen zu externen Mitarbeiterkapazitäten ist stark zugunsten der Externen verschoben. *Konsequenz:* Eine Fremdbestimmung des Projektes von außen ist vorgezeichnet. Die internen Mitarbeiter haben kaum Möglichkeiten aufgrund der eigenen Workload steuernd einzugreifen. Die Externen schaffen vollendete Tatsachen. Das kann zu Akzeptanzproblemen der Projektergebnisse führen. *Empfehlung:* Auf ein Verhältnis von max. 1:2 von Internen zu Externen achten. Bei „schlechteren" Konstellationen müssen die internen Projektmitarbeiter verstärkt in Steuerung und QS eingebunden werden.

Fehler 2: Patchwork-Team. Das Zusammenwürfeln von Projektmitarbeitern aus mehreren OEen plus externen Unternehmen plus IT-Dienstleister, die bisher, auch untereinander, noch nicht zusammengearbeitet haben, zu einem Patchwork-Team. *Konsequenz:* Keine einheitliche Arbeits- und Kommunikationsbasis. Außerdem besteht die Gefahr, dass Lobbyarbeit, insbesondere der externen Partner, in das Projekt hineingetragen wird und den Projektfortschritt behindert. *Empfehlung:* 1. Besser sind Tandems von eingespielten Mitarbeitern, woraus dann ein homogenes Projektteam erwächst. 2. Der Projektleiter muss frühzeitig Vorgehensstandards definieren und diese auch gegenüber allen Projektteammitarbeitern durchsetzen können.

Fehler 3: Zerstückelung von Ressourcen. Um möglichst alle Projekte vom Knowhow optimal auszustatten, werden alle Mitarbeiter – insbesondere die Leistungsträger – auf möglichst viele Projekte gebucht. *Konsequenz:* Jeder Projektmitarbeiter ist nur noch in Projekt-Meetings und kann sich in keinem Projekt einbringen. *Empfehlung:* 1. Mitarbeiter-Einsatzplanung auf Basis erforderlicher Kapazitäten *und* Skills. 2. 20 %-Klausel für Projekte: Das heißt, eine Beteiligung unter einem Tag pro Woche in einem Projektkernteam ist auszuschließen.

6.3.1.5 Projekt-Management-Tools

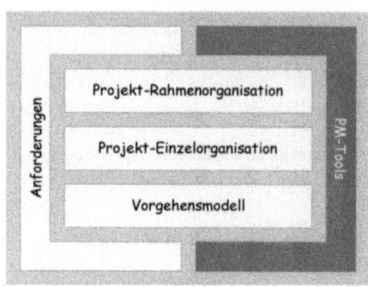

Bereits für Projekte in einer überschaubaren Größenordnung ist eine Toolunterstützung sinnvoll.

Dies liegt umso näher, als Projekt-Management-Tools heute zur erweiterten Office-Palette gehören. Und infolgedessen flächendeckend und zu niedrigen Kosten verfügbar sind.

Trotzdem ist bei der Toolauswahl Vorsicht geboten. Die Office-Varianten zementieren zumeist Insellösungen und abgespeckte Funktionsumfänge. Beispielsweise werden Multi-User- oder Multi-Projekt-Management-Features nicht angeboten. Am anderen Ende der Skala stehen die Alleskönner im Toolbereich. Diese bringen oftmals aber ihre eigenen Vorgehensmodelle und Begrifflichkeiten mit. Und bergen aufgrund ihrer Gesamtkomplexität die Gefahr eines „Overkills" in sich.

Entscheidend für die Wahl des richtigen PM-Tools ist nicht ein primär technischer, sondern ein funktionaler Ansatz. Grundlage der funktionalen Anforderungen an das Tool bildet ein IT-spezifisches, ggf. mit einem externen Spezialisten erarbeitetes, Projekt-Management-Konzept.

Das Konzept ist dann Basis für die Tool-Auswahl. Welchen funktionalen Umfang das Tool am Ende aufweist, entscheiden die funktionalen Vorgaben auf der einen Seite, und die Mengegerüste an Projekttypen, Beteiligten, Berichtsempfängern, Berichtstypen etc. auf der anderen Seite.

6.3.2 Beratung und Schulung

Das Projekt-Management hat die Aufgaben, auf Basis des definierten Regelwerks den Projekten unterstützend zur Seite zu stehen.

Es konzipiert und plant Projekt-Management-Schulungen, die speziell auf die Belange des IT-Bereichs zugeschnitten sind. Die Durchführung erfolgt in der Regel mit externen Projektschulungspartnern.

6.3.3 Durchführung von Projekt-Audits

Dritte und abschließende Aufgabe des Projekt-Managements ist die Durchführung von Projekt-Audits.

Auslöser für ein Projekt-Audit kann das Projekt selber, der Lenkungsausschuss oder auch eine dritte Instanz außerhalb des Projektes mit Interessen an den Projektergebnissen sein. Auch hinsichtlich des Zeitpunktes kann unterschieden werden in prüfende Maßnahmen vor Beginn der Projektarbeit, in begleitende Maßnahmen während der Umsetzung und in ein Review nach Projektende.

Projekt-Audits prüfen auf Basis eines Audit-Leitfadens formal-inhaltlich die (Zwischen-)Ergebnisse eines Projektes.

- **Prüfung Unterlagen.** Analyse von Projektauftrag und allen vorliegenden wesentlichen Unterlagen entlang der Projektpfade S (Steuerung), D (Dokumentation) und K (Kommunikation) (zu den Projektpfaden siehe Abb. 6-13, Seite 123).

- **Durchführung Interviews.** Interview des Projektleiters auf Basis eines Leitfadens und einer Offenen-Punkte-Liste zu den gesichteten Projektunterlagen (Innensicht); Ggf. ergänzendes Interview eines Auftraggebervertreters (Außensicht).

- **Prüfbericht.** Konsolidierung der Ergebnisse und Vorstellung im Rahmen eines Audit-Berichts; Darstellung des Projektverlaufs und der wesentlichen Projektergebnisse; Beurteilung der Projektergebnisse (Zielerreichung, Ressourceneinsatz, Termintreue, Darstellung formal-inhaltlicher Mängel); Aufzeigen von Risiken für das Projekt bei unveränderter Vorgehensweise; Empfehlung für Änderungen der Projektziele, Projektressourcen oder Projektstruktur (nur für laufende Projekte).

Standpunkt

Der Projekttyp: Allheilmittel ohne Nebenwirkungen?

In fast allen Projekten trifft ein hoher Erwartungsdruck in Form von Qualitäts-, Zeit- und Kostenzielen auf eine provisorische Projektstruktur mit einem zusammengewürfelten Team. Hier kann Flexibilität auch in Instabilität umschlagen aufgrund der Vielzahl sich ändernder Parameter.

Zweitens ist zu beobachten, dass der naheliegende Schritt, bewährte Projekte nach Ende in eine dauerhafte Linienstruktur zu überführen, nur selten vollzogen wird. Umgekehrt heißt dies, dass prinzipiell die Versuchung groß ist, eine Aufgabe im Projekt zu lösen, obwohl hierfür eine Linienstruktur vorhanden wäre.

Gerade im Verhältnis zwischen ordentlicher Linientätigkeit und außerordentlicher Projektstruktur ist ein drittes Phänomen zu berücksichtigen: der Lichtquanten-Effekt. Er besagt, dass Änderungen in der tagtäglichen Arbeitumgebung – sofern sie nicht vollkommen unsinnig und kontraproduktiv sind – immer zuerst eine Produktivitätssteigerung bewirken – ziemlich unabhängig von der Art der Veränderung. Dies korrespondiert mit der Beobachtung, dass Projekte am Anfang immer dynamisch und mit Engagement ansetzen. Und darauf baut auch die Psychologie des Projekt-Managements. Aber immer längere Projektlaufzeiten und ein immer höherer prozentualer Anteil an Projekten an der Arbeitszeit des Einzelnen wirken wie ein Bumerang.

Es gilt also in Zukunft, ein Gleichgewicht zwischen den beiden Strukturen Linienorganisation und Projektorganisation zu finden. Dafür gibt es kein Patentrezept, aber vielleicht eine Maxime: Projektorganisation ist immer dann vorteilhaft, wenn innovative Wege beschritten werden – sowohl inhaltlich als auch in der Vorgehensweise. Linienorganisation ist immer dann vorteilhaft, wenn wiederkehrende Abläufe effizient und in einer gleichbleibend hohen Qualität zu erbringen sind.

6.4 Vertrags-/SLA-Managment

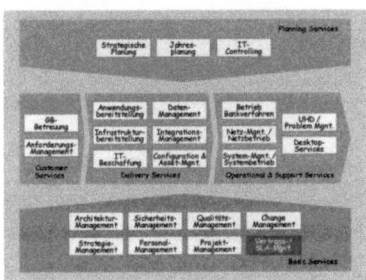

Der IT-Leistungsprozess ist heute auf eine Vielzahl verschiedener Leistungspartner verteilt.

Der Vielzahl der beteiligten Partner entspricht eine Vielzahl an Leistungsbeziehungen. In einem Zweig der Wirtschaftstheorie wird ein Unternehmen *ausschließlich* als „nexus of contracts", als Netz von Verträgen, definiert. Ein Vertrag steht hier für eine Regelung von internen wie externen Leistungsbeziehungen.

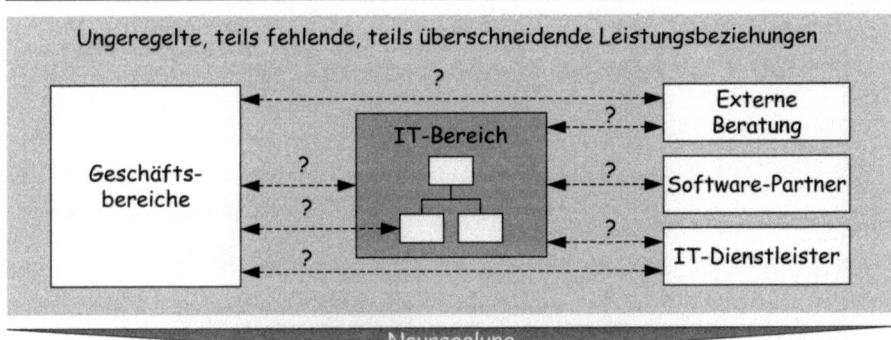
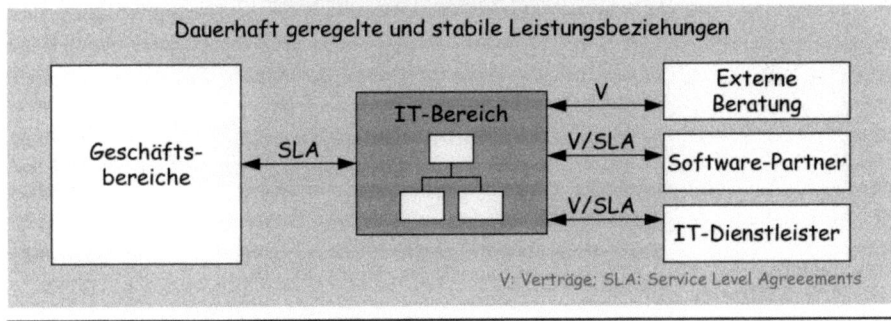

Abb. 6-14 Regelung der Leistungsbeziehungen

Das Vertrags-/SLA-Management stellt sämtliche vertraglichen Regelungen auf eine einheitliche Grundlage mit dem Ziel dauerhaft geregelter stabiler Leistungsbeziehungen.

6 Operative Prozesse: Stärkung der Wertschöpfung

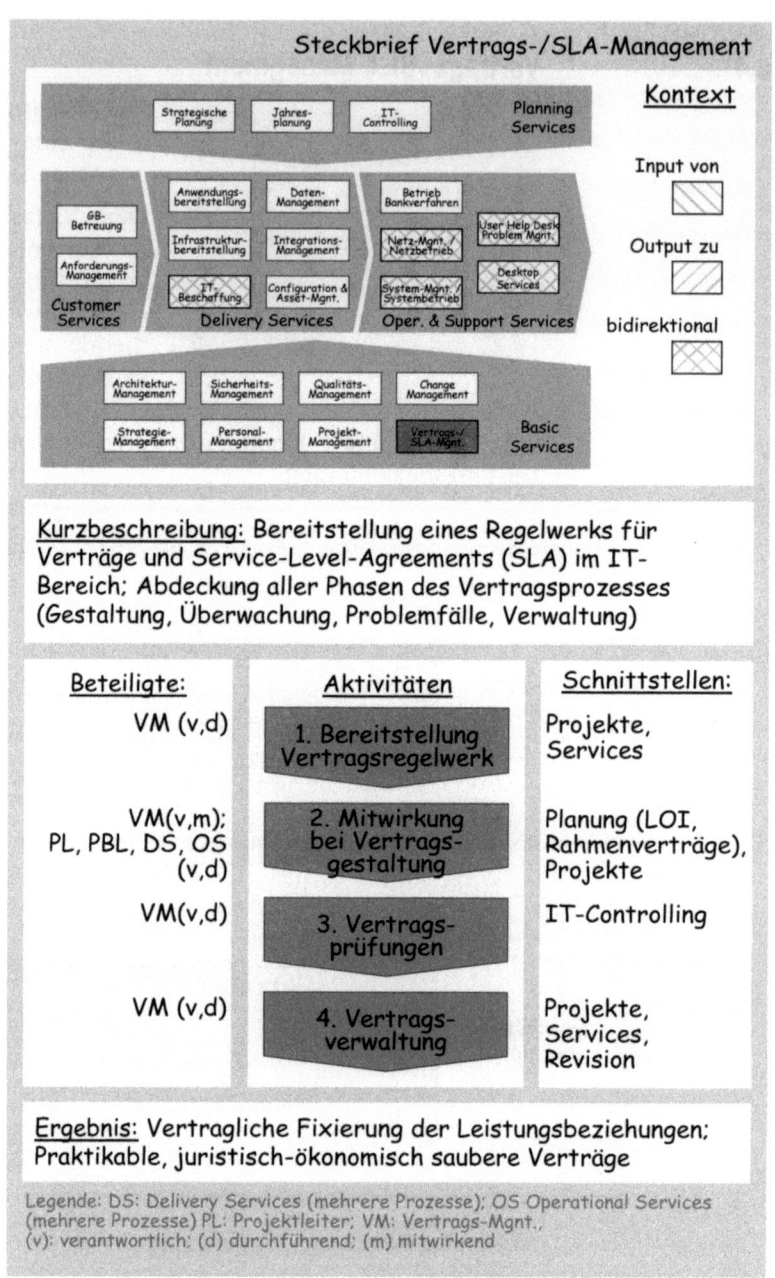

Abb. 6-15 Steckbrief Vertrags-/SLA-Management

6.4.1 Bereitstellung Vertragsregelwerk

Erste Aufgabe des Vertrags-Managements ist die Bereitstellung Regelwerks für sämtliche IT-relevanten Verträge:

- **Leitlinien.** Sensibilisierung hinsichtlich der Bedeutung von Verträgen für die Leistungserbringung durch Dritte.
- **Richtlinien.** Konkrete Vorgaben und Mindestauflagen, z.B. bei Auswahlverfahren externer Dienstleister.
- **Standard-Verträge.** Bereitstellung von Standard-Verträgen und Standard-Vertragsbausteinen für die häufigsten Vertragsarten.
- **Benutzer-Leitfaden.** Empfehlungen zur Vertragsgestaltung für Nicht-Juristen.

6.4.2 Mitwirkung bei der Vertragsgestaltung

Zentrale inhaltliche Aufgabe des Vertragsmanagements ist die Mitwirkung bei der Vertragsgestaltung. Der Vielzahl zu regelnder Leistungsbeziehungen steht ein entsprechendes Spektrum an Vertragstypen gegenüber.

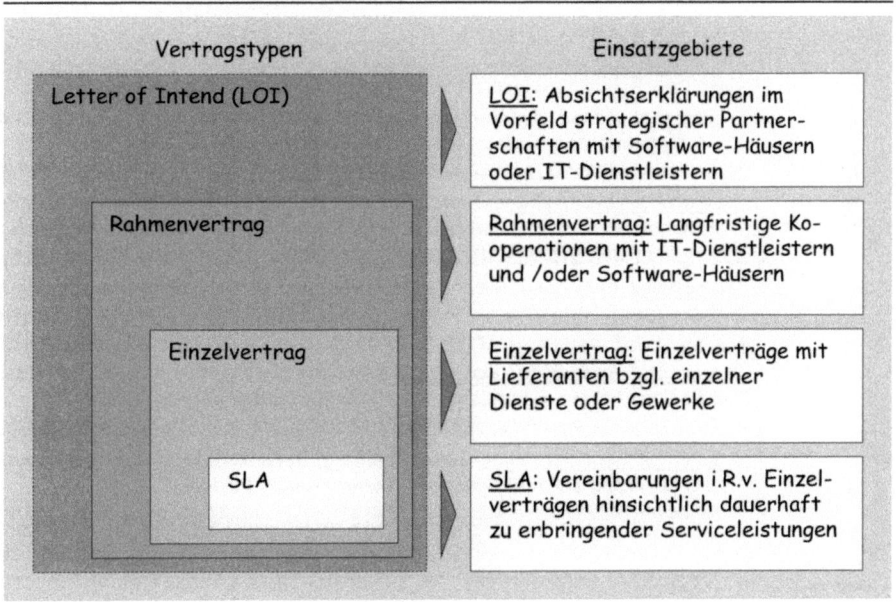

Abb. 6-16 Vertragstypen und Einsatzgebiete

Die Wichtigkeit der Vertragsgestaltung wird durch zwei empirische Kennzahlen unterstrichen:

- **Großes Volumen.** Bei der Gestaltung eines Rahmenvertrages zwischen einer Großsparkasse und einem IT-Dienstleister geht es bei einem Zeithorizont von 5 bis 10 Jahren um ein Volumen von deutlich über 100 Mio. Euro. Hier ist eine intensive Mitwirkung des Vertrags-Managements über den gesamten Vertragsprozess – von der Ausschreibung, über die Auswahl der Partner bis zum Vertragsabschluß – zwingend erforderlich.
- **Hohe Anzahl Verträge.** Die Anzahl der laufenden Verträge in einem IT-Bereich mit einem Jahresbudget von 25 Mio. Euro hat eine Größenordnung von weit über hundert Verträgen. Vor dem Hintergrund der verstärkt eingeforderten vertraglichen Fixierung auch des internen IT-Leistungsprozesses wird diese Zahl noch steigen.

Um das ökonomische Potential, das in einer guten Vertragsgestaltung liegt, zu heben, und gleichzeitig die Vertragsrisiken zu minimieren, bedarf es einer grundlegenden Standardisierung im Vertragswesen.

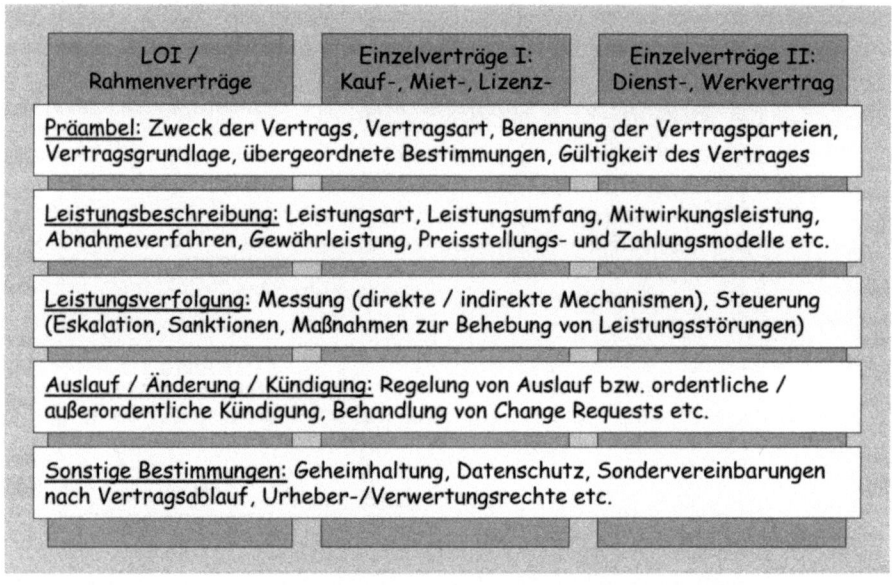

Abb. 6-17 Standardelemente in Verträgen

6.4 Vertrags-/SLA-Managment

Dabei sind – in Abhängigkeit der hier vertikal dargestellten Vertragsarten – unterschiedliche Schwerpunkte und Detaillierungsstufen in den einzelnen Abschnitten zu wählen.

Der Punkt Leistungsverfolgung soll näher erläutert werden. Grundlage für die Leistungsverfolgung ist eine wasserdichte Leistungsbeschreibung. Allerdings gilt es, explizit im Vertrag Steuerungselemente zu definieren, auf Basis deren eine Leistungsverfolgung als begleitender Prozess etabliert wird:

Ziel	Vertragselement	Auswirkung
Vermeiden statt beseitigen	Explizite Vereinbarung von internen/externen Qualitätssicherungsmaßnahmen (z.B. Audits) Erstellung expliziter Fehler-Risiko-Szenarien mit Definition prüfbarer Maßnahmen zur Vermeidung Vereinbarung von Preisnachlässen, Entschädigungen, Sanktionen für mögliche Probleme	Mögliche Sanktionen disziplinieren zur Problemvermeidung Die Beschäftigung mit potentiellen Problemen verhindert faktische Probleme
Beseitigen statt eskalieren	Definition von Problemen bzw. Problemklassen (z.B. Kommunikations-, technische Fehler) Definition von Verfahren zur Problemverfolgung und Fehlerbeseitigung Nachweis seitens des Service-Gebers von Problemerfahrenheit	Probleme werden frühzeitig erkannt und mit überschaubarem Aufwand bereinigt Probleme entfalten keinen Dominoeffekt
Eskalieren statt protokollieren	Definition von Eskalationswegen und -verfahren Explizite Verpflichtung zur Nutzung der Eskalationsverfahren und -zeiten Explizite Verpflichtung zur Vollständigkeit der Problembeschreibung (Leistungsnehmer) und der Problembehebung (Dienstleister)	Intensiver statt extensiver Gebrauch der Eskalationswege Schwerwiegende Leistungsstörungen werden gezielt bearbeitet und behoben

Abschließend zum Themenblock Vertragsgestaltung sollen einige Praxis-Tipps zur inhaltlichen Gestaltung von Verträgen stehen.

Vorsicht

Was Sie bei der Vertragsgestaltung beachten sollten

Nicht-Durchsetzbarkeit von Bestimmungen. *Fokus:* Dienstleistungsverträge in einem wettbewerblich reglementierten Umfeld; Verträge zwischen wirtschaftlich ungleichen Vertragsparteien. *Beispiel 1:* Ein Vertrag mit einem neuen IT-Dienstleister enthält eine Kündigungsklausel mit der Möglichkeit des Wechsels zu einem anderen IT-Dienstleister. *Beispiel 2:* Bei einem Vertrag mit einem großen Telekommunikationsunternehmen zur Bereitstellung eines TK-Breitbandnetzes werden hohe Konventionalstrafen bei Nichterfüllung vereinbart. *Zugrundeliegende Annahme:* Ein Ausreizen von Kündigungsmöglichkeiten bzw. Gewährleistungsansprüchen verspricht maximale Absicherung gegen Risiken. *Konsequenz:* Der Vertrag wiegt den Leistungsnehmer in einer Scheinsicherheit. Faktisch wird die entgegengesetzte Tendenz befördert: Im Falle von Leistungsstörungen sind überzogene Gewährleistungsansprüche nicht durchsetzbar. Neben dem finanziellen Schaden besteht das Risiko, dass das Projekt scheitert (Beispiel 2). Oder der Vertrag enthält juristisch unwirksame Bestimmungen aufgrund von übergeordneten Regelungen, wie etwa Gesellschafterstatuten (Beispiel 1). *Empfehlung:* Abschluss von Verträgen, die sich an der Leistungsstärke und der juristisch möglichen Durchsetzbarkeit orientieren.

Unklare Verantwortlichkeiten. *Fokus:* Dienstverträge, SLAs. *Annahme:* a.) Es reicht eine Benennung der Vertragsparteien an zentraler Stelle und an anderer Stelle eine vollständige Leistungsbeschreibung. b.) Es reicht eine pauschale Definition von Maßnahmen bei Nichterfüllung der Leistungsvereinbarung. *Konsequenz:* (zu a.) Die spezifische Leistung kann – vor allem wenn sie auf Basis komplexer technischer Prozesse und Systeme erbracht wird – einzelnen Service-Gebern nicht zugeordnet werden. (zu b.) Der Service-Geber wird nicht zur Leistungserfüllung angehalten, da er keine spezifischen Sanktionen befürchten muss. *Empfehlung:* Durchgängige Kopplung von Leistungsbeschreibung mit verantwortlichen Personen bzw. Instanzen und Konsequenzen bei Nicht-Erfüllung.

Unvollständige Leistungsbeschreibung. *Fokus:* Werkverträge, SLAs. *Annahme:* Eine kurze und knappe Leistungsbe-

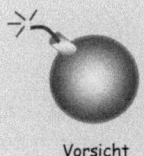
Vorsicht

schreibung ist verbindlicher und übersichtlicher als eine überladene, ohnehin „selbstverständliche" Leistungsbeschreibung. *Konsequenz:* Die erste Auslieferung, z.B. einer Software-Lösung, ist möglicherweise deutlich von den Anforderungen entfernt. Das Aufsetzen von Change Requests kommt zu spät. Das Projekt läuft aus Zeit und Budget. *Empfehlung:* Eine unvollständige Leistungsbeschreibung ist fast immer die Folge unterschiedlicher Erwartungshaltungen, insbesondere zwischen neuen Vertragsparteien. Deshalb gilt: Die Leistungsbeschreibung sollte so knapp wie *möglich*, aber so detailliert wie *nötig* erfolgen. Nicht zuletzt ist Leistungsbeschreibung eine Vertrauensfrage. Bei neuen Partnern muss dieses Vertrauen erst – über exakte Verträge – geschaffen werden.

Mangelnde Zurechenbarkeit von Preisen und Leistungen. *Fokus:* SLAs, Dienstverträge. *Annahme:* Eine separat zur Leistungsbeschreibung erfolgende „abstrakte" Angabe von Preisen bzw. Verrechnungssätzen ist ausreichend. *Beispiel 1:* Angabe von Einzelpreisen (Stückkosten) im User Help Desk ohne Aggregation. *Beispiel 2:* Pauschale Angabe – auf Basis von Mischkalkulationen - eines monatlichen Honorarvolumens bei Externenverträgen. *Konsequenz:* Keine Transparenz über die Gesamtkosten pro Periode (Beispiel 1). Keine Transparenz über die Kosten pro Leistungspaket oder Gewerk (Beispiel 2). *Empfehlung:* Verknüpfung von Stückkosten mit erwarteten Mengengerüsten und Aufstellung von Gesamtkosten-Szenarien im Vertrag (Beispiel 1). Detailliertere Aufwandsschätzungen pro Leistungspaket bzw. Gewerk und Zuordnung von differenzierten Tagessätzen (Beispiel 2).

Versteckte Minder- oder Mehrleistungen. *Fokus:* SLA, Wartungsverträge, Dienstverträge. *Beispiel 1:* Teure Premium-Wartungsverträge mit niedrigen Reaktionszeiten für nichtgeschäftskritische Systeme. *Beispiel 2:* Versteckte Aufwandsreduktion für ein extern beauftragtes Konzept von veranschlagten 40 auf 20 Beratertage, die in einem anderen Projekt desselben Beratungsunternehmens erbracht werden. *Konsequenz:* Mehrkosten für eine aus Sicht des Endkunden nicht erforderliche Mehrleistung (Beispiel 1). Qualitätsminderung eines Konzeptes bei unverändertem Gesamthonorar (Beispiel 2). *Empfehlung:* Nicht nur den Leistungsumfang selber, sondern immer auch Sinn und Zweck des Leistungsumfanges gegenüber dem Anbieter vertreten (Beispiel 1). Von Anfang an Transparenz über einzelne Leistungspakete und deren Umfang herbeiführen, um „Quersubventionen" zu vermeiden (Beispiel 2).

6.4.3 Vertragsprüfung

Inhaltlich hängen Vertragsprüfung und Vertragsgestaltung eng zusammen. Insofern gelten die vorangestellten Ausführungen für die Vertragsprüfung gleichermaßen. Formal und hinsichtlich der Verantwortlichkeiten sind die beiden Service-Bausteine voneinander zu trennen. Die Vertragsprüfung beschäftigt sich mit fertigen Vertragsvorlagen und unterzieht sie einer formal-juristischen, nicht primär einer inhaltlichen Prüfung.

Die Vertragsprüfung erstreckt sich in der Regel auf umfangreichere, individuelle Verträge. Oder Verträge, die ein bestimmtes Volumen überschreiten. Standardverträge sollten, wie der Name sagt, nicht geprüft werden müssen.

Ergebnis einer Vertragsprüfung ist ein Prüfbericht. Er enthält Aussagen zur Vereinbarkeit des Vertrages mit den Rahmenverträgen bzw. mit anderen gültigen Verträgen. Zum zweiten enthält er eine Stellungnahme zu den Aspekten Leistungsbeschreibung, Preise und Konditionen, Abbildung der Vertragsrisiken.

6.4.4 Vertragsverwaltung

Letzte Aufgabe des Vertrags-Managements ist die Verwaltung der Verträge. Diese Aufgabe gliedert sich in drei Bereiche:

- **Archivierung.** Verträge werden nach Vertragsart, nach Service-Kategorie und nach Dienstleister gesplittet geführt. Daraus lassen sich Portfolios vergleichbarer Dienstleistungen darstellen, aber auch das Gesamt-Engagement *eines* Dienstleisters.

- **Preis- und Konditionenmanagement.** (Standard-)-Konditionen, Preisstaffelungen, Rabatte etc. pro Vertrag und über alle Verträge aggregiert werden gesondert geführt.

- **Dokumentation Problemfälle.** Problematische Verträge sind in einer Historie unter Angabe von Anlass und Auswirkung auf das Unternehmen festzuhalten. Diese Sonder-Engagements können dann ggf. zum Ausschluss von Dienstleitern aus dem Lieferanten-Portfolio führen.

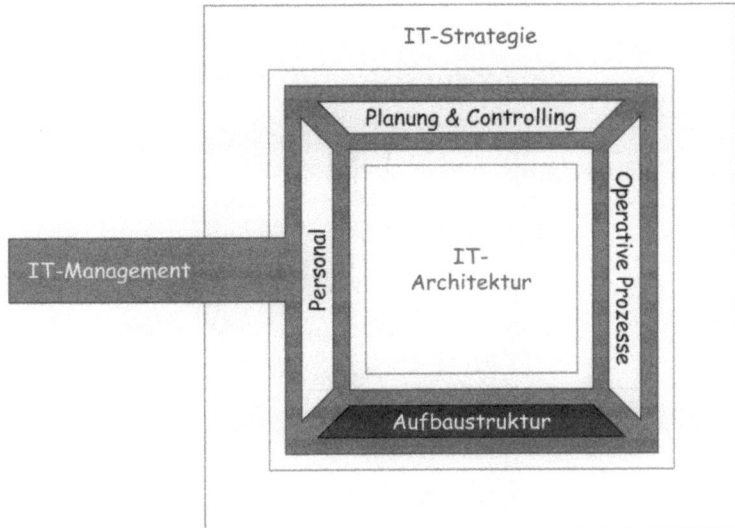

7

Aufbaustruktur: Backbone der IT-Leistung

Die Neuausrichtung der IT-Prozesse macht eine grundlegende Anpassung auch der Aufbaustruktur des IT-Bereichs erforderlich. Das Konzept besteht aus vier Teilen:

- **Anforderungen.** Für einen hohen Wirkungsgrad der Aufbaustruktur ist das Ziel eine Ausrichtung am IT-Prozesshaus und die organisatorische Bündelung der Kernkompetenzen.
- **Aufbaustruktur.** Vor dem Hintergrund der speziellen Anforderungen wird ein Vier-Säulenmodell für den IT-Bereich vorgestellt mit einer vollständigen Beschreibung aller Organisationseinheiten.
- **Varianten.** Auf Basis der vorgestellten Grundstruktur werden die wichtigsten Gestaltungsvarianten, insbesondere das Drei-Säulenmodell als strategisches Ziel des IT-Bereichs, vorgestellt und bewertet.
- **Implementierung.** Für einen gleichermaßen stringenten wie stabilen Umbau des IT-Bereichs wird ein Zweistufen-Vorgehen empfohlen.

7.1 Anforderungen an die Aufbaustruktur

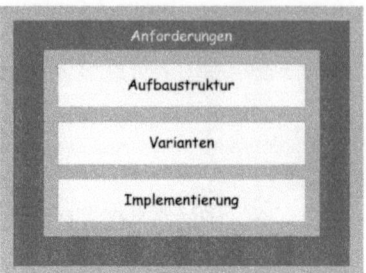

Die Aufbaustruktur hat zwei wesentliche Vorgaben zu berücksichtigen.

Zum einen eine Orientierung an den Vorgaben zu Leistungsangebot und Kernkompetenzen.

Zum zweiten eine Ausrichtung an der funktionalen Struktur des IT-Bereichs und der daraus resultierenden Anforderungen.

7.1.1 Funktionale Struktur

Die funktionale Struktur stellt den IT-Bereich mit seinen Hauptfunktionen im Kontext der internen und externen Leistungsbeziehungen dar:

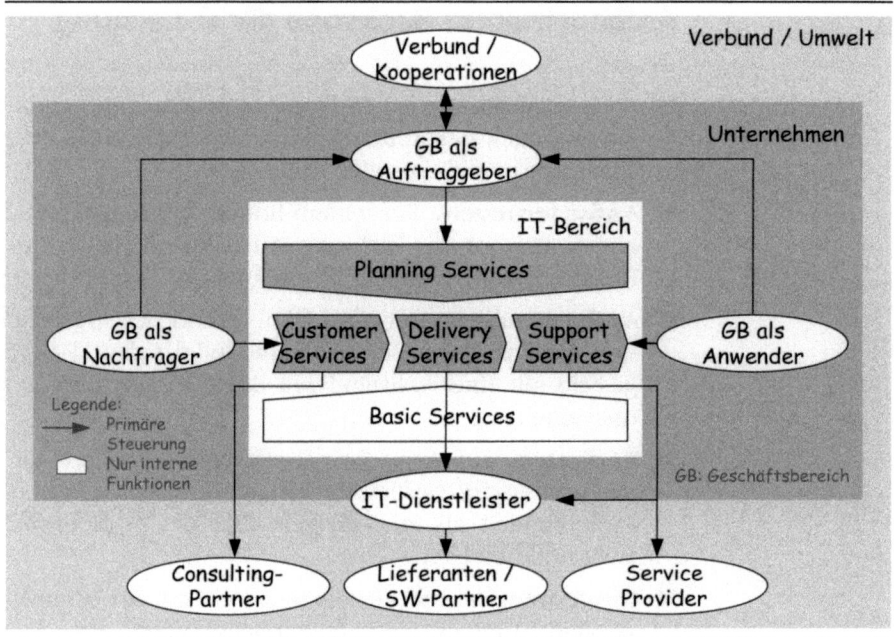

Abb. 7-1 Leistungsbeziehungen des IT-Bereich

Die funktionale Struktur ist identisch mit der Prozessstruktur. Die fünf Prozesskategorien des IT-Prozesshauses entsprechen den fünf Hauptfunktionen eines IT-Bereichs. Daraus leiten sich folgende Anforderungen für die Aufbaustruktur ab:

- **Fusion von Organisations- und IT-Bereich.** In vielen Häusern ist es bis heute Praxis, Prozess- und Organisationsberatung (in einem Organisationsbereich) von IT-Bereitstellung und -Support (in einem IT-Bereich) organisatorisch zu trennen. Die IT-Strategie in Teil 1 zeigt, dass dies den Anforderungen im Banken-IT-Umfeld nicht gerecht wird. Folgerichtig muss auch der Schulterschluss auf der aufbauorganisatorischen Ebene erfolgen.

- **Ausrichtung auf die Geschäftsbereiche.** Die Betreuung der Geschäftsbereiche wird künftig aufbauorganisatorisch fixiert. Leitbild ist die Bündelung aller erforderlichen Funktionen in Richtung Kunde („One face to the customer"). Dabei erfolgt die Bündelung *pro* Geschäftsbereich. Mithilfe dieses zugleich generalisierten und differenzierten Ansatzes werden die Geschäftsbereiche in allen drei Rollen – Nachfrager, Auftraggeber und Anwender – unterstützt.

- **Steuerung der Leistungspartner.** Im arbeitsteiligen IT-Leistungsprozess muss der IT-Bereich – über die Prozess-Verantwortlichkeiten hinaus – klare aufbauorganisatorische Verantwortlichkeiten definieren, damit die Leistungspartner mit der notwendigen Durchschlagskraft gesteuert werden können.

- **Institutionalisierung von Stabsfunktionen.** Wichtige Querschnittsprozesse, wie Architektur-Management, Vertrags-Management, Projekt-Management (siehe auch Kapitel 6), sind auch organisatorisch herauszulösen und in einer Stabsfunktion zu bündeln.

- **Integrierte Projektorganisation.** Durch die gleichmäßige Verteilung von Aktivitäten auf Linien- und Projektaufgaben ist eine dauerhaft verankerte Projektorganisation im IT-Bereich erforderlich.

7.1.2 Bündelung von Aufgaben und Kompetenzen

Prozessoptimierung allein schafft noch keine Bündelung von Aufgaben und Kompetenzen auf Organisatorische Einheiten.

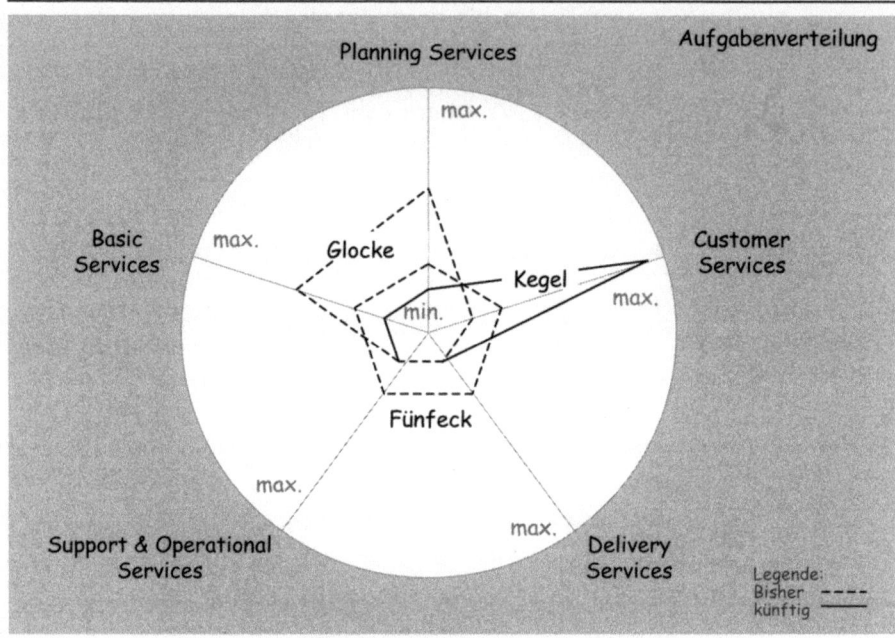

Abb. 7-2 Bisherige und künftige Aufgabenverteilung

Bei der Analyse von IT-Bereichen ergeben sich nicht selten zwei typische Verteilungen:

- **Fünfeck.** Das Fünfeck steht für eine breite, aber undifferenzierte Aufgabenverteilung ohne hinreichende Spezialisierung.
- **Glocke.** Die Glocke zeigt eine Konzentration, allerdings auf zwei, im Leistungsprozess zumeist benachbarte Funktionen.

Beide dargestellten Profile kann sich der IT-Bereich nicht mehr leisten. Es gilt eine Bündelung in einem neuen Profil herbeizuführen.

- **Kegel.** Das Kegelprofil steht für die Konzentration auf einen Funktionsschwerpunkt pro Abteilung oder pro Team im IT-Bereich. Damit schlägt das Kernkompetenzmodell vom Leistungsangebot über die Prozesse bis auf die Aufbauorganisation durch.

7.2 Das Vier-Säulen-Modell

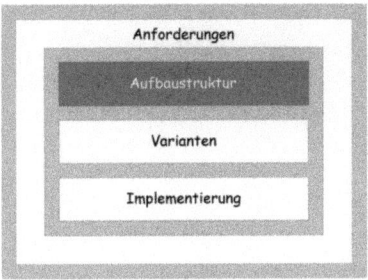

Im folgenden wird eine generische Aufbauorganisation für den IT-Bereich entwickelt.

Generisch bedeutet eine Konzentration auf den gemeinsamen Nenner von Aufbaustrukturen von IT-Bereichen - unabhängig von Instituts*typ* oder Institut.

Folgendes Organigramm zeigt die Hauptebenen der Aufbaustruktur.

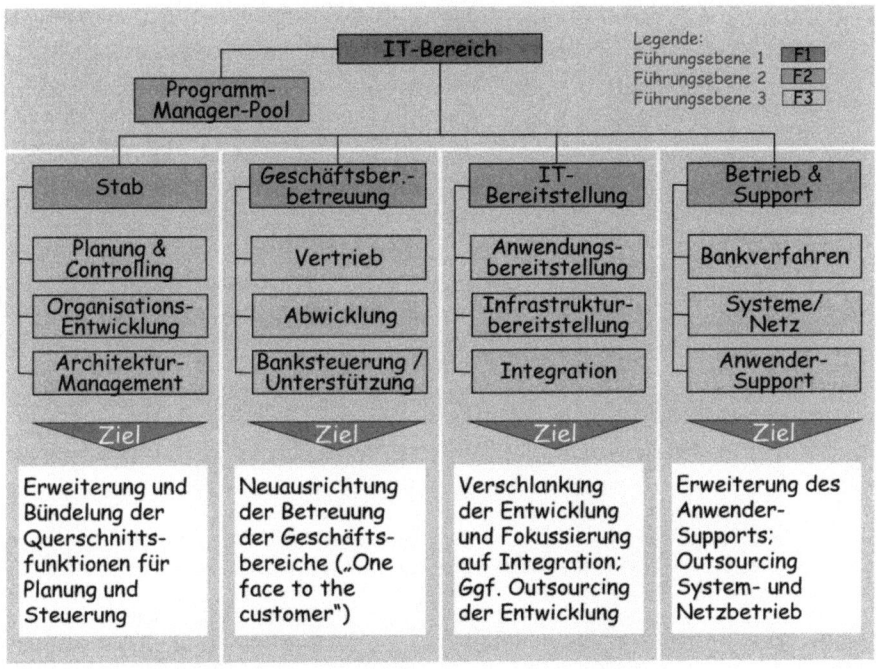

Abb. 7-3 Aufbaustruktur IT-Bereich: Überblick

Die vertikale Struktur zeigt eine dreistufige Führungshierarchie. Durch den Projekt-Manager-Pool als virtuelle F2-Einheit ist eine dauerhafte Projektrepräsentanz gewährleistet.

Die dargestellte Führungstiefe 3 findet sich in IT-Bereichen mit einer Personalstärke von 50 bis 150 Mitarbeitern. In kleineren

7 Aufbaustruktur: Backbone der IT-Leistung

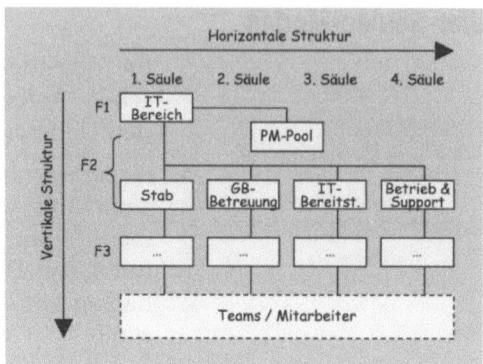

Bereichen ist die F3-Ebene als Teamleitung ohne personale Verantwortung implementiert. In wesentlich größeren IT-Bereichen ist eine vierte Führungsebene eingezogen.

Die horizontale Struktur zeigt eine Abbildung der fünf Prozesskategorien des IT-Prozesshauses auf vier Säulen. Dabei handelt es sich um eine 1:1-Abbildung. Lediglich Planungs- und Basisfunktionen werden in einem Stabsbereich zusammengefasst.

Durch ihre Ausrichtung am IT-Prozesshaus stellt die IT-Aufbaustruktur eine Kongruenz zwischen Prozessverantwortung und Linienverantwortung her.

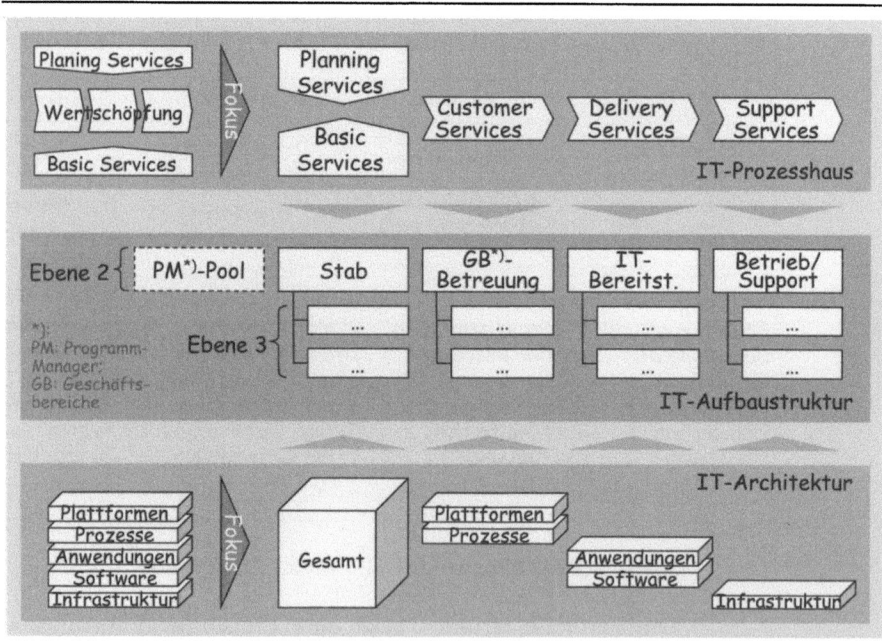

Abb. 7-4 Aufbaustruktur: Orientierung am IT-Prozesshaus

7.2.1 Geschäftsbereichsbetreuung

Die Einrichtung einer Geschäftsbereichsbetreuung (abgekürzt GB-Betreuung) ist eine der grundsätzlichen Veränderungen an der Aufbaustruktur im Vergleich zu herkömmlichen Organisationsansätzen.

Die Bereitstellung von IT-Lösungen wird explizit von der Planung, Konzeption und Beauftragung getrennt. Damit einher geht der Wandel von einer reinen Anwendungs- zu einer Prozess- *und* Anwendungsberatung. Und damit von einer IT-lastigen zu einer bankfachlich orientierten Beratung.

Die Einteilung in F3- bzw. Teambereiche erfolgt entlang des Geschäftsplattformenmodells (siehe auch Abb. 9-2, Seite 194):

- **Betreuung Vertrieb.** Die Binnenstruktur dieser OE orientiert sich an der Marktausrichtung des Instituts. Jedes Betreuungsteam ist dabei für das jeweilige Vertriebssegment vollumfänglich im Sinne des Prozesses GB-Betreuung zuständig.

- **Betreuung Abwicklung.** Diese OE unterstützt die Abwicklungsprozesse und –anwendungen entlang der Bereiche Kreditabwicklung, Kontoprodukte Zahlungsverkehr, Wertpapier und sonstige Produkte. Die im Vergleich zum Vertrieb anders gelagerte Ausrichtung der Abwicklungsbereiche verlangt eine hier dezidierte Betreuung durch den IT-Bereich.

- **Betreuung Banksteuerung und Unterstützung.** Dieser Bereich verzeichnet – gemessen an der Anwendungsbreite – eine hohe bankfachliche Komplexität und Innovation verbunden mit hohen Investitionsbudgets. Dies macht eine gezielte Betreuung durch die IT erforderlich.

Oftmals in einer Hand mit der Betreuung der Banksteuerung liegt die Betreuung der Unterstützungsplattform. Diese beherbergt alle nicht-bankfachlichen oder plattformübergreifenden Prozesse und Anwendungen im Institut, sowie die Betreuung der im IT-Bereich selber betriebenen Anwendungen, wie etwa das IT-Controlling oder das IT-Asset Management.

7.2.2 Stab

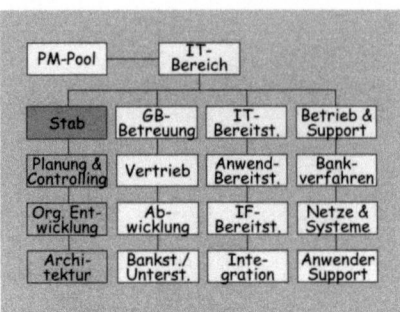

Zweite grundsätzliche Veränderung – neben der Geschäftsbereichsbetreuung – ist die explizite Bündelung aller Planungsfunktionen in einem Stabsbereich. Dies beinhaltet alle Planungsprozesse einschließlich IT-Controlling. Zusätzlich werden alle querschnittlichen internen Funktionen, d.h. Funktionen für andere OEen im IT-Bereich, zusammengeführt.

- **Planung & Controlling.** Diese OE ist zuständig für strategische Planung, Jahresplanung und IT-Controlling sowie für das Vertrags- und SLA-Management. Damit wird die immer wichtiger werdende Planungs- und Steuerungskompetenz des IT-Bereichs auch organisatorisch gebündelt.

- **Organisationsentwicklung.** Diese OE ist die ständige Instanz für alle Aufgaben, die den Mittel- bis Langfristrahmen der IT-Arbeit bestimmen und zum zweiten das Grundrüstzeug für die IT-Arbeit bieten. Also Strategie-Management, Personalentwicklung, Projekt-Management, Qualitätsmanagement, Organisationshandbuch und IT-interne Prozessgestaltung.

- **Architektur.** Diese OE regelt alle Themenstellungen hinsichtlich der IT-Architektur und deren Konzeption und Weiterentwicklung. Dazu zählt das Architektur-Management im engeren Sinne. Aber auch IT-Sicherheitsmanagement und Change-Management.

7.2.3 Betrieb und Support

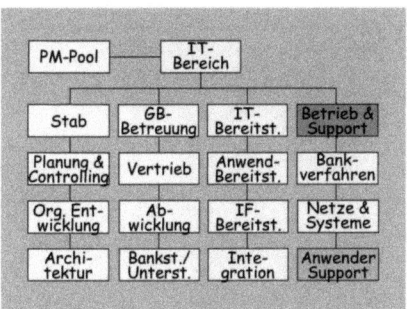

Unter Beibehaltung seiner betriebsnahen Aufgaben hat der Betrieb seine Services künftig stärker auf die Anwender ausrichten.

Dazu ist zusätzlich zum fachlichen Betrieb (Bankverfahren) und zum System- und Netzmanagement und -betrieb ein erweiterter Anwender-Support auch aufbauorganisatorisch zu verankern.

- **OE Anwender-Support.** Der Anwender-Support bündelt alle Services zum Endanwender. Dies sind User Help Desk (1st Level Support), Problem Management (2nd-Level-Support) und Anwender-Support (3rd-Level-Support). Der Anwender-Support bildet die Schnittstelle zu allen Anwendern von In-house-Systemen bzgl. aller Frage- und Problemstellungen während des gesamten Lebenszyklus. Von der Einführung über die tägliche Unterstützung bis zur Ausphasung und Migration auf die Nachfolgesysteme.

7.2.4 IT-Bereitstellung

Die IT-Bereitstellung ist bislang die Domäne des IT-Bereichs gewesen. Daran ändert sich auch in Zukunft nichts – wenn man auf das Resultat blickt. Entscheidend ist die künftige Wertschöpfungstiefe. Die Optionen reichen von der Eigenentwicklung bis zum vollständigen Entwicklungs-Outsourcing.

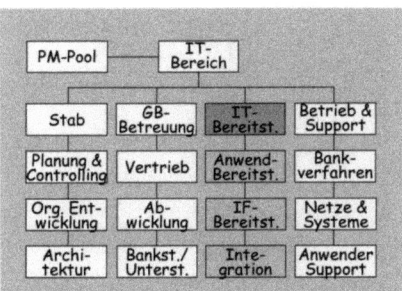

Infolgedessen kann es in diesem – ehemals mitarbeiterstärksten Bereich – zu einschneidenden organisatorischen Veränderungen kommen. Wobei auch bei Abgabe von Anwendungs- und Infrastrukturentwicklung die Integrationskompetenz im IT-Bereich gewahrt bleiben sollte.

7.2.5 Programm-Manager-Pool

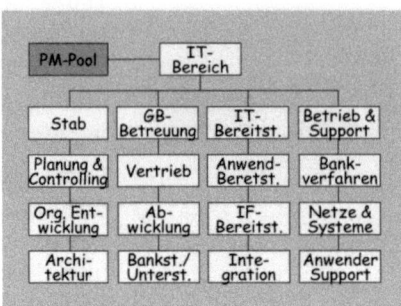

Der Programm-Manager-Pool ist die Antwort auf die erforderliche dauerhafte Verankerung der Projektorganisation in der IT-Aufbaustruktur.

Er garantiert für die wichtigsten, bereichsübergreifenden Projekte dauerhaft eine Besetzung durch erfahrene Inhouse-Projektleiter. Und gewährleistet durch seine Aufhängung direkt unterhalb der IT-Leitung kurze Berichtswege.

Daneben gibt es weitere Projekte, die bereichs- oder gruppenintern besetzt sind. Auch diese Projektstrukturen gilt es in die IT-Struktur zu integrieren.

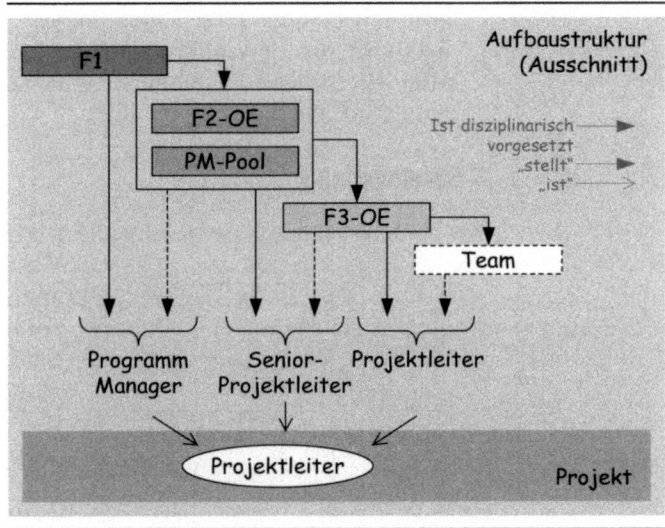

Abb. 7-5 Einbettung der Projektorganisation

Der Projektleiter ist das Bindeglied zwischen Projekt- und Linienorganisation. Der Projektleiter ist jeweils einer OE höher verantwortlich als er selber zugeordnet ist. Beispiel. Ein Senior-Projektleiter ist disziplinarisch seiner F2 zugeordnet.

7.2 Das Vier-Säulen-Modell

Abschließend die Aufbaustruktur nochmals im Überblick:

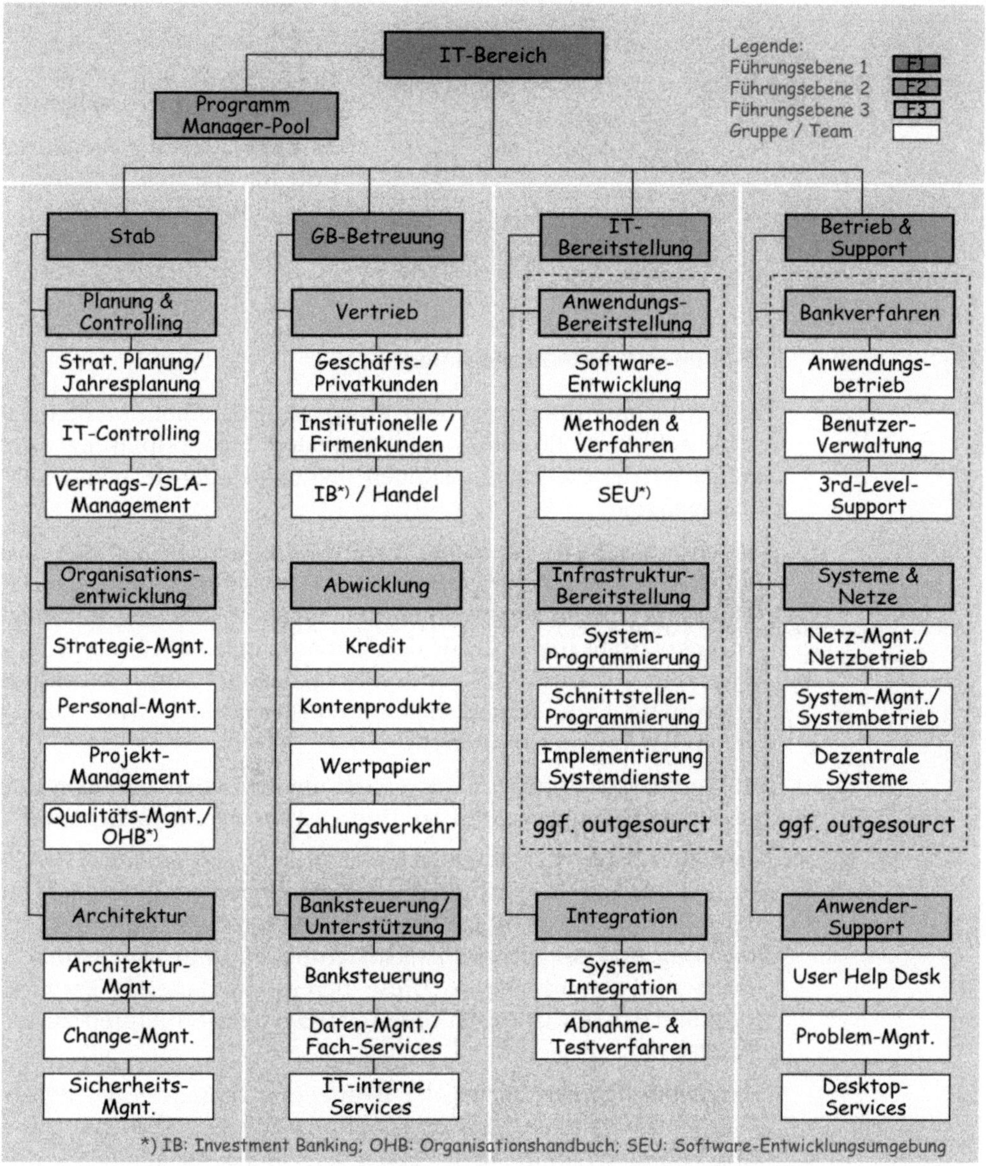

```
                                    IT-Bereich
                Programm                                Legende:
                Manager-Pool                            Führungsebene 1  [F1]
                                                        Führungsebene 2  [F2]
                                                        Führungsebene 3  [F3]
                                                        Gruppe / Team
```

Stab	GB-Betreuung	IT-Bereitstellung	Betrieb & Support
Planung & Controlling	**Vertrieb**	**Anwendungs-Bereitstellung**	**Bankverfahren**
Strat. Planung/ Jahresplanung	Geschäfts-/ Privatkunden	Software-Entwicklung	Anwendungsbetrieb
IT-Controlling	Institutionelle / Firmenkunden	Methoden & Verfahren	Benutzer-Verwaltung
Vertrags-/SLA-Management	IB*) / Handel	SEU*)	3rd-Level-Support
Organisations-entwicklung	**Abwicklung**	**Infrastruktur-Bereitstellung**	**Systeme & Netze**
Strategie-Mgnt.	Kredit	System-Programmierung	Netz-Mgnt./ Netzbetrieb
Personal-Mgnt.	Kontenprodukte	Schnittstellen-Programmierung	System-Mgnt./ Systembetrieb
Projekt-Management	Wertpapier	Implementierung Systemdienste	Dezentrale Systeme
Qualitäts-Mgnt./ OHB*)	Zahlungsverkehr	ggf. outgesourct	ggf. outgesourct
Architektur	**Banksteuerung/ Unterstützung**	**Integration**	**Anwender-Support**
Architektur-Mgnt.	Banksteuerung	System-Integration	User Help Desk
Change-Mgnt.	Daten-Mgnt./ Fach-Services	Abnahme- & Testverfahren	Problem-Mgnt.
Sicherheits-Mgnt.	IT-interne Services		Desktop-Services

*) IB: Investment Banking; OHB: Organisationshandbuch; SEU: Software-Entwicklungsumgebung

Abb. 7-6 Vollständige Aufbaustruktur eines IT-Bereichs

7.3 Varianten der Aufbaustruktur

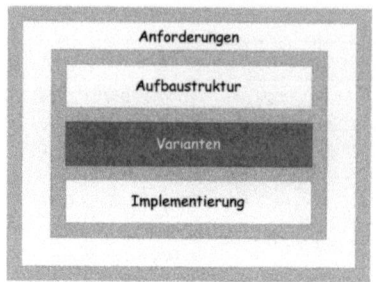

Auf Basis der vorgestellten Aufbaustruktur werden im folgenden ihre wichtigsten grundsätzlichen Varianten erarbeitet.

Auch diese Varianten gelten im Prinzip für alle hier besprochenen Institutstypen.

7.3.1 Zentraler vs. dezentraler Ansatz

Nicht nur in Großbanken oder Konzernen mit einem breiten Geschäftsfeld-Portfolio oder einer globalen Standortpräsenz wird immer wieder die Frage diskutiert: Zentrales oder dezentrales IT-Management?

Welches Kriterium ist dabei anzulegen? Grundsätzlich gilt, dass die IT-Management-Strukturen den IT-Strukturen, und die IT-Strukturen den Geschäftsstrukturen folgen sollten. Ein dezentraler Vertriebsansatz, etwa für das Osteuropageschäft, braucht eine dezentrale Vertriebs-IT und infolgedessen eine dezentrale Betreuung. Eine zentralisierte Kreditabwicklung wird analog sinnvollerweise zentral betreut.

Es kommt also auf die richtige Mischung zwischen zentralen und dezentralen Komponenten an. Und zwar in zwei Dimensionen.

Einmal entlang der Geschäftsfelder und Bankprodukte. Hier ist eine dezentrale Ausrichtung uneingeschränkt sinnvoll nur für den Vertrieb. Die übrigen Bereiche, wesentliche Teile der Abwicklung und die Gesamtbanksteuerung sind nur in einem zentralen Ansatz umzusetzen. Diese bereits stattfindende Entwicklung der Banken ist durch die IT-Management-Strukturen zu unterstützen.

Die zweite Dimension bei der Beurteilung zentraler oder dezentraler Ansatz ist die IT-Wertschöpfung. Welche Bereiche – entlang von Geschäftbereichsbetreuung, Planung, Beauftragung und Bereitstellung sowie Betrieb – gilt es zentral bzw. dezentral zubieten?

7.3 Varianten der Aufbaustruktur

Vor dem Hintergrund dieser beiden die grundsätzliche Aufbaustruktur bestimmenden Kriterien haben sich vier Varianten herausgeschält.

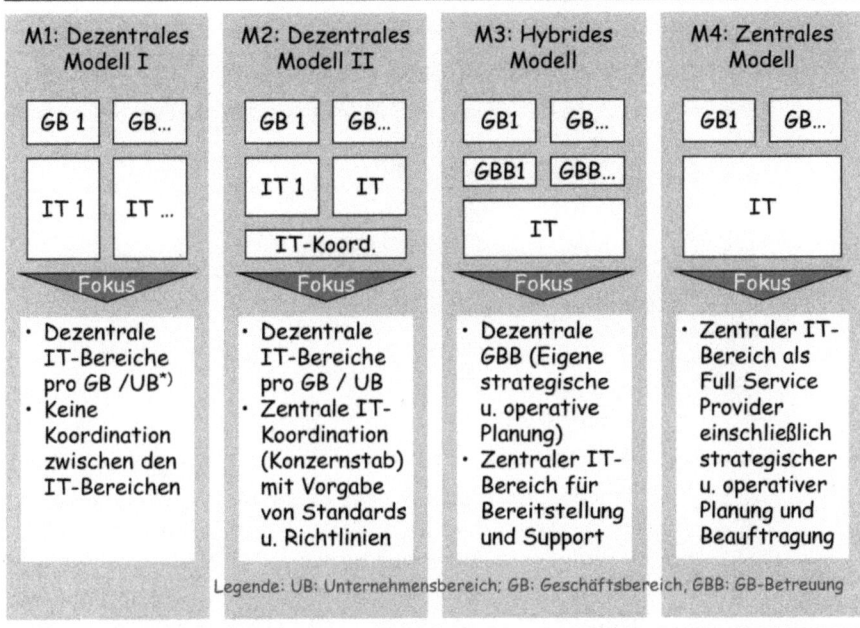

Abb. 7-7 Vier Varianten einer IT-Aufbaustruktur

Das Modell 4 ist das einzige, welches eine vollständige Kongruenz zum IT-Prozesshaus aufweist. Akzeptiert man die Prämissen für das IT-Prozesshaus – also insbesondere die Kernkompetenz des IT-Bereichs für die zentrale Planung, Steuerung und Beauftragung des bankweiten IT-Portfolios – dann führt auch kein Weg an Modell vier vorbei. Vieles spricht dafür, dass die anderen Modelle Durchgangsstationen auf dem Weg zu einem zentralen IT-Bereich sind.

Dabei ist nochmals herauszustreichen: Zentralisierung bezieht sich auf die hoheitliche Verantwortung, nicht primär auf die Durchführung. Zentralisierung sollte immer das Subsidiaritätsprinzip wahren. Aufgaben, die vorort besser erledigt werden können, wie z.B. die Bereitstellung von PCs, sind an Vorort-Provider zu delegieren. Aber unter dem Dach *eines* zentral steuernden IT-Bereichs.

Das Vier-Säulenmodells ist für alle vier Strukturmodelle geeignet. Das ist wichtig, weil damit eine Struktur eingezogen werden kann, die einen ggf. erst später erfolgenden Umbau vorbereitet und erleichtert.

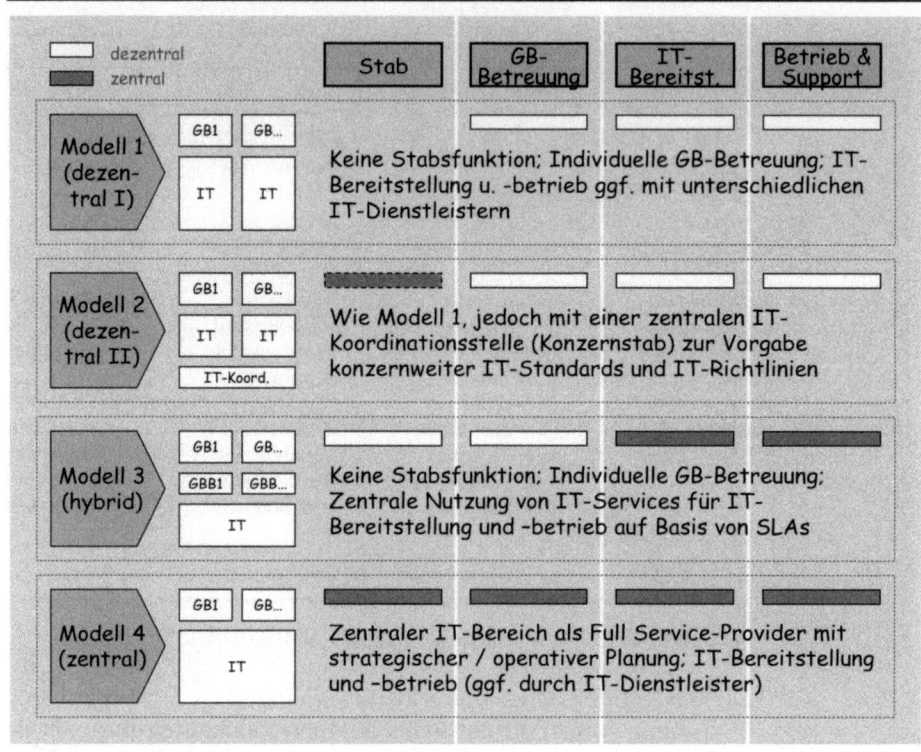

Abb. 7-8 Eignung des Vier-Säulenmodells für alle Varianten

7.3.2 Vier-Säulen- vs. Drei-Säulen-Modell

Die bislang vorgestellte IT-Struktur basiert auf vier Säulen. Die dritte Säule ist die Anwendungsbereitstellung. Sie fällt bei einem Entwicklungs-Outsourcing vollständig weg. Der IT-Dienstleister übernimmt die Anwendungsentwicklung. Im IT-Bereich verbleiben Steuerungs- und Auftraggeberfunktionen sowie Integrations- und Architekturaufgaben. Soweit die Theorie.

In der Praxis ist an den Übergang vom Vier- auf das Drei-Säulenmodell eine Reihe von Bedingungen geknüpft.

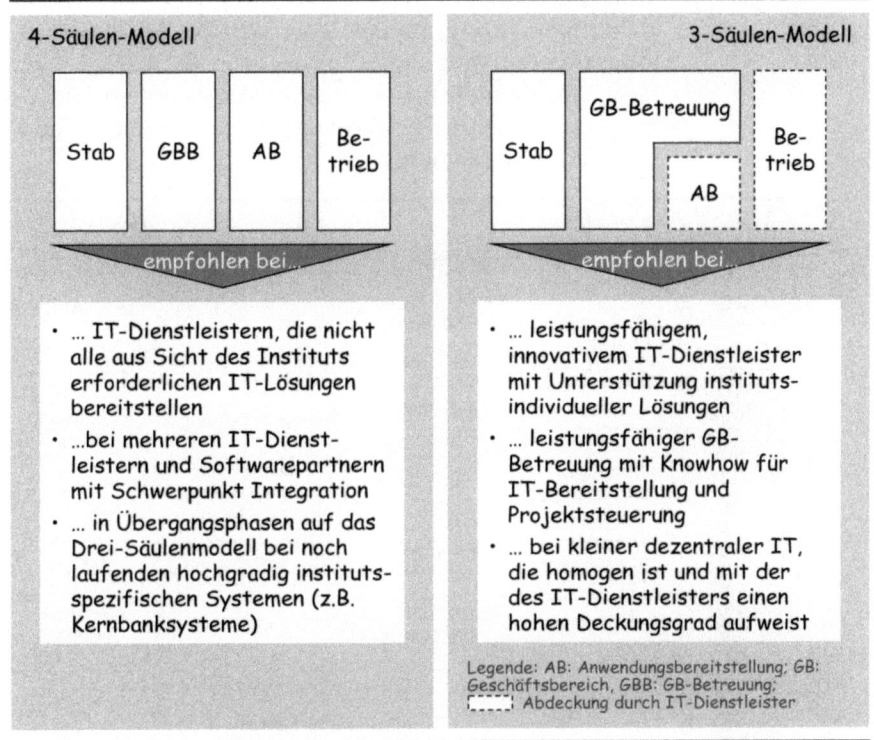

Abb. 7-9 Gegenüberstellung Vier- und Drei-Säulen-Modell

Dabei sind die Leistungsfähigkeit des strategischen IT-Dienstleisters, die Struktur der institutsspezifischen IT und die faktische Ausprägung der Kernkompetenzen die bestimmenden Kriterien.

7.4 Implementierung

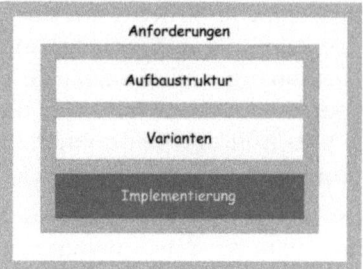

Anders als Prozessoptimierungen stellt die Reorganisation eines IT-Bereichs einen spürbaren Eingriff in den Unternehmensorganismus dar. Vor diesem Hintergrund ist ein gleichermaßen stringenter wie stabiler Umbau anzustreben.

Der Erfolgsfaktor ist dabei, konzeptionelle Erarbeitung und Umsetzung bewusst voneinander zu trennen. *Konzeptionell* leitet sich die Struktur aus dem Leistungsangebot und den IT-Prozessen ab. In der *Umsetzung* jedoch sind umgekehrt – um frühzeitig Stabilität und Orientierung zu geben – zuerst die Struktur, danach Prozesse und Leistungsangebot zu implementieren.

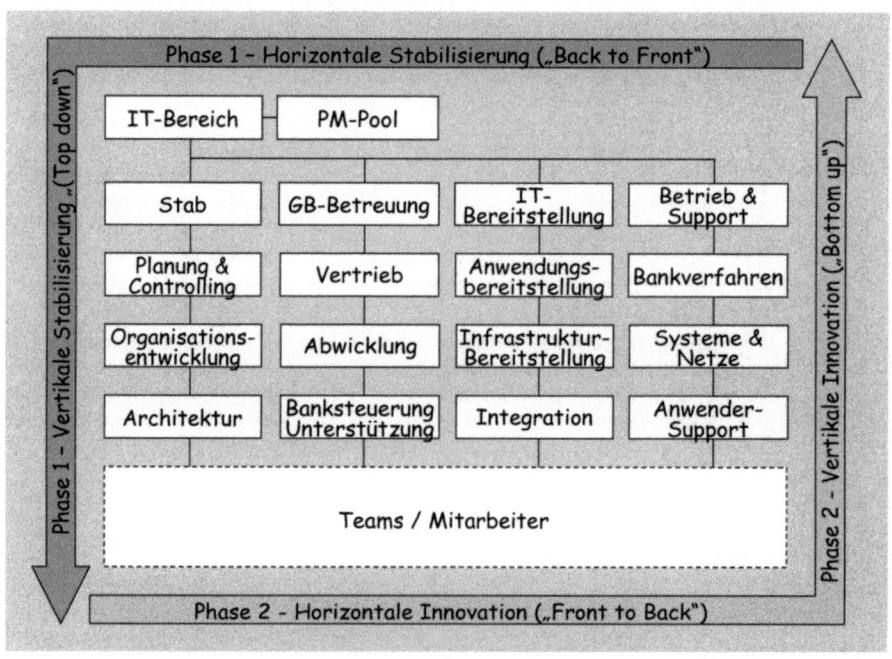

Abb. 7-10 Implementierung der Aufbaustruktur: Zwei Phasen

Der Umbau selber sollte in zwei Phasen stattfinden unter dem Motto „Stabilisierung vor Innovation". Beiden Phasen haben wiederum eine vertikale (funktionale) Dimension und eine horizontale (führungsbezogene) Dimension.

Die vertikale Stabilisierung erfolgt „Top down" mit Fokus auf eine frühzeitige Besetzung der Führungspositionen, insbesondere auf den Ebenen 1 und 2. Die horizontale Stabilisierung erfolgt „Back to Front" mit Fokus auf die klassischen IT-Einheiten Anwendungsbereitstellung sowie Betrieb und Anwender-Support.

In einer zweiten, verschränkten Phase erfolgt dann die volle Aktivierung der Geschäftsbereichsbetreuung und die Implementierung der Stabsbereiche mit den Schwerpunkten Strategische Planung und Architektur-Management („Front to Back"). Gleichzeitig erfolgt die Anpassung der Mitarbeiter- und Teamstrukturen im Rahmen der neu zugeschnittenen Führungspositionen und Verantwortlichkeitsbereiche („Bottom up").

8 Personal: Leistung freisetzen – Leistung steuern

Alle Elemente im IT-Management laufen im Bereich Personal zusammen. Leistungsangebot, Prozesse, Aufbaustruktur – sie bilden nur die Leitplanken der IT-Arbeit. Es ist das Personal, welches die Kraft auf die Strasse bringen muss. Dazu wird ein Personalkonzept speziell für IT-Bereiche in Banken vorgestellt. Das Personalkonzept besteht aus drei Teilen:

- **Rahmenvorgaben.** Für die Implementierung des Konzepts gilt es die wichtigsten, im vorliegenden Fall außerhalb des Unternehmens bzw. außerhalb des IT-Bereichs liegenden Vorgaben zu berücksichtigen.
- **Kernbestandteile.** Auf Basis eines IT-spezifischen Profil- und Laufbahnenmodells erfolgt eine Neuausrichtung des Stellenangebots im IT-Bereich.
- **Personal-Management.** Personal-Management unterstützt alle Phasen entlang des Beschäftigungszyklus. Schwerpunkte bilden hier Recruitment und Personalentwicklung.

8.1 Rahmenvorgaben

Vor dem Hintergrund eines Wandels nahezu aller Dimensionen im Bereich Personal werden die externen und internen Rahmenbedingungen für das IT-Personalkonzept aufgezeigt.

Dies sind zum einen die heutige Situation in der IT-Ausbildung und auf dem IT-Arbeitsmarkt. Zum zweiten der Wandel in der Unternehmens- und Führungskultur speziell in Banken. Und drittens eine Abgrenzung der Aufgaben und Kompetenzen zum zentralen Personal-Management.

8.1.1 Ausbildungs- und Arbeitsmarktsituation

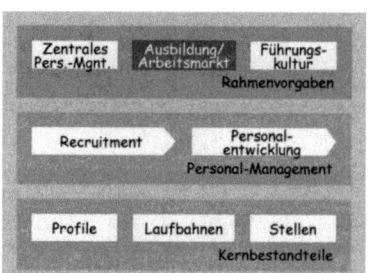

Die IT-Bereiche gehören zu den in der Vergangenheit am stärksten gewachsenen, damit inzwischen zu den größten und – in der Personalstruktur – heterogensten Organisationseinheiten. Gleichwohl sind die IT-Bereiche im Hinblick auf spezifische Personal-Management-Konzepte bislang zu wenig durchdrungen.

Bemerkenswerterweise stehen dieselben Häuser in traditionellen Geschäftsfeldern, wie im Kreditgeschäft oder im Controlling besser dar. Hier sind schon lange entsprechende Berufsbilder etabliert, die bankfachliche Ausbildung erfolgt – auch im akademischen Umfeld – nahe am Geschäft, und die berufliche Weiterbildung ist als Asset für das Unternehmen anerkannt und geregelt.

Dagegen weist der Beschäftigungszyklus im IT-Umfeld noch Defizite auf:

- **Nachfrageorientierter Arbeitsmarkt.** Für ein Jahrzehnt (1992 bis 2001) gab es – aufgrund der wachsenden IT-Durchdringung der Banken und einem kontinuierlichen Aufbau von Personal verbunden mit stagnierenden Ausbildungszahlen im IT-Sektor – einen Nachfrageüberhang nach IT-Profilen aus Sicht der Banken. Dies führte zwangsläufig zu teilweise inadäquaten Stellenbesetzungen.

- **Zunehmende Spezialisierung der Anforderungsprofile.** Durch die IT-Entwicklung der letzten zehn Jahre haben sich die Anforderungen der IT-Bereiche gewandelt. Tätigkeitsspektrum und -volumen werden durch die herkömmlichen Profile nicht mehr vollständig abgedeckt.

- **Schwachstelle Ausbildungsmarkt.** Für Teile des erforderlichen IT-Tätigkeitsspektrums, z.B. für IT-Architekten, IT-Controller, gibt es heute immer noch kein spezifisches Ausbildungs(zusatz)angebot. Oder es wird in den Schulungsprogrammen der Banken nicht angeboten.

Gerade weil die genannten Probleme extern verursacht sind, müssen die Banken Personalbereich umso mehr gegensteuern, um diese externen Effekte zu kompensieren.

8.1.2 Unternehmenskultur, Führungskultur

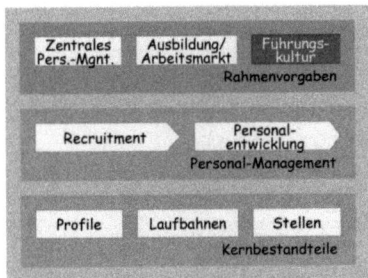

Im Zuge der Globalisierung der Finanzdienstleistungsmärkte prallen in der heimischen Bankenbranche immer häufiger wertkonservative Unternehmensphilosophien auf innovative Unternehmensmodelle.

Werten wie Seriosität, Konsens, Konformität stehen Risikobereitschaft, Veränderungswillen, Aufbruchstimmung gegenüber. Oftmals in ein und demselben Unternehmen oder Konzern. Das führt zu einer Wertemischung, in der jedes einzelne Institut seine Neuausrichtung und seine Zukunft teilweise noch sucht.

Nicht zuletzt in der Führungskultur zeichnet sich eine Öffnung zu neuen Formen ab. Ein zentralistischer, hierarchischer Führungsstil stößt an seine Grenzen, weil das Verantwortungsvolumen – rein technisch gesehen, was die Anzahl der Entscheidungen und die Entscheidungsgeschwindigkeit anlangt – drastisch zugenommen hat. Drastisch heißt: Es geht hier nicht um einige 10 oder 20%, sondern um Faktoren in der Größenordnung von 2 bis 3. Betrachtet man etwa einen Bereichsleiter eines mittelgroßen IT-Bereichs, so ist dessen Jahresbudget in den letzten 15 Jahren unter Umständen von 15 auf 40 Mio. Euro angestiegen.

Hier gilt es Verantwortung künftig zu verteilen, indem ein dezentrales Unternehmertum über allen Führungsebenen bis in die operative Ebene hinein gefördert wird. Das schlägt sich nieder in den Führungsstrukturen und Führungsspannen bis auf die Stellenbeschreibungen, sowie die Entlohnungs- und Beförderungsmodelle.

8.1.3 Zentrales Personal-Management: Abgrenzung

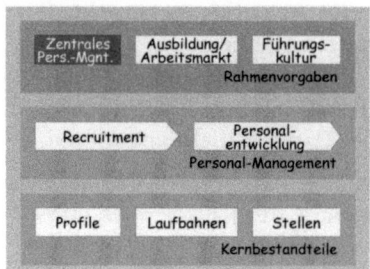

Das IT-Personalkonzept ersetzt kein zentrales Personalkonzept. Sondern es ist in das zentrale Konzept eingebettet.

Dabei gilt es eine sinnvolle Abgrenzung hinsichtlich der Aufgaben und Kompetenzen beider Bereiche herbeizuführen

Welche Leistungen werden zentral, welche in Arbeitsteilung und welche durch das IT-Personalkonzept abgedeckt?

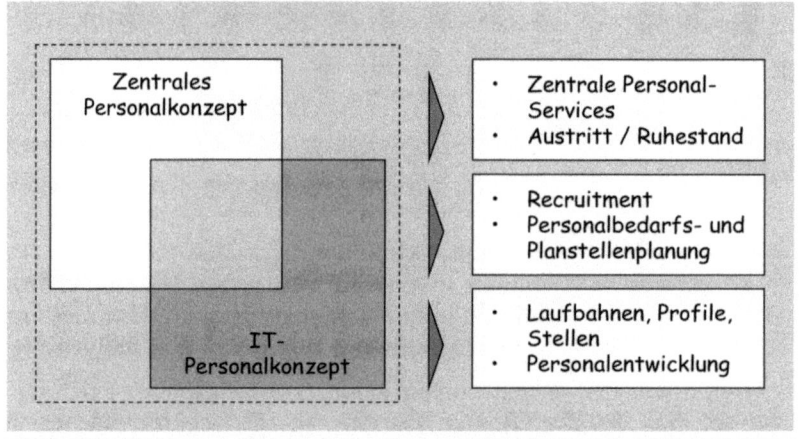

Abb. 8-1 IT-Personalkonzept vs. zentrales Personalkonzept

Alle unternehmensweiten Personal-Services sowie alle Regelungen in Zusammenhang mit Austritt, Ruhestand etc. werden vollständig zentral bereitgestellt.

Das Recruitment sowie die Personalbedarfs- und Planstellenplanung werden arbeitsteilig und in enger Abstimmung zwischen beiden Bereichen erbracht.

Damit verbleiben für den IT-Bereich zwei zentrale Aufgaben: Die Definition IT-spezifischer Profile, Laufbahnen und Stellen sowie eine IT-spezifische Personalentwicklung.

8.2 Kernbestandteile des IT-Personalkonzepts

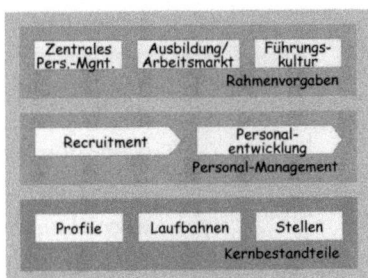

Die Kernbestandteile sind die strukturelle Grundlage für das Personalkonzept. In seinem Mittelpunkt steht die Neuausrichtung des kompletten Stellenangebots im IT-Bereich

Für die Leistung des IT-Bereichs kommt der Stelle eine hervorragende Bedeutung zu. Sie bietet das größte und greifbarste Identifikationspotenzial für den Mitarbeiter – noch vor der Aufbau- oder Prozessorganisation.

Gleichwohl gilt es die Stelle auf die Rollen und Verantwortlichkeiten – abgeleitet aus Kernkompetenzen, Prozess-, und Aufbauorganisation – auszurichten. Dies leistet der folgende dreistufige Ansatz:

- **Laufbahnen.** Laufbahnen schaffen eine *vertikale*, führungsmäßige Orientierung. Dabei wird differenziert zwischen der Fachlaufbahn, in der das Fachprofil dominiert. Und der Führungs-, Projektleiter- und Expertenlaufbahn, in denen ein Management-Profil dominiert.

- **Profile.** Profile schaffen eine *horizontale*, fachliche Orientierung durch eine Bündelung prozess- und kompetenzmäßig zusammengehöriger Aufgaben. Das Profil gestaltet ausschließlich die Fachlaufbahn aus.

- **Stellen.** Stellen ergeben sich aus der Kombination einer Laufbahn mit einem Profil und zusätzlich einem Berufsbild, das die ausbildungsmäßigen und beruflichen Anforderungen an eine Stelle berücksichtigt.

8.2.1 Profile

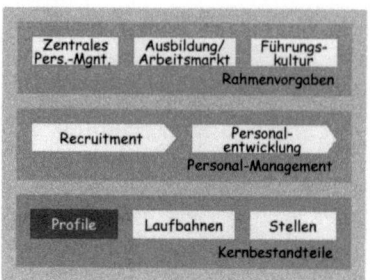

Angesichts eines breiter werdenden IT-Aufgabenspektrums gibt es einen Zielkonflikt zwischen Spezialisierung und Generalisierung.

Einerseits ist mit dem IT-Kernkompetenzmodell der Weg zur Spezialisierung der Mitarbeiter vorgezeichnet. Andererseits muss ein gemeinsames Grundverständnis für Ausrichtung und Aufgaben im IT-Bereich von allen Mitarbeitern gelebt werden.

Antwort auf diese Prämissen ist der Ansatz der Profile. Ein Profil ist die spezifische Bündelung und Ausprägung von Aufgaben und Kompetenzen. Ein Mitarbeiter nimmt - innerhalb der Fachlaufbahn - genau ein Profil wahr. Soweit die Spezialisierung.

Hinsichtlich der Generalisierung basieren *alle* Profile auf identischen Grundfähigkeiten und Kenntnissen im IT-Bereich. Dieser gemeinsame Nenner sollte so klein wie möglich und so groß wie nötig sein, um eine wirkungsvolle Arbeit zwischen gemischten und interdisziplinären Teams zu ermöglichen.

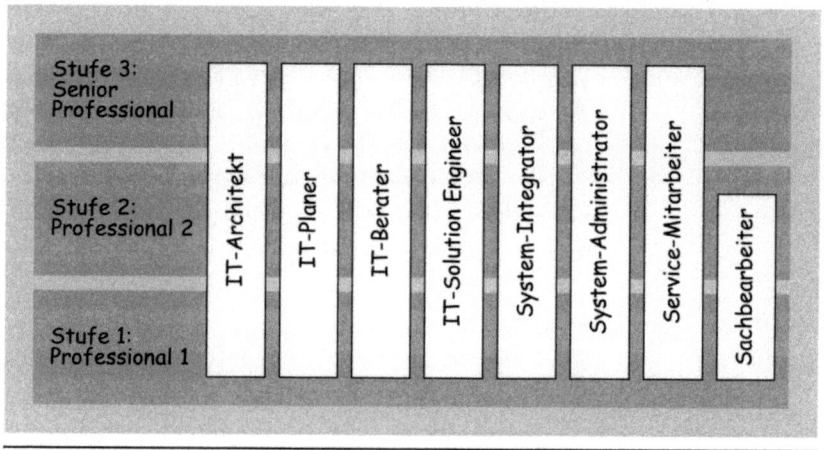

Abb. 8-2 Profile und Stufen

8.2 Kernbestandteile des IT-Personalkonzepts

Das Modell gliedert sich in acht Profile, für die jeweils drei Laufbahnstufen (innerhalb der Fachlaufbahn) erreicht werden können. Lediglich der Sachbarbeiter erreicht maximal Stufe 2 – Professional 2.

Um die Ausprägung der Profile vorzustellen, wird ein Exzellenzprofil zugrundegelegt.

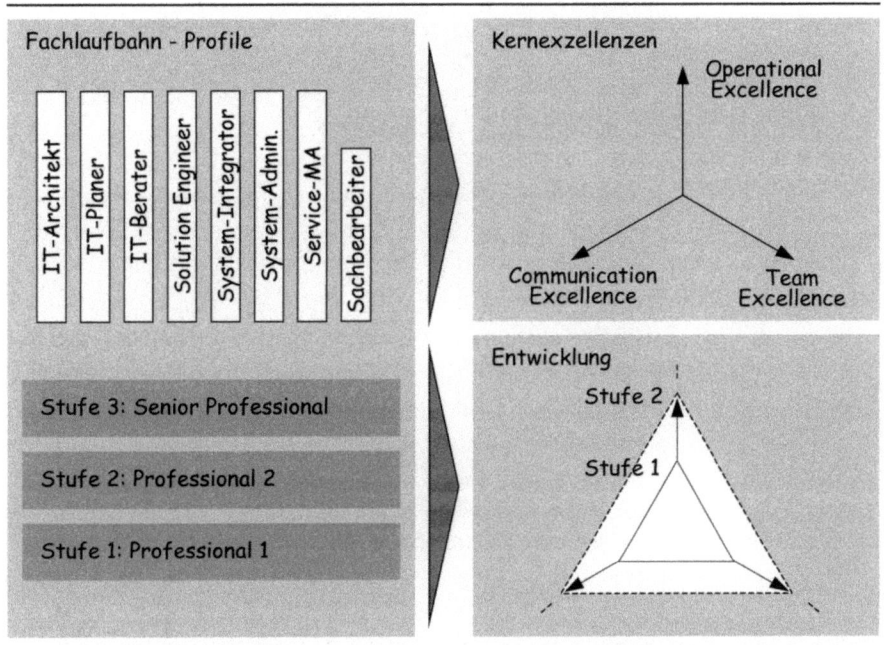

Abb. 8-3 Profile und Kernexzellenzen

Das Exzellenzmodell definiert profil*übergreifend* drei Kernexzellenzen, die jedoch profil*individuell* gewichtet und ausgeprägt sind:

- **Operational Excellence.** Knowledge und Knowhow in bezug auf die operativen Aufgabenstellungen.
- **Team Excellence.** Führbarkeit, Selbständigkeit, Kooperationsfähigkeit im Team.
- **Communcation Excellence.** Offenheit, Dialogfähigkeit, Team-Kommunikation.

8 Personal: Leistung freisetzen – Leistung steuern

8.2.1.1 Profile: Horizontale Struktur

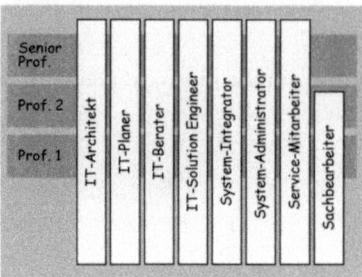

Im folgenden erfolgt die detaillierte Beschreibung der acht Profile hinsichtlich Aufgaben und Tätigkeiten sowie den spezifischen Fähigkeiten.

Die Fähigkeiten werden auf Basis des eingeführten Exzellenzmodells beschrieben.

IT-Architekt. *Aufgaben bzw. Tätigkeiten:* Bereitstellung Architekturregelwerk; Erarbeitung Zielarchitekturen; Durchführung Architektur-Prüfungen; Kommunikation		
Operational	Team	Communication
Knowledge: Kennt IT-Architekturen, ihre Abhängigkeiten und Anforderungen *Knowhow:* Kennt Modelle und Methoden zur Strukturierung und Beurteilung von IT-Architekturen	Findet sich rasch in wechselnde Teams (Projekte, externe Gremien) Nimmt in Teams seine querschnittliche Rolle wahr	Ist im Unternehmensdialog sichtbar und präsent Sieht im Unternehmensdialog eine Chance zur Verständigung und zum Interessensausgleich
IT-Planer. *Aufgaben bzw. Tätigkeiten:* Strategische Planung, Jahresplanung, IT-Controlling, Vertrags-/ SLA-Management		
Operational	Team	Communication
Knowledge: Kennt Ansätze, Verfahren und Prozesse zu IT-Planung und IT-Controlling *Knowhow:* Wendet Methoden und Tools zu IT-Planung und IT-Controlling an	Besitzt normal ausgeprägte Teamfähigkeiten	Hat einen guten Kontakt zu Führungskräften und Projektleitern im IT-Bereich Kann zentrale Planungs- und Entwicklungsziele argumentativ vermitteln

8.2 Kernbestandteile des IT-Personalkonzepts

IT-Berater. *Aufgaben bzw. Tätigkeiten:* Analyse und Beratung, Detailplanung und Bankfachliche Konzeption, Umsetzungsberatung, Anwendungsbetreuung

Operational	Team	Communication
Knowledge: Kennt Ausrichtung, Ziele u. Anforderungen der GB in seinem Verantwortungsbereich Kennt Bankprozesse und -produkte sowie korrespondierende IT-Anwendungen *Knowhow:* Wendet Techniken zur GPO-/IT-Analyse sicher an	steuert und führt interdisziplinäre Teams arbeitet in und moderiert interdisziplinäre Teams	Geht auf seine Kunden proaktiv zu Versteht sich als Key Account-Manager des IT-Bereichs Ist für fachliche Probleme und Initiativen im Geschäftsbereich immer ansprechbar

Solution Engineer. *Aufgaben bzw. Tätigkeiten:* Je nach Status des IT-Bereichs (Inhouse-Bereitstellung oder durch IT-Dienstleister) reicht die Bandbreite von einem Software-Ingenieur (ggf. gesplittet auf Anwendungs- und Systemprogrammierung) bis zum Auftraggeber in einer planerisch-steuernden Funktion.

Keine Detaillierung – ggf. outgesourct

System-Integrator. *Aufgaben bzw. Tätigkeiten:* Planung und Konzeption der IT-Infrastruktur sowie Integration von Anwendungen in die Anwendungslandschaft bzw. IT-Infrastruktur.

Operational	Team	Communication
Knowledge: Kennt die Systemseite der Anwendungslandschaft und IT-Infrastruktur und deren gegenseitige Abhängigkeiten *Knowhow:* Besitzt konzeptionelle Fähigkeiten zur Darstellung globaler systemtechnischer Sachverhalte	Besitzt normal ausgeprägte Teamfähigkeiten	Kann komplexe technische Sachverhalte auch Nicht-Technikern erklären

8 Personal: Leistung freisetzen – Leistung steuern

System-Administrator. *Aufgaben bzw. Tätigkeiten:* Technische und systemnahe Betreuung von Systemen und Systemplattformen		
Operational	Team	Communication
Knowledge: Kennt detailliert Systeme bzw. System-Plattformen in seinem Verantwortungsbereich *Knowhow:* Beherrscht Systeme in seinem Verantwortungsbereich im Regelbetrieb und bei Problemen	Fügt sich sehr gut in ein homogenes Administratoren-Team ein	Besitzt normal ausgeprägte Kommunikationsfähigkeiten
Service-Mitarbeiter. *Aufgaben bzw. Tätigkeiten:* Zentral wahrgenommenen Service-Funktionen, insbesondere User Help Desk und Problem Management		
Operational	Team	Communication
Knowledge: Kennt Rollen und Verantwortlichkeiten in seinem Service-Prozess *Knowhow:* Hat Erfahrung im Umgang mit typischen Anfragen/ Problemen in seinem Bereich und hat diese bereits erfolgreich bearbeitet bzw. gelöst	Fügt sich sehr gut in ein homogenes Service-Team ein	Arbeitet stets anwender- bzw. problemorientiert Ist stressresistent auch im Umgang mit schwierigen Situationen bzw. Kunden
Sachbearbeiter. *Aufgaben bzw. Tätigkeiten:* Bündelung von im IT-Bereich verstreuter verwaltungstechnischer und administrativer Tätigkeiten. Dabei handelt es sich um ein „Metaprofil," das erst durch die konkrete Stellenbeschreibung seine Kontur gewinnt. Für dieses Profil gibt es nur zwei Entwicklungsstufen.		
Keine Detaillierung		

8.2.1.2 Profile: Vertikale Struktur

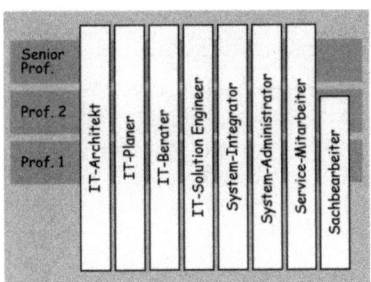

Innerhalb jedes Profils (mit Ausnahme des Sachbearbeiters) sind drei Entwicklungsstufen erreichbar.

Damit sind bereits innerhalb der Fachlaufbahn, die für den Großteil der Mitarbeiter den Einstieg in die berufliche Laufbahn darstellt, klare Entwicklungsmöglichkeiten vorgegeben. Die Stufen korrespondieren mit einem qualitativ und quantitativ wachsenden Aufgabenspektrum und einer entsprechend differenzierten Entlohnung:

- **Stufe 1: Professional 1.** Bereits der Einstieg in die IT-Arbeit soll durch Herausforderung und Verantwortung eine Signalwirkung auf die künftige Leistungsorientierung haben – dies soll der Titel Professional unterstreichen. Dabei gilt es bereits auf dieser Stufe Aufgabenstellungen (in einem Team) eigenständig zu erarbeiten und zu lösen.

- **Stufe 2: Professional 2.** Diese Stufe sollte nach etwa 1 bis 2 Jahren erreicht sein. Der „Professional 2" erfüllt in vollem Umfang seine Tätigkeits- und Aufgabenbeschreibung und leitet darüber hinaus Mitarbeiter der Stufe Professional 1 bei Bedarf an. Die Stufe Professional 2 – und das sollten ca. 60% der Mitarbeiter in der Fachlaufbahn sein - ist das Rückgrat eines leistungs- und serviceorientierten IT-Bereichs.

- **Stufe 3: Senior Professional.** Auf dieser Stufe bewegen sich Mitarbeiter mit einer Berufserfahrung in ihrem gegenwärtigen Betätigungsfeld von mehr als 3 - 5 Jahren. Zugleich genießen sie über ihren Tätigkeitsbereich hinaus eine Präsenz und Akzeptanz im IT-Bereich wegen ihrer überdurchschnittlichen Fach- oder Methodenkenntnisse bzw. sonstiger Alleinstellungsmerkmale.

8 Personal: Leistung freisetzen – Leistung steuern

Wichtig ist eine gesunde Verteilung der Mitarbeiter auf die drei Stufen. Ziel sollte ein schnelles Erreichen von Stufe 2 und klare und harte Kriterien für Stufe 3 sein, um hier gezielt Leistungsträger zu honorieren und zu binden.

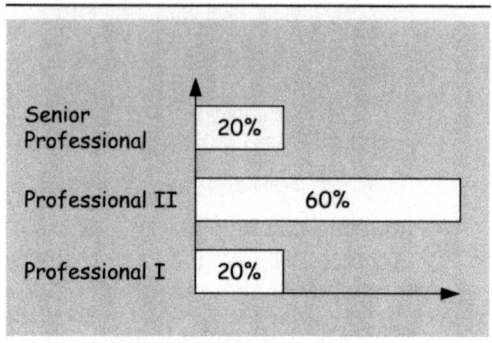

Abb. 8-4 Mitarbeiterverteilung in den Fachlaufbahnstufen

Zusammenfassend bieten Profile den Vorteil, das heutige IT-Spektrum optimal zu bedienen und gleichzeitig eine flexible Anpassung an veränderte Umweltbedingungen zu erlauben. Beispielsweise mit Blick auf eine Verschiebung von Aufgaben und von Kompetenzschwerpunkten bei der Auslagerung von Entwicklungs- und Betriebsaufgaben.

8.2 Kernbestandteile des IT-Personalkonzepts

8.2.2 Laufbahnen

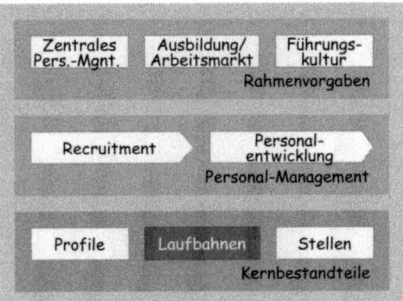

Laufbahnen schaffen eine *vertikale*, führungsmäßige Orientierung.

Dabei wird differenziert zwischen der Fachlaufbahn, in der das Fachprofil dominiert und der Führungs-, Projektleiter- und Expertenlaufbahn, in denen ein Managementprofil dominiert.

Die Managementlaufbahnen unterscheiden sich in der operativen Verantwortung, der Personalverantwortung und den erreichbaren Stufen:

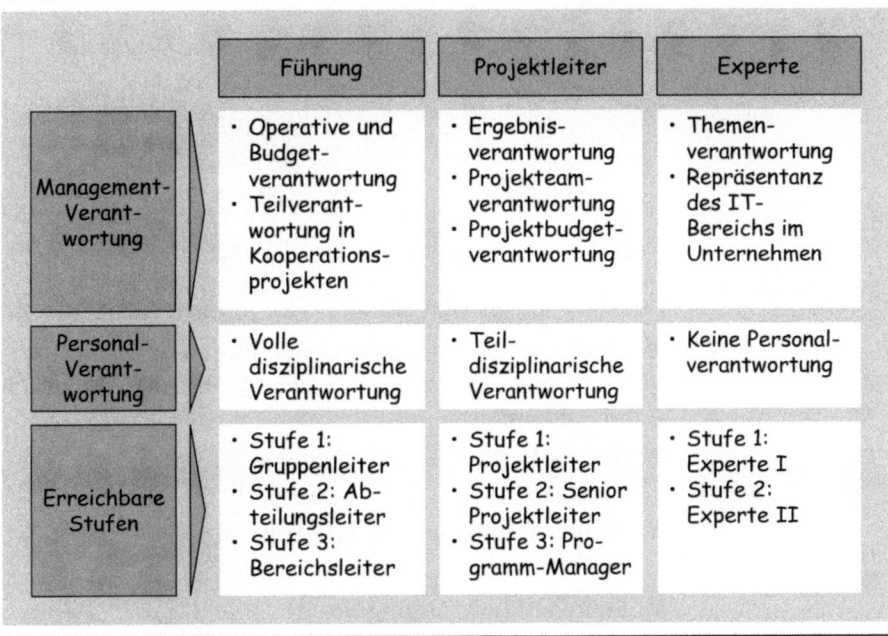

Abb. 8-5 Management-Laufbahnen: Überblick

Laufbahnen eröffnen den Mitarbeitern mittel- bis langfristig individuelle Karrierepfade über die fachliche Orientierung hinaus.

8 Personal: Leistung freisetzen – Leistung steuern

Für die Management-Laufbahnen wird ein abgewandeltes Exzellenzprofil definiert:

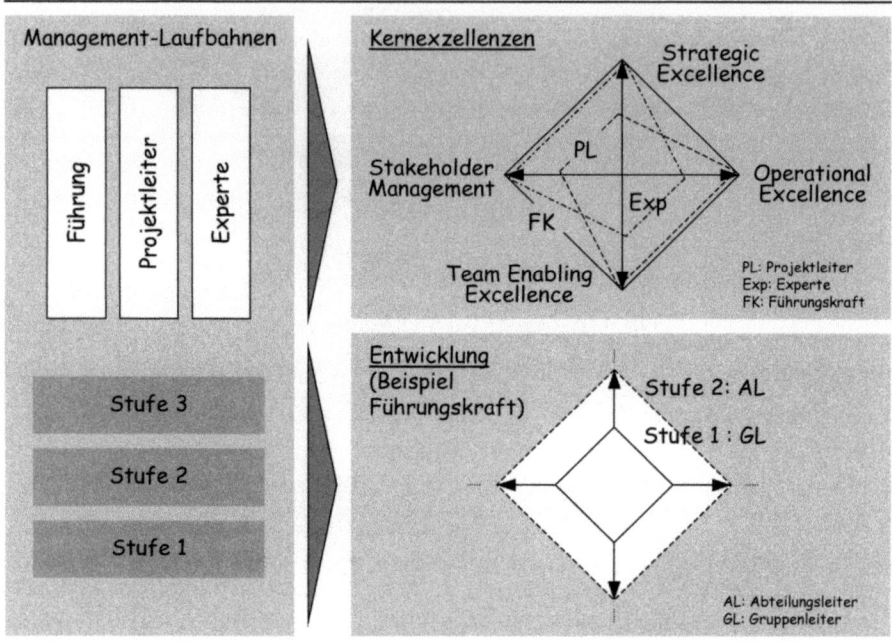

Abb. 8-6 Kernexzellenzen der Management-Laufbahn

Das Exzellenzmodell definiert vier Kernexzellenzen:

- **Operational Management Excellence.** Knowledg und Knowhow in Bezug auf die Steuerung von Entscheidungsprozessen.
- **Strategic Excellence.** Strategische und programmatische Fähigkeiten.
- **Team Enabling Excellence.** Führungsfähigkeit, Konflikt-Management.
- **Stakeholder Management Excellence.** Repräsentations- und Vermittlungsfähigkeiten gegenüber den Stakeholdern.

Das Management-Modell entwickelt sich evolutionär aus dem Fachlaufbahnmodell. Es kommt zu einer Schwerpunktverschiebung in Richtung einer Stärkung der Managementfähigkeiten. Und es tritt ein weiterer Exzellenzbereich hinzu, die strategische Exzellenz.

Im Unterschied zum Fachlaufbahnmodell werden dabei die Kernexzellenzen für jede Laufbahn *unterschiedlich* gewichtet. Die Expertenlaufbahn setzt die Schwerpunkte auf strategische und kommunikative Fähigkeiten, die Projektleiterlaufbahn auf operative und Teamführungsfähigkeiten. Die Führungslaufbahn verlangt eine ausgewogene Mischung aus allen Kernexzellenzen.

8.2.2.1 Management-Laufbahnen

Auf Basis des Exzellenzmodells werden die Ausprägungen und Anforderungen an die einzelnen Laufbahnen vorgestellt:

Experte. *Aufgaben bzw. Tätigkeiten:* Besetzung ausgewählter und für den IT-Bereich strategisch Themenfelder mit großer Breiten- und Außenwirkung	
Operational Excellence	Strategic Excellence
Kennt Ansätze, Konzepte, Produkte in seinem Spezialgebiet, sowohl im Unternehmen als auch branchenweit	Besitzt eine Einschätzung und Meinung zur künftigen Entwicklung seines Spezialgebietes sowohl in Bezug auf das Unternehmen als auch allgemein
	Leitet aus den strategischen Kenntnissen künftige Themenschwerpunkte für den IT-Bereich ab
Team Enabling Excellence	Stakeholder Management Excel.
Besitzt normal ausgeprägte Team Enabling-Fähigkeiten	Vertritt strategische, ggf. auch kontroverse Standpunkte nach außen
	Vermittelt Fachwissen zielgruppengerecht und führt einen offenen Dialog mit allen Anspruchsgruppen
Projektleiter. *Aufgaben bzw. Tätigkeiten:* Besetzung aller (im Rahmen der erreichten Senioritätsstufe) möglichen IT-Projekte	
Operational Excellence	Strategic Excellence
Besitzt breite Kenntnisse seines Projektfachgebietes	Durchdringt und versteht definierte Strategien und setzt diese in seinem Projekten operativ um
Führt ein Projekt unter den Vorgaben und Rahmenbedin-	

gungen zum Erfolg Kennt Methoden und Verfahren sowie Projektvorgehensmodelle und wendet diese sicher an	Gibt Experten Input für künftige Themen- und Aufgabenschwerpunkte
Team Enabling Excellence	Stakeholder Management Excel.
Führt Projektteams nachhaltig zum Leistungsoptimum Beurteilt objektiv und leistungsgerecht Kennt Methoden des Konflikt-Managements	Kommuniziert offen, fair, verbindlich und konsequent mit allen Projektanspruchsgruppen Geht bei Abstimmungsbedarf frühzeitig und proaktiv auf Auftraggeber zu

Führungskraft. *Aufgaben bzw. Tätigkeiten:* Operative bzw. Ergebnisverantwortung, Budget- und Personalverantwortung (im Rahmen der erreichten Senioritätsstufe)

Operational Excellence	Strategic Excellence
Handelt konsequent entscheidungsorientiert Achtet auf Verbindlichkeit in der Umsetzung getroffener Entscheidungen Steuert proaktiv Kooperations- und externe Partner	Besitzt eine Einschätzung und Meinung zur künftigen inhaltlich/fachlichen und managementmäßigen Entwicklung seines Bereiches Gibt Input für (F3 – F2) bzw. steuert (F1) das IT-Strategie-Management
Team Enabling Excellence	Stakeholder Management Excel.
Führt ein Mitarbeiterteam nachhaltig zum Leistungsoptimum	Vertritt strategische, ggf. auch kontroverse Standpunkte nach außen Ist im unternehmensweiten Kommunikationsprozess akzeptierter Partner Vermittelt zwischen den unterschiedlichen, auch externen Anspruchsgruppen

8.2 Kernbestandteile des IT-Personalkonzepts

8.2.2.2 Laufbahnenmodell und Karrierepfade

Laufbahnen eröffnen den Mitarbeitern mittel- bis langfristig individuelle Karrierepfade über die fachliche Orientierung hinaus.

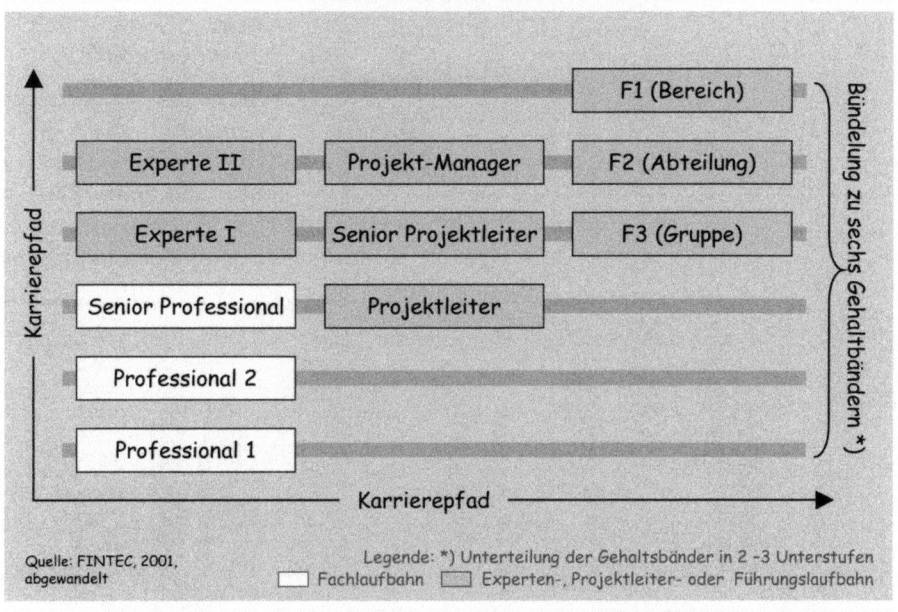

Abb. 8-7 Karrierepfade im Rahmen des Laufbahnenmodells

Aus jedem Profil innerhalb der Fachlaufbahn (mindestens Stufe 2) kann jede Management-Laufbahn erreicht werden.

Allerdings existiert bewusst eine harte Grenze zwischen Fachlaufbahn und den übrigen Laufbahnen. Führungs-, Projektleiter und Expertenlaufbahn können – außer von Quereinsteigern – nur über eine Potentialanalyse in Verbindung mit einem Karriereplan erreicht werden. (siehe auch 8.3.2.2 Karriereplanung, Seite 177).

8.2.3 Stellen

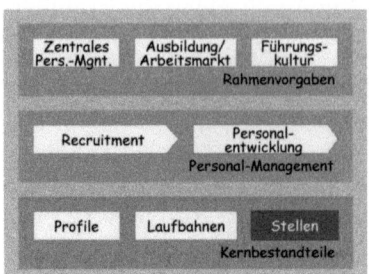

Um auf Basis von Laufbahnstufe bzw. Profil zu einer konkreten Stellenbeschreibung zu gelangen, sind zwei weitere Schritte erforderlich.

Erstens die Ergänzung um ein Berufsbild, das den ausbildungsmäßigen Backround der Stelle definiert. Und zweitens die konkrete Stellenbeschreibung (Job Description) mit einer Definition von Aufgaben, Kompetenzen und Verantwortlichkeiten.

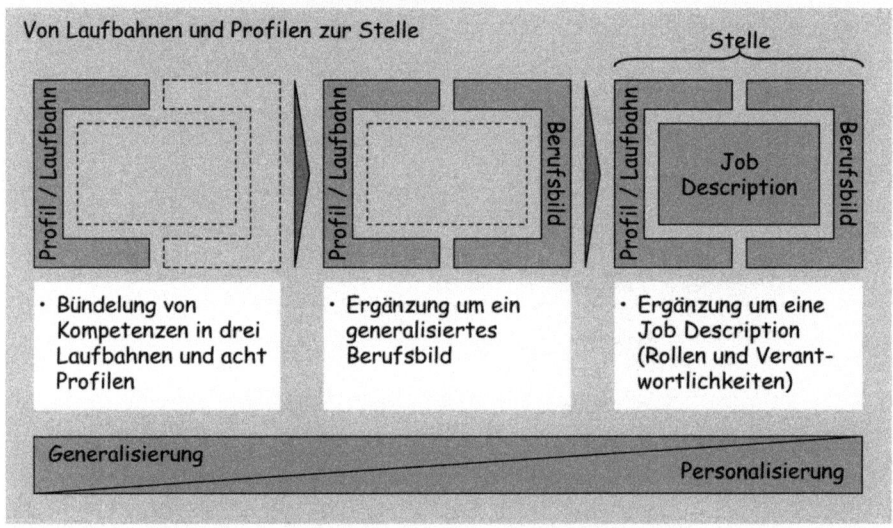

Abb. 8-8 Von Profilen bzw. Laufbahnen zu Stellen

Diese beiden letzten Schritte sind nicht neu. Im Gegenteil. Sie waren bislang die einzigen Bestandteile einer Stellenbeschreibung.

Hier spielt sich der Vorteil vorgelagerter Profile und Laufbahnen aus. Eine komplette Stellenbeschreibung kann schneller und präziser hergeleitet werden. Ihre Anforderungen auf Basis des Exzellenzmodells können präziser beschrieben und hinsichtlich der Bewerber bzw. Stelleninhaber stringenter geprüft werden.

8.2.4 Resümee: Die Durchgängigkeit von Personal-, Aufbau- und Prozessstruktur

Die Zweiteilung des Personalkonzeptes in Fachlaufbahn (mit Profilen) und Management-Laufbahnen ist für die künftige Leistungsfähigkeit des IT-Bereichs entscheidend.

Über die personelle Neuausrichtung auf der fachlichen *und* der Managementebene gelingt es, die Kernkompetenzen aufzubauen, die erforderlich sind, um in die Rolle als zentrale Planungs- und Steuerungsinstanz mit Auftraggeberfunktion hineinzuwachsen.

Resultat ist eine Durchgängigkeit vom IT-Prozesshaus über die Aufbaustruktur bis in die Personalstruktur – also der drei zentralen Gestaltungsparameter des IT-Bereichs.

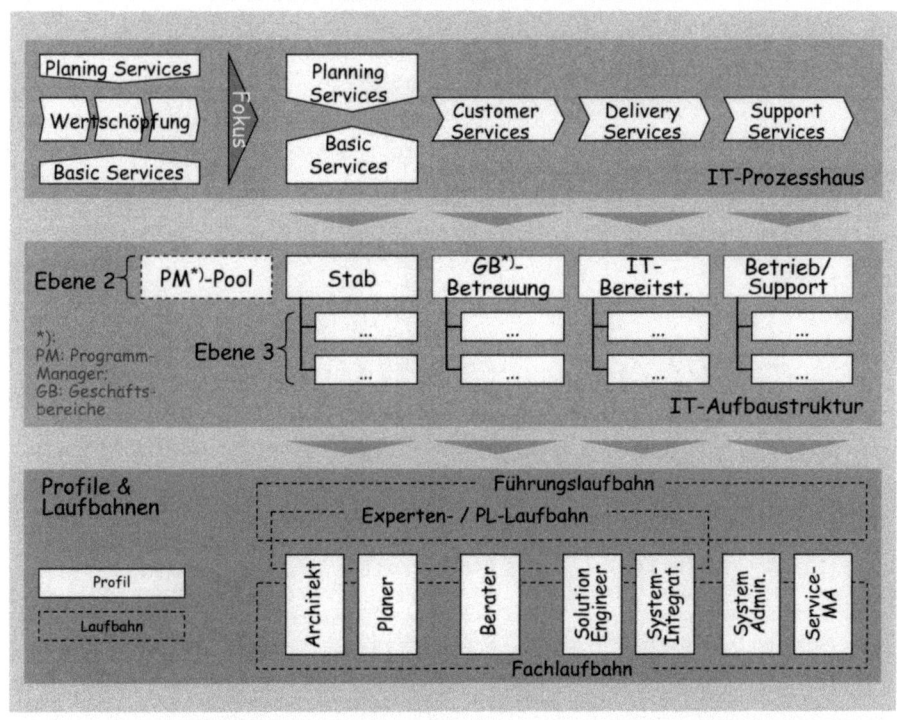

Abb. 8-9 Durchgängigkeit von Personal-, Aufbau- und Prozessstruktur

8.3 Personal-Management

Aufgabe des Personal-Managements ist die Unterstützung aller Funktionen entlang des Beschäftigungszyklus von Mitarbeitern durch Bereitstellung einheitlicher Regelungen und Verfahren.

Recruitment und Personalentwicklung sind dabei die aus IT-Sicht zu erarbeitenden Bereiche.

8.3.1 Recruitment

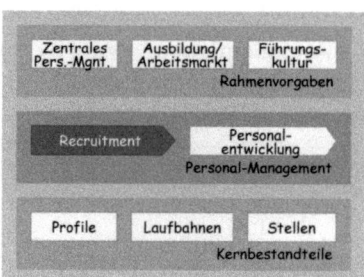

Ein Bereich, der durch eine Vielzahl von Berufsbildern gekennzeichnet ist – technische wie nicht-technische, etablierte wie neu geschaffene – kann grundsätzlich drei Recruitment-Ansätze verfolgen.

Die Ansätze bieten ein differenziertes Recruitment je nach Situation in der Bank und am Arbeitsmarkt.

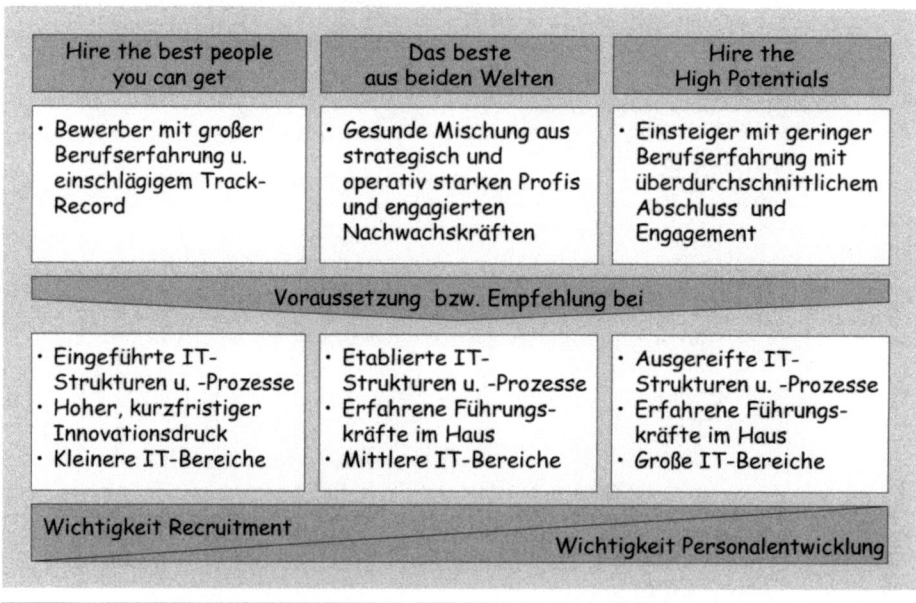

Abb. 8-10 Drei Recruitment-Ansätze für den IT-Bereich

Die vorgestellten Ansätze sind – bezogen auf den IT-Bereich *eines* Unternehmens – nicht exklusiv, sondern komplementär zu sehen. Auch gibt es keinen Ansatz in Reinkultur. Ein Ansatz kann sich auf *eine* Bewerbungskampagne oder *eine* Stelle beziehen.

Recruitment und Personalentwicklung sind dabei nicht unabhängig voneinander zu sehen. Pauschal kann man sagen: Je erfahrener der Bewerber, desto weniger Personalentwicklung ist erforderlich. Vor dem Hintergrund eines sich rasch wandelnden Methoden- und Fachwissens verliert allerdings auch Expertise an Relevanz und Aktualität. Dies kann nur durch gezielte Weiterbildung – auch des Spezialisten – kompensiert werden.

8.3.2 Personalentwicklung

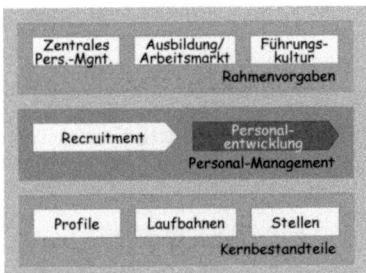

Im folgenden werden die Prozesse und Instrumente einer IT-spezifischen Personalentwicklung vorgestellt.

Die Personalentwicklung besteht aus einem zweistufigen Prozess von Leistungsbemessung und Zielvereinbarung sowie der Unterstützung der Zielerreichung, der iterativ (mindestens jährlich) verläuft.

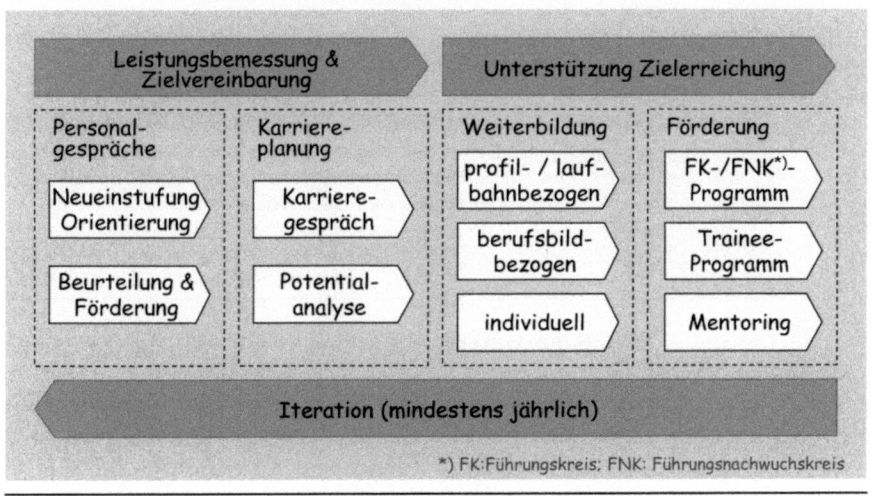

Abb. 8-11 Personalentwicklung: Prozess und Instrumente

8.3.2.1 Personalgespräche

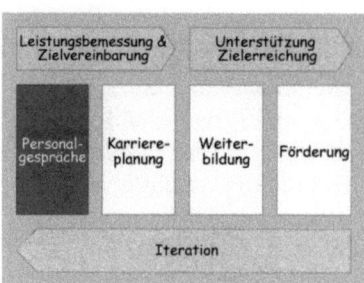

Um Personalgespräche ergebnisorientiert zu führen, sind Aufbau und Bestandteile zu standardisieren.

Auf Basis der klassischen Gesprächstypen in der Personalentwicklung – Beurteilungs- und Förderungsgespräche, Neueinstufungen und Orientierungsgespräche – sind vier Gesprächsbestandteile einheitlich und durchgängig zu definieren:

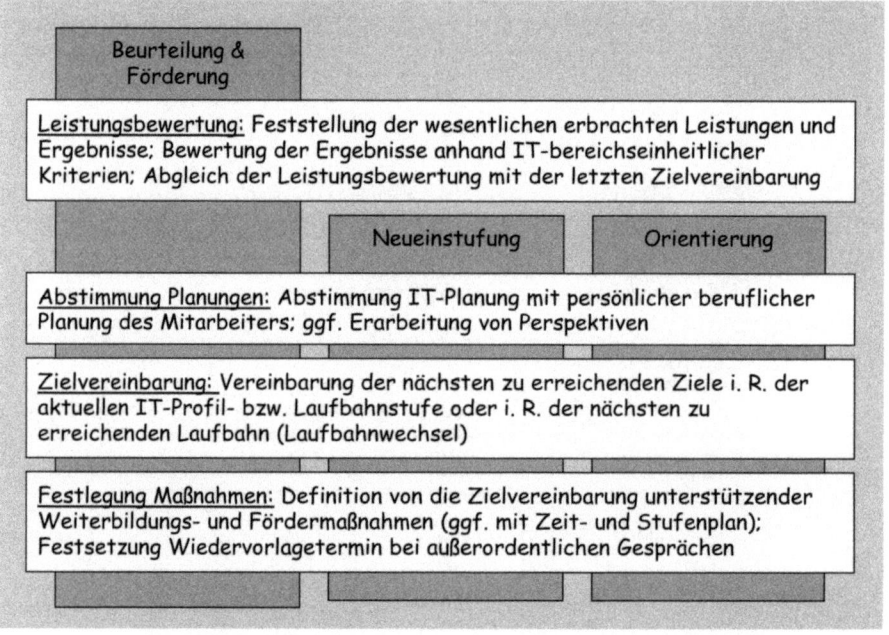

Abb. 8-12 Aufbau und Ablauf von Personalgesprächen

Der Mehrwert der hier dargestellten Personalgespräche ist eine nicht nur über alle Gesprächstypen, sondern auch über den gesamten IT-Bereich identische Ausrichtung auf das Profil- und Laufbahnenmodell. Damit gelingt eine gezielte Leistungsentwicklung in Richtung der Kernkompetenzen.

8.3.2.2 Karriereplanung

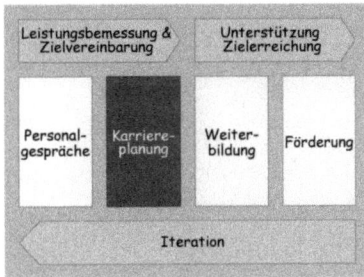

Karriereplanung verfolgt eine gezielte Förderung von Führungsnachwuchskräften im eigenen IT-Bereich.

Diese Art von Personalentwicklung bedeutet einen Overhead. Andererseits bietet sie die große Möglichkeit, eine sehr homogene Führungsmannschaft und -kultur im IT-Bereich aufzubauen.

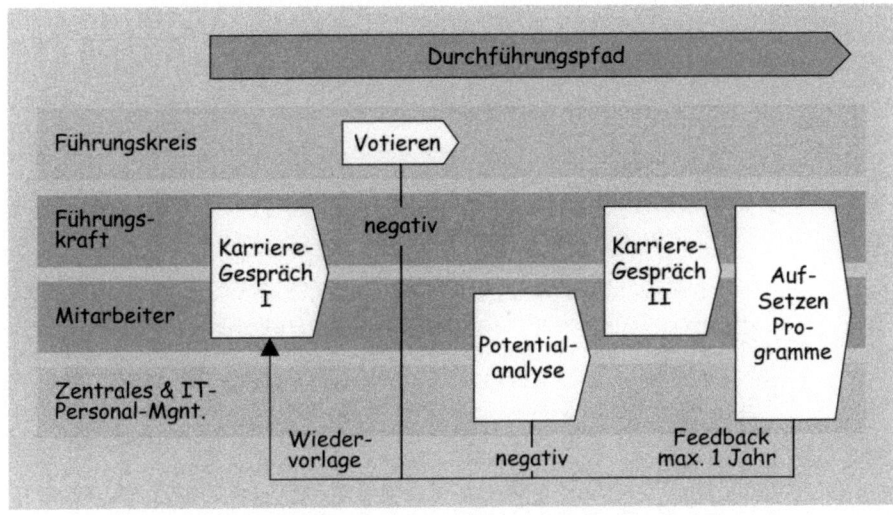

Abb. 8-13 Karriereplanung

Ein Karrieregespräch wird durch den Kandidaten oder die Führungskraft initiiert. Nach einem Erstgespräch prüft die Führungskraft, ob der Anspruch berechtigt ist und schlägt ggf. dem Führungskreis eine Potentialanalyse vor, die dieser ablehnen kann.

Verläuft die Potentialanalyse positiv, erfolgt in einem zweiten Karrieregespräch eine zusätzliche Zielvereinbarung im Hinblick auf den Laufbahnwechsel und ein Aufsetzen der Programme, die es spätestens nach einem Jahr zu überprüfen gilt.

Bei negativem Votum oder negativer Potentialanalyse sollte es innerhalb von 1 bis 3 Jahren zu einer Wiedervorlage kommen.

8.3.2.3 Weiterbildung und Förderung

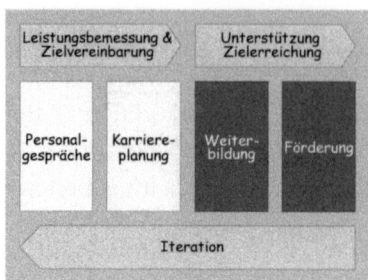

Schulung und Förderung bilden den zweiten Teil der Personalentwicklung.

Insbesondere die – zusätzlich zur klassischen Weiterbildung angebotenen – bereichsinterne Förderung ist ein wichtiger Faktor für eine gezielte Leistungsförderung von Mitarbeitern in Positionen mit Management- und Personalverantwortung.

Weiterbildung und Förderung bauen auf drei Säulen:

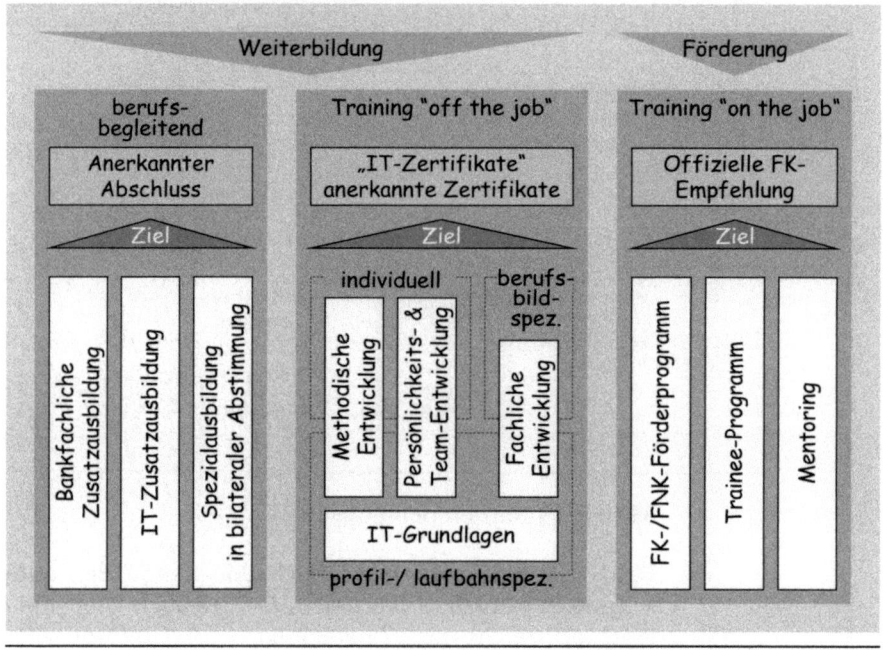

Abb. 8-14 Weiterbildung und Förderung im Überblick

8.3 Personal-Management

Training Off the job

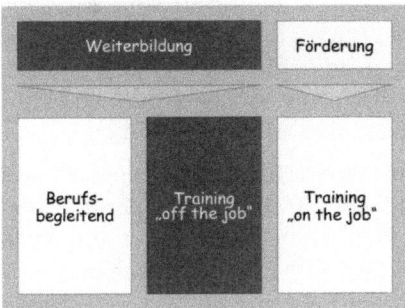

Training off the job deckt zwei einander überschneidende Dimensionen ab.

Erstens die herkömmliche Dreiteilung in fachliche, methodische und Persönlichkeits- und Team-Entwicklung.

Zweitens die IT-relevante Differenzierung in profil-/laufbahnspezifische, berufsbildspezifische und individuelle Entwicklung.

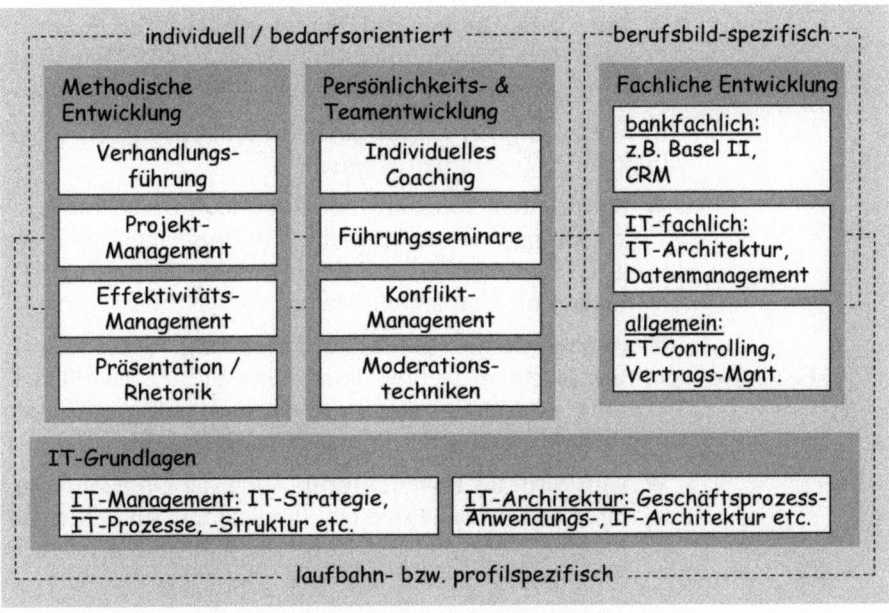

Abb. 8-15 Weiterbildung und Förderung: Bausteine

Zuerst wird die grundsätzliche Struktur des Weiterbildungsangebots (dunkel unterlegte Flächen) erläutert:

- **IT-Grundlagen.** Die IT-Grundlagen vermitteln das Grundverständnis für Ziele und Aufgaben des IT-Bereichs. Sie fördern den gemeinsamen Nenner aller Mitarbeiter in der Zusammenarbeit. Infolgedessen durchlaufen alle Mitarbeiter die Grundlagenseminare – im Prinzip auch die Führungskräfte. Durch den hohen Grad an Institutsspezifika empfiehlt es sich, die Grundlagenseminare in Eigenregie (durch das Personal-Management im Stabsbereich) zusammenzustellen. In der Regel gemeinsam mit einem Schulungspartner, der diese periodischen Seminare dann veranstaltet.

- **Fachliche Entwicklung.** Fachinhalte werden außer in den IT-Grundlagen in speziellen, berufsbildspezifischen Seminaren vermittelt. Dabei wird zwischen allgemeinen, bankfachlichen und IT-Seminaren unterschieden.
- **Methodische Entwicklung.** Hier werden fachübergreifende Techniken, Methoden und Verfahren vermittelt, z.B. für das Projekt-Management im allgemeinen, oder für Projektvorgehensmodelle, etwa Produktauswahlverfahren im speziellen.
- **Persönlichkeits- und Teamentwicklung.** Schwerpunkt bilden hier Moderationstechniken, Konflikt-Management, Führungsseminare und individuelle Coaching-Programme.

In einem zweiten Schritt gilt es, die IT-spezifische Struktur darüberzulegen (schraffierte Linien):

- **Profil- und laufbahnspezifische Entwicklung.** Diese Entwicklungslinie umfasst die IT-Grundlagen und wesentliche Teile der zwei Säulen Methodenentwicklung und Persönlichkeits- und Teamentwicklung.
- **Berufsbildspezifische Entwicklung.** Diese Entwicklungslinie ist weitestgehend kongruent mit der Fachlichen Entwicklung, wobei die Grenze zwischen profilspezifischer und berufsbildspezifischer Entwicklung fließend ist.
- **Individuelle Entwicklung.** Auch die Grenzen von profilspezifischer zu individueller Entwicklung sind fließend. Hierbei werden Beratung und Kurse zur individuellen Förderung des Mitarbeiters primär auf den Gebieten Persönlichkeits- und Teamentwicklung und Methodische Entwicklung angeboten.

Das Weiterbildungsprogramm ist bausteinförmig aufgebaut mit dem Ziel eines überschaubaren Angebots und zugleich einer großen Kombinationsmöglichkeit der Bausteine. Damit gelingt es, aus dem Bausteinkasten ein individuelles Weiterbildungsprogramm für jeden Mitarbeiter zusammenzustellen.

Training On the job

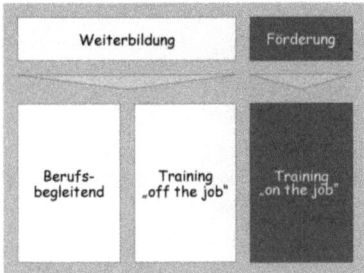

Förderung erstreckt sich auf Führungsnachwuchskräfte im eigenen IT-Bereich. Das heißt von Mitarbeitern, die von der Fach- in die Managementlaufbahn (Führungs-, Projektleiter- oder Expertenlaufbahn) wechseln wollen. Nach erfolgreich absolvierter Potentialanalyse stehen dem Mitarbeiter dazu mehrere Optionen offen:

Führungsnachwuchskreis. *Ziel:* Erster Kontakt mit der Führungskultur im IT-Bereich			
Kandidaten	Leitung	Aufgaben	Termine
Mitarbeiter aus der Fachlaufbahn mit Karriereplan	F2, F3, Mentor	Selbständige Erarbeitung und Präsentation IT-relevanter Themen	monatlich

Führungskreis. *Ziel:* Vertiefung der gemeinsamen Führungskultur im IT-Bereich			
Kandidaten	Leitung	Aufgaben	Termine
Ausgewählte Mitarbeiter aus Führungslaufbahnen	IT-F1 bzw. F2	Präsentation und Moderation insbesondere strategischer Themen	monatlich

Trainee-Programm. *Ziel:* Überblick über den IT-Bereich *plus* Geschäftsbereiche *plus* IT-Dienstleister			
Kandidaten	Leitung	Aufgaben	Termine
Mitarbeiter aus der Fachlaufbahn mit Karriereplan	IT-Personal-Mgnt.	Siehe nachfolgendes Trainee-Programm	9 - 12 Monate

Mentoring. *Ziel:* Persönliche Betreuung durch eine erfahrene Führungskraft			
Kandidaten	Leitung	Aufgaben	Termine
Mitarbeiter aus der Fachlaufbahn mit Karriereplan	Mentor	Klären von Fragen in bezug auf künftige Führungsaufgaben	Bei Bedarf

Ein Baustein der Förderung ist ein spezifisches Trainee-Programm für den IT-Bereich.

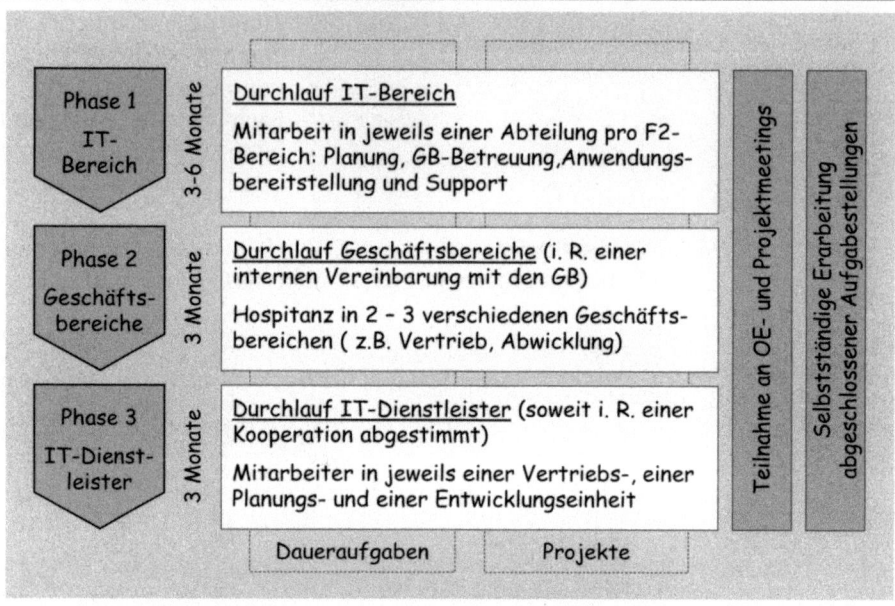

Abb. 8-16 Trainee-Programm für den IT-Bereich

Das Programm gewährleistet eine vollständige Abdeckung des IT-Leistungsprozesses. Dieser Leistungsprozesses macht nicht an den Grenzen des IT-Bereichs halt. Deshalb werden ausdrücklich auch die Geschäftsbereiche und der strategische IT-Dienstleister durchlaufen, soweit dies auf Basis entsprechender, ggf. gegenseitiger Vereinbarungen möglich ist. Dadurch gewinnt der Trainee ein wertvolles Fremdbild dieser Bereiche auf den IT-Bereich.

Berufsbegleitende Weiterbildung

In einem dynamischen Berufsumfeld gewinnt die berufsbegleitende Weiterbildung an Relevanz.

Genau genommen handelt es sich weniger um eine *Weiter*bildung, als ein eine vollständige *Zusatz*ausbildung. Ziel ist der Aufbau von hochqualifiziertem Knowhow im eigenen IT-Bereich. Dabei ist zu berücksichtigen, dass es sich um hohe Investitionen handelt, die in der Regel durch den Arbeitgeber finanziert oder finanziell gefördert werden. Außerdem sind hohe Anforderungen an die Teilnehmer gestellt – allein was die Doppelbelastung von Beruf und Ausbildung über einen langen Zeitraum anlangt.

Aus diesem doppelten Grunde ist zu gewährleisten, dass die vereinbarte Ausbildung in die mittel- bis langfristige IT-Planung passt. Zweitens gilt es *vor* Ausbildungsbeginn Vereinbarungen zu treffen, die das weitere Arbeitsverhältnis *nach* der Ausbildung regeln, damit sich die Kosten für den Arbeitgeber amortisieren.

8.4 Der Win-Win-Ansatz im Personalkonzept

Das vorgestellte IT-Personalkonzept bringt zwei Ziele in Einklang. Die Maßgabe des IT-Bereichs zur Erfüllung seiner Leistungsanforderungen. Und den Anspruch von Mitarbeitern auf leistungsgerechten Einsatz und angemessene Entlohnung.

Diese Ziele sind dynamisch. Deshalb ist es wichtig, dass sie nicht nur aktuell erfüllt sind, sondern stets auch – für beide Seiten – eine Perspektive eröffnen.

Was leisten die einzelnen Bestandteile des Personalkonzeptes dazu? Dies zeigt die Tabelle auf der folgenden Seite.

Ziele des IT-Bereichs	
Aktuelles Leistungsspektrum	Perspektive
Bündelung und Steigerung der Leistung durch Spezialisierung in Profilen und Laufbahnen Einheitliche, klare Kriterien für die Leistungsbemessung	Sicherung der Abdeckung künftiger Leistungsanforderungen Flexibilität bei Reorganisationsmaßnahmen (z.B. bei Outsourcing) Bindung von Leistungsträgern
Aktuelle Entlohnung	Perspektive
Stärkung der Leistungsorientierung durch engere Kopplung von Leistung und Entlohnung Nachvollziehbarkeit und Transparenz der Entlohnungsmodelle und Gehaltsbänder	Bindung der Leistungsträger durch attraktive und in den Spitzenpositionen angemessen dotierte Gehaltsbänder Flexibilität bei der Anpassung an künftige Erfordernisse durch das Gehaltsstufenmodell
Ziele des Mitarbeiters	
Aktuelle Tätigkeit	Perspektive
Leistungs- und kompetenzgerechter Einsatz Frühzeitig Verantwortung durch Profile und Profilstufen	Klare Karrierepfade durch Laufbahnenmodell Unterstützung durch gezielte Weiterbildungs- und Förderprogramme
Aktuelle Entlohnung	Perspektive
Leistungsgerechte Entlohnung	Kurz- bis mittelfristige Festschreibung der nächsten Gehaltsziele (auf Ebene von Gehaltsbändern)

8.4 Der Win-Win-Ansatz im Personalkonzept

Standpunkt

Leistungsentwicklung: Zwischen Anreiz und Eigeninitiative

Angesichts der Vielfalt von Instrumenten zur Personalentwicklung entsteht fast der Eindruck, Personalentwicklung sei ausschließlich eine Bringschuld des IT-Bereichs. Doch Personalentwicklung gleicht eher einem Tandem. Nur wenn beide treten, kommt man voran.

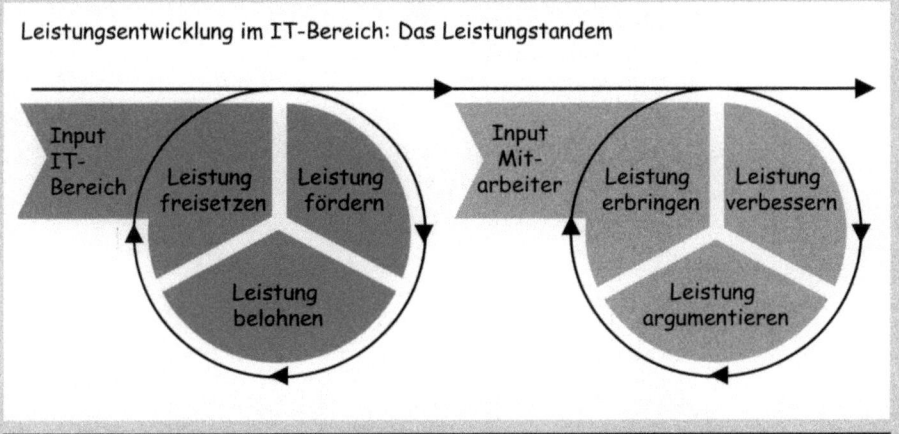

Abb. 8-17 Das Leistungstandem

So investiert der Arbeitgeber am Anfang der Berufslaufbahn oder auch nach einem Stellenwechsel gegebenenfalls beträchtlich in den Mitarbeiter. Der Amortisationszeitpunkt für diese selten durch den Arbeitnehmer kompensierten Leistungen kann im Bereich von mehreren Jahren liegen. Hier tritt der IT-Bereich gezielt in Vorleistung – mit der Maßgabe, dass die Geförderten die Leistung „on the job" zurückgeben.

Mit der erbrachten und verbesserten Leistung wiederum erwartet der Mitarbeiter eine entsprechende Honorierung. Sowohl was die Entlohnung, als auch was die Vereinbarung weiterer Förderungsmaßnahmen anlangt. Mit diesem Leistungsziel durchlaufen beide Partner eine weitere Stufe im Leistungskreislauf.

Teil III IT-Architektur

Wege zu einer integralen Unternehmens-IT

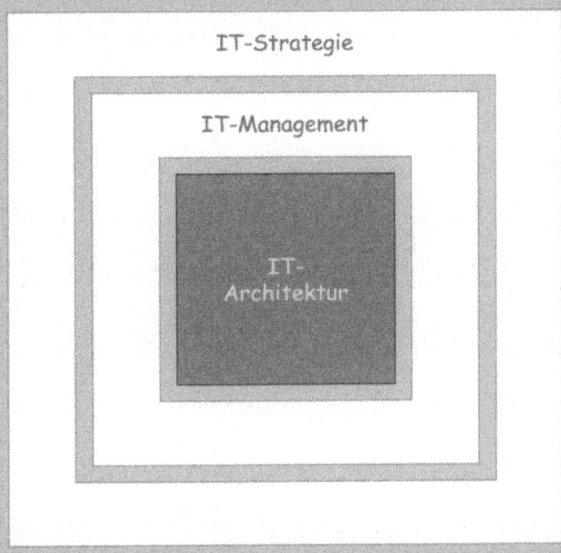

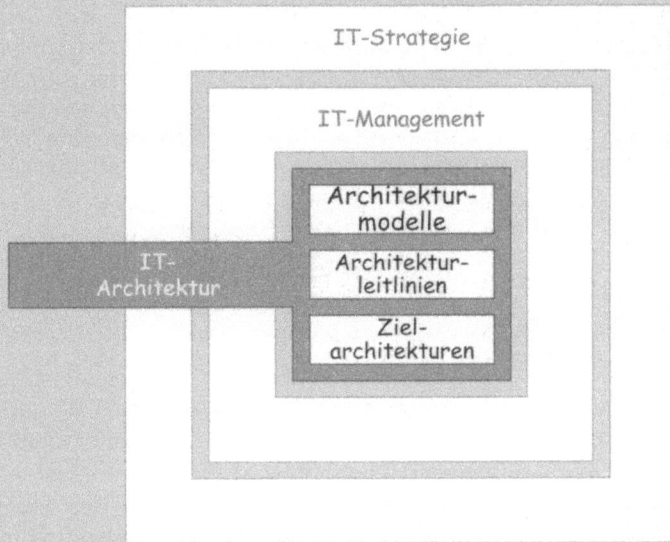

Die IT-Architektur ist mehr als die Summe aller Anwendungs-, Infrastruktur- und Hardwarekomponenten im Unternehmen. Die IT-Architektur bildet zusätzlich einen Rahmen, welcher die IT-Komponenten hinsichtlich ihrer strukturbildenden Merkmale ordnet und gestaltet.

Die IT-Architektur ebnet den Weg für eine integrale Unternehmens-IT. Eine integrale Unternehmens-IT verfolgt zwei Ziele, die in einem Zielkonflikt stehen. Die Bereitstellung eines bankweiten IT-Portfolios mit optimalen Einzellösungen für die Geschäftsbereiche. Und eine jederzeit tragfähige und ausbaufähige Gesamtarchitektur.

Die IT-Architektur wird in drei Teilen vorgestellt:

- **Architekturmodelle.** Die Transformation von Bankinnovation in IT-Innovation und umgekehrt hat eine inhaltliche und eine zeitliche Dimension. Dieser doppelte Transformationsprozess gelingt erfahrungsgemäß am besten über Modelle. Hierzu wird ein Rahmenmodell mit fünf Architekturebenen vorgestellt. Die fünf Architekturebenen erlauben eine Abbildung aller architekturrelevanten Aspekte. Von der Geschäftsarchitektur bis zur Systemarchitektur. Damit gelingt die Überwindung einer rein geschäftsorientierten oder einer rein IT-orientierten Sicht auf die Unternehmens-IT zugunsten einer integralen Sicht.

- **Architektur-Leitlinien.** Leitlinien geben Rahmen und Richtung vor, wie die eingeführten Architekturmodelle in der Praxis anzuwenden und auszugestalten sind. Leitlinien sind ein Zwischenschritt auf dem Wege zu Zielarchitekturen. Sie betonen das grundsätzliche *Wohin* in der Architekturentwicklung, während Zielarchitekturen das *Wie* beantworten. Für jede der fünf Architekturebenen wird ein schematisierter Soll-Ist-Vergleich vorgestellt, anhand dessen die detaillierten Leitlinien abgeleitet werden mit besonderer Berücksichtigung der Voraussetzungen und Erfolgsfaktoren bei der Umsetzung.

- **Zielarchitekturen.** Wie institutsspezifisch die IT-Architektur auch ausfällt, ein Ziel haben alle Unternehmen gemeinsam: die Definition von Zielarchitekturen. Eine Zielarchitektur ist ein Konzept *und* ein Framework aus real existierenden IT-Komponenten. Zuerst wird der Ansatz von Zielarchitekturen erläutert sowie sein Mehrwert im Hinblick auf eine gesteuerte Architekturentwicklung bzw. der Konsolidierung einer heute ungesunden Architekturvielfalt. In einem zweiten Schritt werden vier zentrale Zielarchitekturen – Systemarchitektur, Komponenten- und Kommunikationsarchitektur, Datenarchitektur und Vertriebsarchitektur – hergeleitet und vorgestellt.

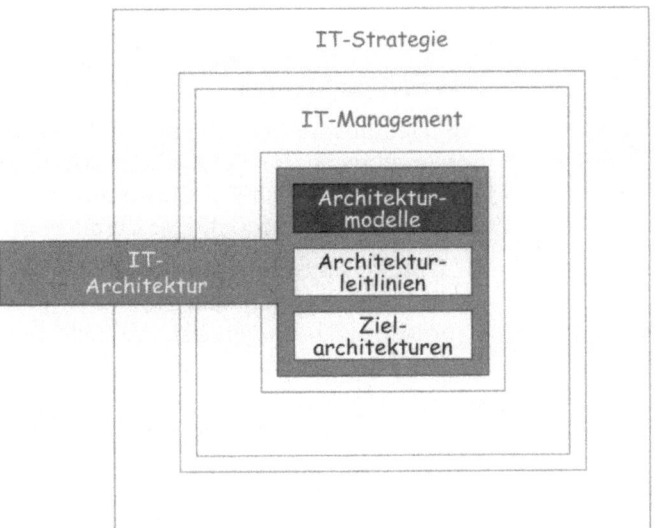

9 Architekturmodelle: Brücke zwischen Banking & IT

Die Transformation von Business-Innovation in IT-Innovation und umgekehrt gelingt erfahrungsgemäß am besten über Modelle. Die Architekturmodelle werden in zwei Teilen vorgestellt:

- **Rahmenmodell.** Als Ergebnis einer mehrjährigen Entwicklungsarbeit im Rahmen zahlreicher Projekte bei Banken und IT-Dienstleistern wird ein Rahmenmodell mit fünf Architekturebenen vorgestellt.

- **Einzelmodelle.** Für jede der fünf Architekturebenen wird ein spezifisches Architekturmodell definiert und dessen Struktur- und Gestaltungsmerkmale erläutert.

9.1 Das Rahmenmodell

Die IT-Industrie hat ebenso viele IT-Modelle wie IT-Lösungen hervorgebracht. Insofern ähnelt die Suche nach einem universalen Modell der nach der Quadratur des Kreises, solange nicht der Anspruch an das Modell klar definiert ist:

- **Brücke zwischen Banking und IT.** Die IT-Architektur muss in ihren verschiedenen Dimensionen und Abhängigkeiten und im Zusammenhang darstellbar sein. Dabei hat das Modell eine bankfachliche mit einer IT-Sicht zu verknüpfen.

- **Durchgängigkeit.** Das Modell hat eine Durchgängigkeit von der Geschäftsarchitektur bis zur IT-Infrastruktur und umgekehrt zu unterstützen, insbesondere hinsichtlich verschiedener Aggregationen. Und dies ohne Problemverkürzung oder Wechsel des Modells bzw. seiner Strukturierungskriterien.

- **Struktur-** *und* **Kommunikationsmodell.** Das Architekturmodell ist mehr als ein technisches Strukturmodell. Es ist darüber hinaus ein Kommunikationsmodell im arbeitsteiligen IT-Planungsprozess zwischen Geschäftsbereichen, IT-Bereich, IT-Dienstleister und Software-Partnern.

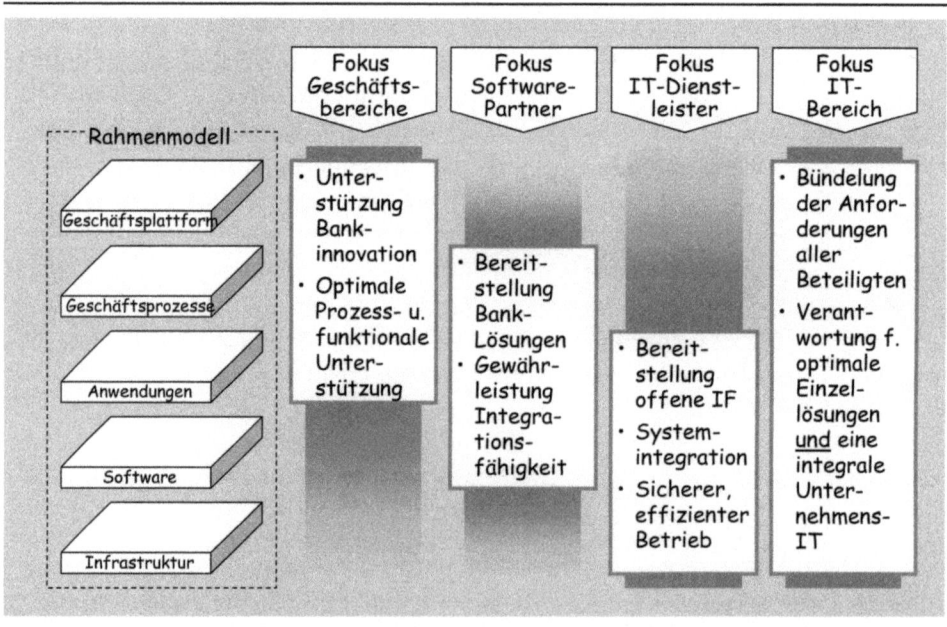

Abb. 9-1 Das Rahmenmodell in der Übersicht

Das Rahmenmodell gliedert sich in fünf Architekturebenen:

- **Geschäftsplattformarchitektur.** Strukturierung der Geschäftsfunktionen einer Bank in vier Geschäftsplattformen.
- **Geschäftsprozessarchitektur.** Strukturierung der Geschäftsprozesse einer Bank im Rahmen der Geschäftsplattformen.
- **Anwendungsarchitektur.** Strukturierung der Anwendungen entlang der Geschäftsprozesse.
- **Software-Architektur.** Strukturierung der Innenarchitektur der Bankanwendungen.
- **Infrastruktur-Architektur.** Strukturierung der Netz- und Systemarchitektur.

Das Rahmenmodell unterstützt alle drei eingangs formulierten Anforderungen. Dabei ist die Verknüpfung einer bankfachlich orientieren mit einer IT-orientierten Sicht auf die IT-Architektur das entscheidende Differenzierungskriterium gegenüber anderen Modellen.

Verschiedene Sichten bedeutete in der Vergangenheit oftmals verschiedene Modelle und noch wichtiger: auseinanderdriftende Resultate, wenn es an die Definition von Zielarchitekturen und IT-Lösungen ging.

Das Rahmenmodell erlaubt verschiedene Sichten, aber nur *eine* Version der Wahrheit. Damit gelingt eine zielgerichtete, schnelle und bruchlose Transformation von Business-Zielen auf IT-Ziele und umgekehrt.

9.2 Modell zur Geschäftsplattformarchitektur

Die Geschäftsplattformenarchitektur strukturiert die Geschäftsfunktionen einer Bank in separaten Plattformen. Das Modell ist ein primär funktionales, kein aufbauorganisatorisches Modell.

Viele Modellierungsansätze beginnen bei den Geschäftsprozessen. Das Geschäftsplattformenmodell legt darüber eine Top-Level-Struktur der zentralen Geschäftsfunktionen. Es bietet damit den Ankerpunkt für das Einhängen von Geschäftsprozessen.

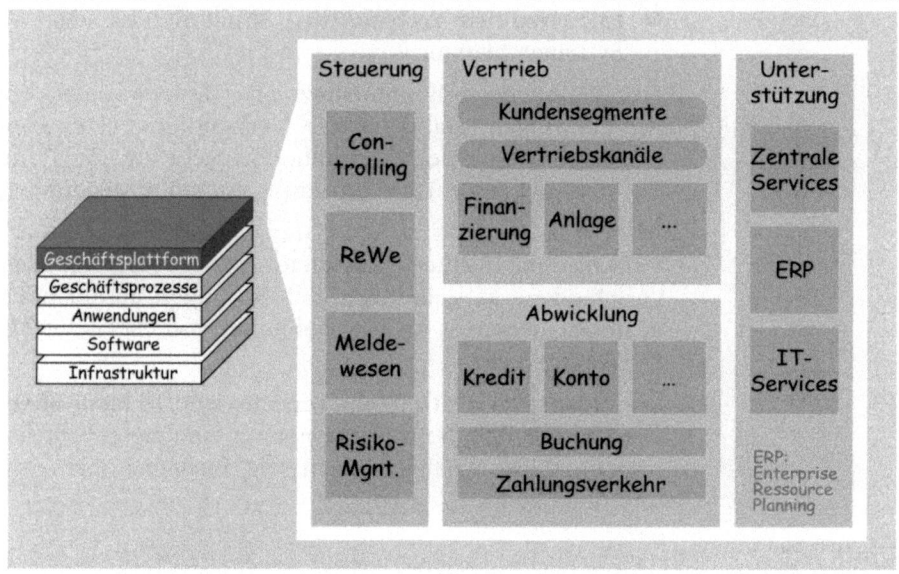

Abb. 9-2 Modell zur Geschäftsplattformarchitektur

Das Geschäftsplattformenmodell ist um einen Kompromiss bemüht zwischen der Abbildung heutiger und der Abbildung künftiger Strukturen. Es holt die Banken dort ab, wo sie heute mit ihrer Geschäftsarchitektur stehen. Und es bietet einen strukturellen Rahmen für den Transformationsprozess.

Ergebnis ist ein Modell mit vier Geschäftsplattformen. Die Wertschöpfungsbereiche Vertrieb und Abwicklung werden flankiert von der Steuerungsplattform und der Unterstützungsplattform.

9.2 Modell zur Geschäftsplattformarchitektur

Folgende Darstellung zeigt die Geschäftsplattformenarchitektur für den Bankentyp Retailbank, also beispielsweise eine Sparkasse:

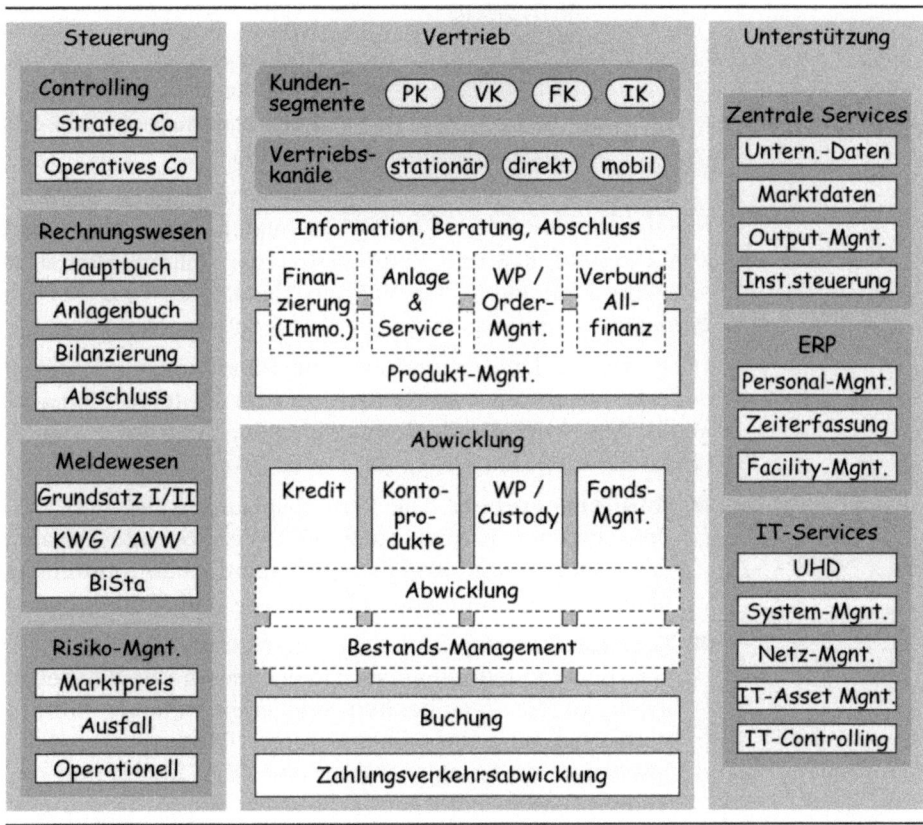

Abb. 9-3 Geschäftsplattformarchitektur: Beispiel Retailbank

9.2.1 Vertriebsplattform

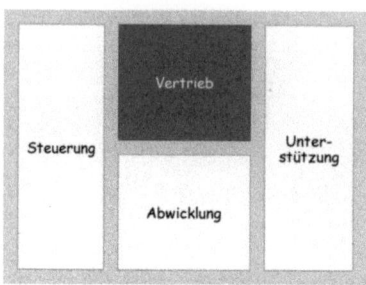

Im Retail-Banking kann zwischen den vier Geschäftsmodellen Regionalmarktspezialist, Multispezialist mit Filialnetz, Produktsegmentierer und Kundensegmentierer differenziert werden.

Die Geschäftsmodelle unterscheiden sich, was Kundenfokus, Produktfokus und Vertriebsstrategie anlangt. Für die grundsätzliche Architektur der Vertriebsplattform – und der übrigen Bankplattformen – sind die Unterschiede transparent.

Die Vertriebsplattform verfolgt eine Bündelung und Ausrichtung der Aktivitäten auf den Kunden und im weiteren Sinne auf den Markt. Die Vertriebsplattformarchitektur unterstützt vier Gestaltungsschwerpunkte:

- **Kundensegmente.** Die Vertriebsplattform definiert vier Kundensegmente: Privatkunden (PK), Vermögende Privatkunden (VK), Firmenkunden (FK) und Institutionelle Kunden (IK) mit einem jeweils homogenen Beratungs- und Produktbedarf.

- **Vertriebskanäle.** Die nicht nur technische, sondern in das Geschäftsmodell integrierte Unterstützung der Vertriebskanäle spielt für die Retailbanken eine entscheidende Rolle. Dabei wird zwischen stationärem Vertrieb (Filiale, Beratungs-Center, SB-Stationen), Direkt- (Online und Call Center) und mobilem Vertrieb unterschieden.

- **Vertrieb.** Kernelemente des Vertriebs sind Information, Beratung, Abschluss. Dazu ist der Vertrieb von allen anderen Aufgaben konsequent zu entschlacken. Insbesondere durch die Verlagerung aller administrativen Aufgaben in separate Back Office-Einheiten.

- **Produkt-Management.** Im Mittelpunkt des Produkt-Managements steht ein dynamisches Financial-Engineering, d.h. eine „Just in time"-Zusammensetzung von marktgerechten Produktbündeln, die aus eigenen oder Fremdprodukten bestehen können.

9.2.2 Abwicklungsplattform

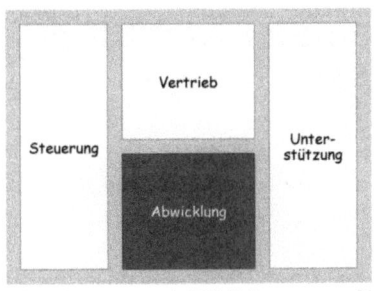

Die Trennung von Vertriebs- und Abwicklungsplattform ist ein zweites Gestaltungsmerkmal einer zukunftsfähigen Geschäftsplattformenarchitektur.

Die Abwicklung erfolgt produktspezifisch, getrennt nach Kreditabwicklung, Abwicklung Kontenprodukte, Wertpapierabwicklung, Fondsabwicklung. Wobei wesentliche Teile der Abwicklung bereits heute durch Verbundpartner bzw. spezialisierte Abwicklungsbanken erfolgen.

Für jedes Produkt werden zwei Hauptfunktionen bereitgestellt:

- **Abwicklung.** Die produktspezifische Abwicklung wird weiter gebündelt und standardisiert, z.B. im Hinblick auf eine einheitliche Kreditabwicklung für alle Kreditarten. Zum zweiten werden produktübergreifende Funktionen herausgelöst und über offene Schnittstellen in die zentralen Buchungs- und Zahlungsverkehrsfunktionen integriert.

- **Bestandsmanagement.** Das Bestandsmanagement ist für die laufende Administration und die Rückführung von Verträgen bzw. Produkten zuständig. Dazu zählen alle periodischen und außerplanmäßigen Services im Rahmen des Produktlebenszyklus.

9.2.3 Steuerungsplattform

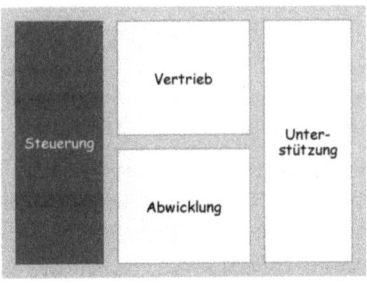

Die Steuerungsplattform bündelt alle externen und internen Steuerungsaufgaben für das Gesamtinstitut in vier Blöcken:

- **Rechnungswesen.** Dieser Funktionsblock umfasst die Funktionen Hauptbuchhaltung, Anlagenbuchhaltung, HGB-/IAS-Bilanzierung und Jahresabschluss (Einzelabschluss, Konzernabschluss).

- **Meldewesen.** Dieser Funktionsblock bündelt die Melde- und Anzeigepflichten der Institute im Rahmen der Bankenaufsicht an die Deutsche Bundesbank bzw. an das Bundesaufsichtsamt für Finanzdienstleistungen (BaFin). Im einzelnen umfasst dies die Funktionen Grundsatz I/II-Meldungen, KWG- und AVW-Meldungen sowie Bilanzstatistiken.

- **Controlling.** Dieser Funktionsblock umfasst die Funktionsbereiche Strategisches Controlling (Portfolio-Management, ROI-Benchmarking, Bilanzanalyse etc.) und Operatives Controlling für den Wertbereich und den Betriebsbereich.
- **Risiko-Management.** Dieser Funktionsblock umfasst die Funktionen Marktpreisrisiken, Ausfallrisiken und operationelle Risiken. Die beiden letzten Funktionen stehen im Mittelpunkt der Basel II-Anforderungen und sind bis voraussichtlich 2007 vollumfänglich umzusetzen.

9.2.4 Unterstützungsplattform

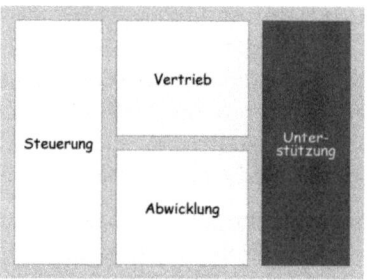

Die Unterstützungsplattform bündelt alle bankbetrieblichen und administrativen Funktionen in drei Blöcken:

- **Zentrale Services.** Dieser Funktionsblock umfasst die Funktionen Bereitstellung von Unternehmensdaten (Zentrales Geschäftspartner-Informationssystem etc.), Zentrale Marktdatenversorgung, Output-Management (Automatisierter Versand von Listen etc.), Institutssteuerung (Zentrale Benutzer- und Rechteverwaltung etc.), Zentrales Formularwesen (Elektronische und Papiervordrucke etc.).
- **Enterprise Ressource Planning (ERP).** Dieser Funktionsblock umfasst die Funktionen Personal-Services (Gehaltsabrechnung etc.), Zeiterfassung, Facility-Management (Raum- und Gebäude-Management und Ausstattung) etc.
- **IT-Services.** Dieser Funktionsblock umfasst die Funktionen User Help Desk und Problem-Management (First und Second Level Support), System- und Netz-Management, IT-Asset-Management & IT-Inventory, IT-Controlling.

9.3 Modell zur Geschäftsprozessarchitektur

Die Geschäftsprozessarchitektur detailliert die Geschäftsfunktionen aus dem Geschäftsplattformenmodell, indem sie diese in ihre einzelnen Prozessschritte zerlegt. Die Darstellung erfolgt – je nach Geschäftsfunktionstyp – entweder produktorientiert oder kundensegment- und/oder vertriebskanalorientiert.

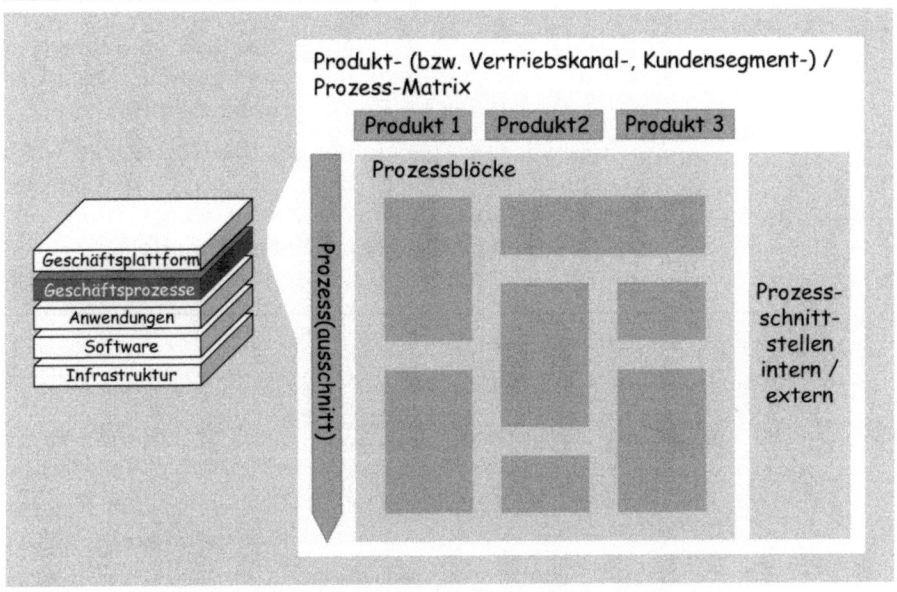

Abb. 9-4 Modell zur Geschäftsprozessarchitektur

In der Praxis haben sich zwei Templates herausgeschält, die den überwiegenden Teil der Prozessarchitektur abdecken:

- **Prozess-Produkt-Matrix.** Dieses Schema findet Anwendung bei allen produktorientierten Prozessen (Beispiel Kreditprozess) und Querschnittsprozessen (Beispiel Controlling). Es stellt Produktgruppen oder Produkte einem standardisierten Wertschöpfungsprozess oder einem Standard-Verfahren gegenüber.

- **Prozess-Vertriebskanal- bzw. Prozess-Kundensegment-Matrix.** Für die produktübergreifenden Bereiche der Vertriebsplattform erfolgt eine Strukturierung der Prozesse nach Vertriebskanal und/oder Kundensegment.

9 Architekturmodelle: Brücke zwischen Banking & IT

Die einzelnen Prozessschritte werden mit ihren Schnittstellen in der Matrix platziert. Schnittstellen zu anderen Geschäftsfunktionen (intern wie extern) werden dargestellt.

Die Prozessarchitektur lässt sich auf Basis der Templates beliebig verfeinern. Die Prozessarchitektur auf Ebene 1 beinhaltet in der Regel zehn bis maximal zwanzig Prozessschritte. Die Detaillierung der darunter liegenden Ebene erfolgt mit einem Faktor 1:3 bis 1:5. Dazu zwei Benchmarks: Beim Vergleich der Kreditprozesse zweier Landesbanken im Vorfeld ihrer Fusion wurden 45 Prozessschritte für beide Häuser definiert. Im Rahmen einer Analyse aller Geschäftsfunktionen einer großen Volksbank wurden für den Kreditbereich 8 Prozessschritte definiert.

Am Beispiel eines generalisierten Kreditprozesses wird die Prozessarchitektur nochmals dargestellt. Dabei werden die internen Schnittstellen zur besseren Übersicht weggelassen und nur die prozessübergreifenden Schnittstellen dargestellt.

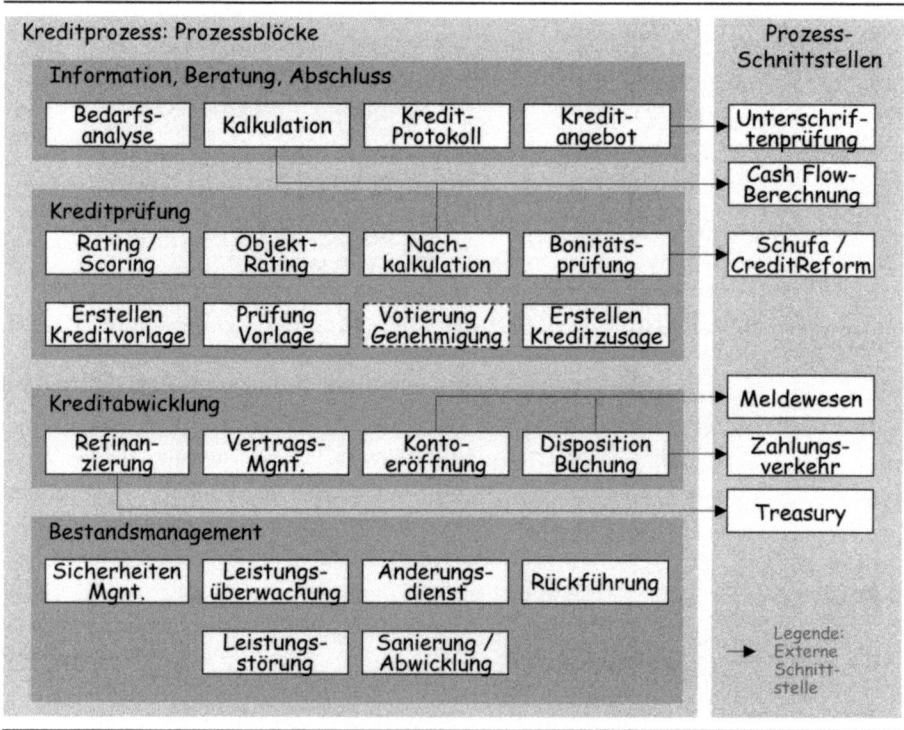

Abb. 9-5 Geschäftsprozessarchitektur – Beispiel Kreditprozess

9.4 Modell zur Anwendungsarchitektur

Die Anwendungsarchitektur strukturiert die Anwendungen entlang der Geschäftsprozesse. Ein Ausschnitt der Anwendungsarchitektur korrespondiert immer mit einem Ausschnitt der Geschäftsprozessarchitektur.

Dazu werden die Anwendungen in der eingeführten Prozess-Produkt-Matrix (siehe Abb. 9.4,) über die Prozessblöcke gelegt.

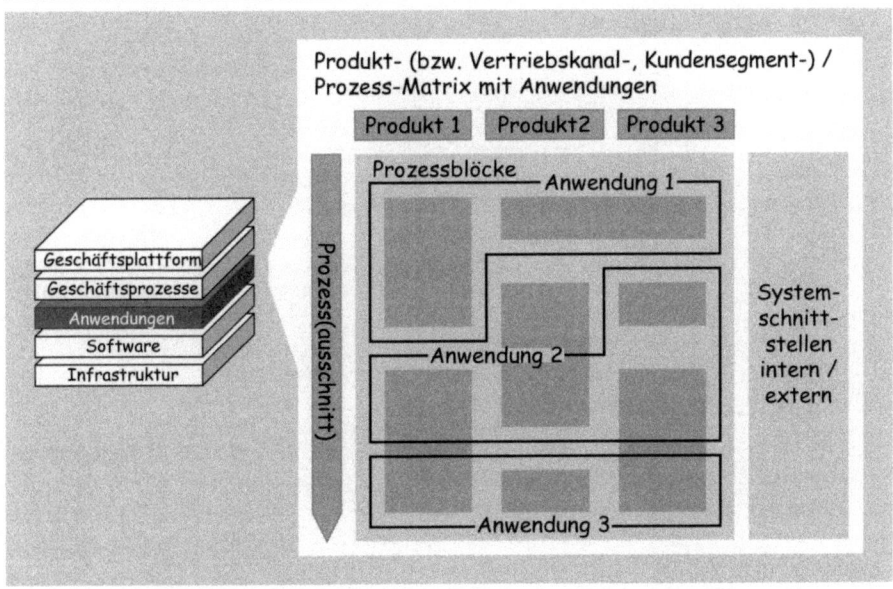

Abb. 9-6 Anwendungsarchitektur

Die Abbildung zeigt schematisch, dass Prozesse und Anwendungen nicht notwendigerweise kongruent sind. Gründe hierfür sind:

- Bestimmte Prozessschritte werden nicht durch Anwendungen unterstützt
- Getrennte Prozessschritte werden durch dieselbe Anwendung (bzw. Funktion) unterstützt
- Es gibt prozess*übergreifende* Service- und Verwaltungsfunktionen einer Anwendung

Abgesehen vom letzten Punkt ist es definiertes Ziel, eine Kongruenz von Prozessen und Anwendungen über die gesamte Anwendungslandschaft zu erreichen. Diese Kongruenz ist Voraussetzung für das präzise Schneiden von Geschäftsfunktionen vor dem Hintergrund ihrer Integration bzw. Desintegration. Folgende Darstellung zeigt für den vorstehend definierten Kreditprozess (siehe Abb. 9.5) die entsprechende Anwendungsarchitektur:

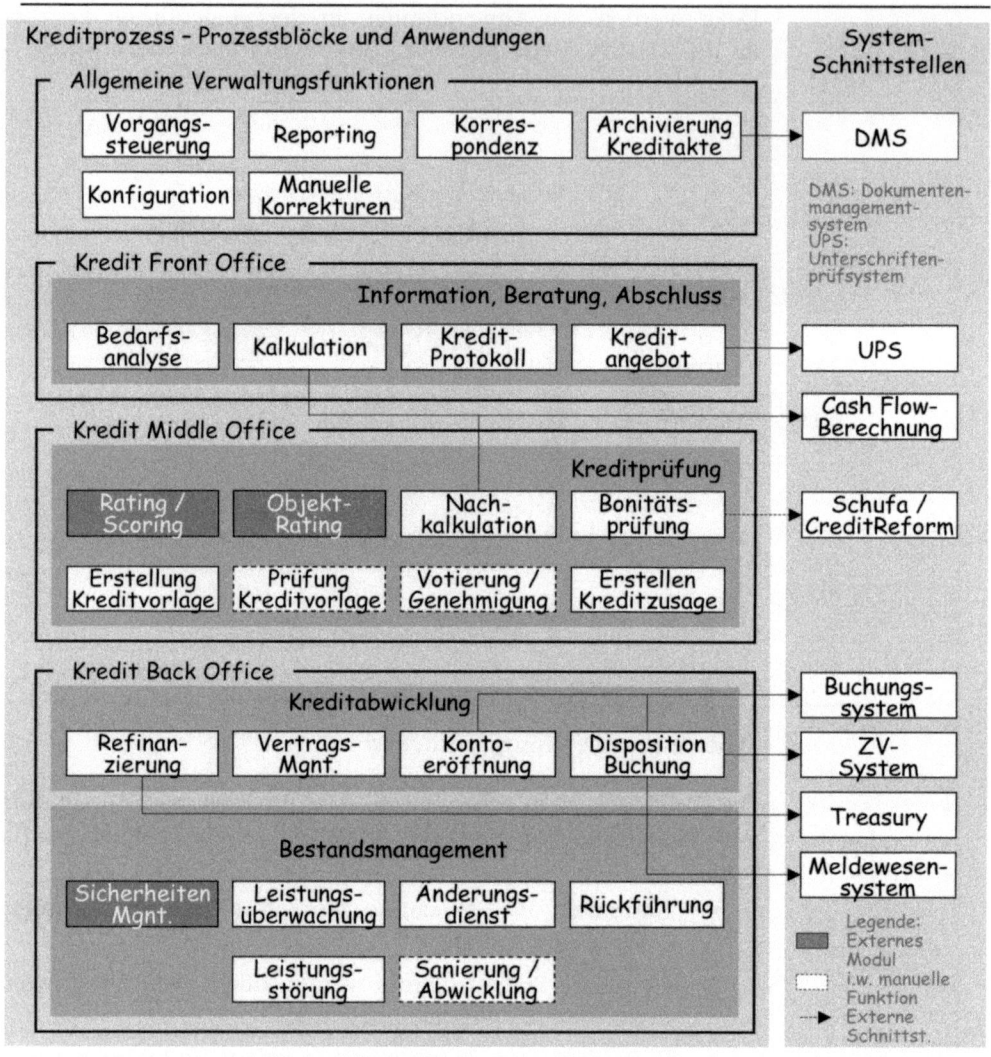

Abb. 9-7 Anwendungsarchitektur: Beispiel Kreditanwendung

Zur besseren Übersicht sind nur die Systemschnittstellen dargestellt. Das Modell erlaubt die Differenzierung zwischen IT-gestützten und manuellen Funktionen (gestrichelt gezeichnet).

Welche Funktionen IT-gestützt und welche manuell zu realisieren sind, hängt vom Geschäftsmodell ab. Ein Spezialist für Schiffsfinanzierungen mit einem handverlesenen Kundenstamm und einer zweistelligen Anzahl von Kreditanträgen pro Jahr braucht primär kein Straight Through Processing (STP), aber ein funktional hochgradig ausgestattetes Middle Office.

Für eine Retailbank mit Massengeschäft ist ein IT-gestütztes STP wichtig. Dazu gehören Unterschriftenprüfsystem, automatisiertes Scoring, automatisierte Genehmigungen mit hinterlegtem Kompetenzmodell für unterschiedliche Kreditvolumen etc.

Das Modell erlaubt die Kapselung von IT-Funktionen mit definierten Schnittstellen. Dabei kann differenziert werden zwischen eingebetteten Funktionen (dunkel dargestellte Blöcke) und externen Anwendungen.

Ein Scoring-Modul, das nur in der Kreditanwendung gebraucht wird, kann als Funktion eingebettet werden. Dies verringert in der Regel die Schnittstellenkomplexität und erhöht die Integrationsfähigkeit einer Anwendung.

Das Unterschriftenprüfsystem ist eine IT-Funktion, die von mehr als einer Anwendung genutzt wird. Deshalb ist hier eine separate Anwendung zu konzipieren.

9.5 Modell zur Software-Architektur

Mit den wachsenden Integrationsanforderungen der Anwendungslandschaft und der Tendenz, nicht mehr geschlossene Anwendungen, sondern offene Anwendungs-Frameworks mit Komponenten verschiedener Hersteller zu verwenden, gewinnt die Software-Architektur an Bedeutung.

Die Software-Architektur strukturiert die Innenarchitektur der Anwendungen in einem zweidimensionalen Modell.

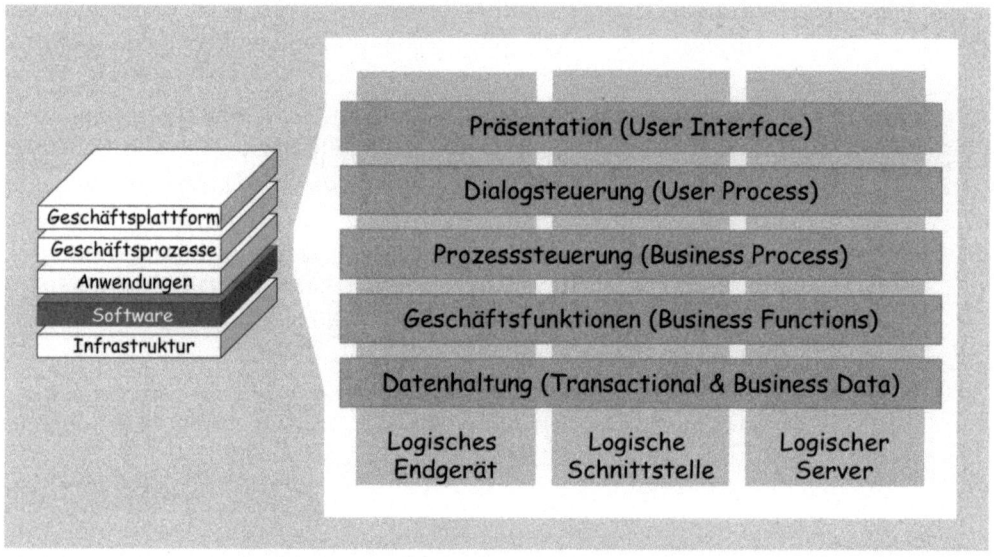

Abb. 9-8 Modell zur Software-Architektur

Die Software wird dabei in Komponenten als kleinste zusammengehörige Software-Stücke aufgeteilt. Eine Komponente kann ein einzelnes Schnittstellenprogramm genauso wie eine gesamte Anwendung ein.

Auf Basis des dargestellten Modells werden Software-Komponenten je nach ihrer Funktion auf die vertikalen oder horizontalen Schichten verteilt.

9.5 Modell zur Software-Architektur

Die vertikale Dimension stellt die logischen Geräte dar, auf denen Softwarekomponenten laufen. Dies sind entweder Endgeräte, Schnittstellen oder Server. Auch Host bzw. Mainframe werden als logische Server bezeichnet. Logische Schnittstellen erlauben die Anbindung von Legacy-Applikationen. Dies spielt für die Banken-IT eine große Rolle, da umfangreiche Teile, insbesondere der geschäftskritischen Anwendungen, auf dem Host laufen.

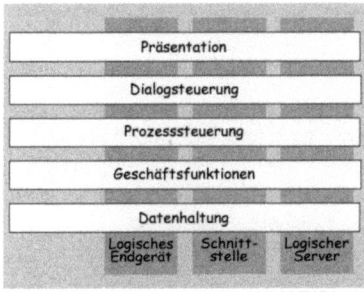

Wichtig ist die Unterscheidung zwischen logischem und physischem Gerät. Ein logischer Server besteht zu 100% aus Software. Dabei kapselt er die geräteabhängigen Software-Teile mit dem Ziel, weite Teile der Software unabhängig von den physikalischen Gegebenheiten der Geräte zu entwickeln. Dies gewährleistet eine bessere Portierbarkeit von Software.

Die horizontale Dimension stellt eine Fünf-Schichten-Architektur dar. Jede Schicht beherbergt Komponenten mit einer spezifischen Aufgabe. Auf diese Weise ist es künftig möglich, z.B. Vertriebsanwendungen so zu implementieren, dass bei Erweiterung um einen neuen Vertriebskanal „nur" Präsentations- und Dialogsteuerungsschicht der Anwendung anzupassen sind.

Erst im Zusammenwirken von horizontaler und vertikaler Architektur wird der Gestaltungsansatz von Schichtenarchitekturen plausibel. Dies wird im folgenden Szenario vorgestellt.

9 Architekturmodelle: Brücke zwischen Banking & IT

Dabei spielt die konkrete Fachlichkeit der Anwendung keine Rolle. Es kann sich um eine beliebige Anwendung innerhalb der Anwendungslandschaft handeln:

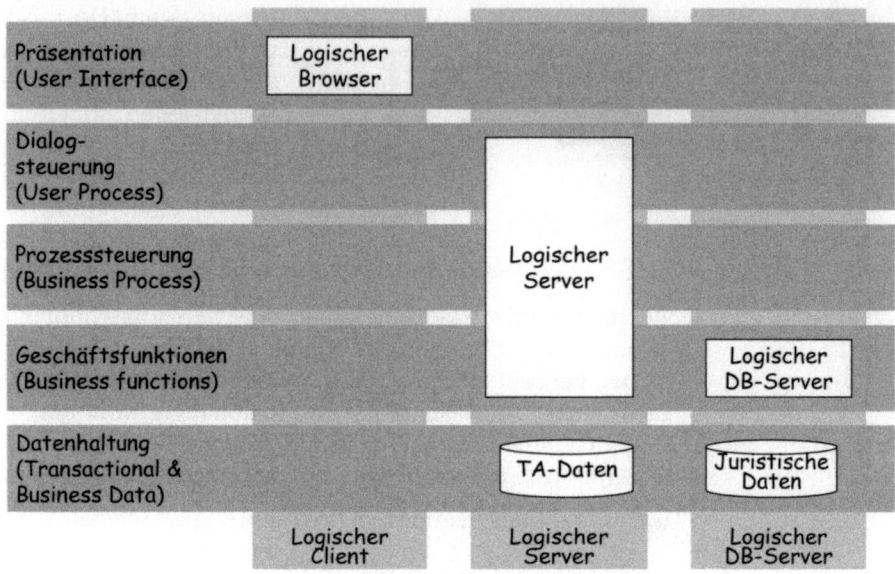

Abb. 9-9 Modell zur Software-Architektur: Beispiel

Die Darstellung zeigt eine Anwendung auf Basis einer logischen Drei-Schichten-Architektur. Auf dem Client läuft ein logischer Browser, der in der Regel lediglich aus einer Konfigurationsdatei für einen Standard-Browser besteht.

Der logische Server beherbergt die browserspezifische Dialogsteuerung, die Geschäftsprozesssteuerung und die Geschäftsfunktionen Die Transaktionsdaten zum persistenten Speichern des Zustandes eines Benutzerdialoges oder eines Geschäftsprozesses liegen in der Datenhaltungsschicht des logischen Servers.

Die juristischen Daten liegen auf einem separaten logischen Datenbank-Server.

9.6 Modell zur Infrastrukturarchitektur

Die IT-Infrastruktur ist Basis und Träger aller darüber liegenden Architekturebenen. Die Infrastrukturarchitektur strukturiert und ordnet die Netz- und Systemarchitektur. Sie reicht von der Hardware über die Systemdienste bis zu den Anwendungsplattformen, auf Basis deren die bankfachliche Anwendungsentwicklung stattfindet.

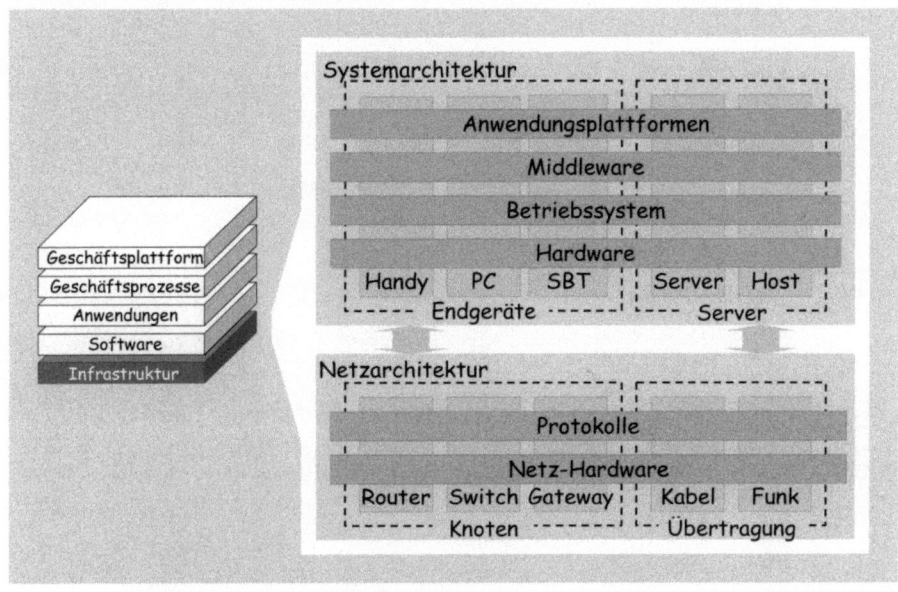

Abb. 9-10 Modell zur Infrastrukturarchitektur

Netz- und Systemarchitektur werden in einem zweidimensionalen Modell dargestellt:

- **Technische Einheiten.** In der Vertikalen werden technische Einheiten dargestellt. Dazu zählen Endgeräte, wie Handy, PC, Selbstbedienungsterminals (SBT) sowie Server und Host (bzw. Mainframe). Der Host wird hier aufgrund seiner technologischen Sonderstellung und seiner großen Präsenz in der Banken-IT separat aufgeführt.

- **Systemplattformen.** In der Horizontalen werden Systemplattformen dargestellt. Sie bündeln zusammengehörige Funktionen, die durch jedes technische Gerät – in unterschiedlichen Ausprägungen – zu unterstützen sind.

Wo liegen nun welche Systemkomponenten? Dies zeigt folgende Darstellung:

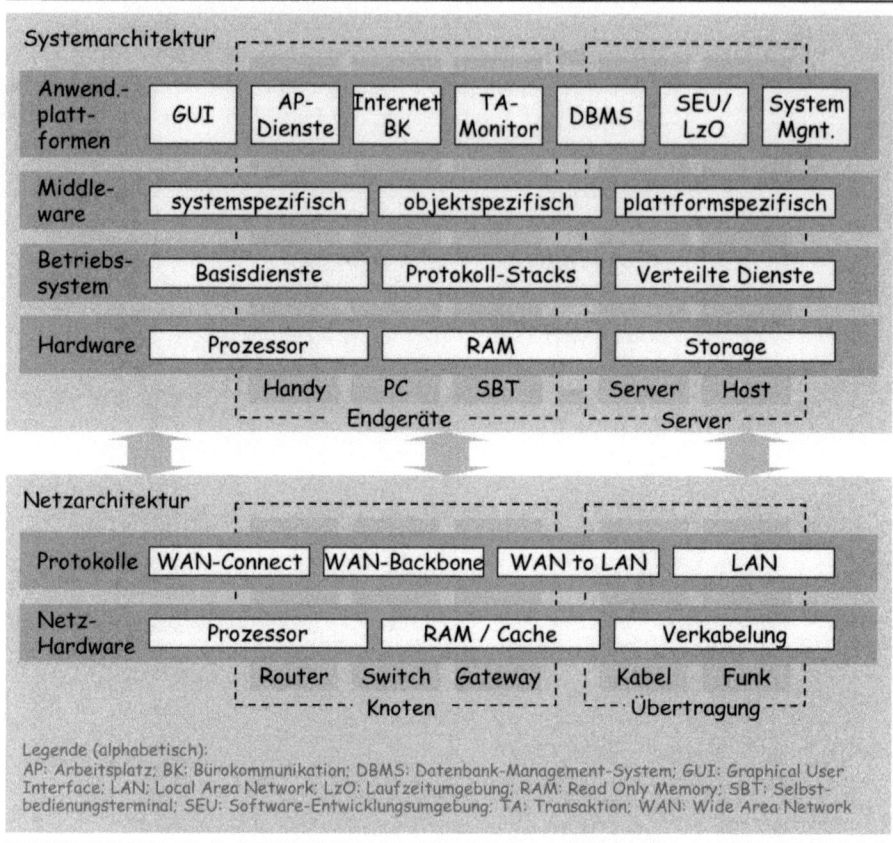

Abb. 9-11 Modell zur Infrastrukturarchitektur: Komponenten

Die wichtigsten Blöcke sollen im folgenden dargestellt werden. Dabei wird versucht, so wenig wie möglich sog. TLAs, Three Letter Acronyms, zu verwenden.

9.6.1 Systemarchitektur

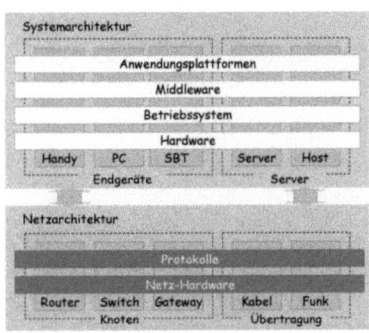

Die Systemarchitektur unterteilt sich in die Ebenen Hardware, Betriebssystem, Middleware und Plattformen.

Jede Ebene beinhaltet funktionsgleiche Technologiekomponenten über alle Gerätetypen.

Ihre Ausprägung auf den einzelnen Gerätetypen kann sehr unterschiedlich ausfallen. Vor allem zwischen Endgeräten und Servern. Gleichwohl lautet das Ziel – und das Modell unterstützt dieses Ziel – Bündelung und Konsolidierung zusammengehöriger Technologiekomponenten, insbesondere im Serverbereich:

- **Hardware.** Die Hardware wird durch drei Leistungsmerkmale bestimmt: Prozessoren und Prozessorarchitekturen; Speicherkapazität und -geschwindigkeit; Storage-Lösungen.

- **Betriebssystem.** Ein modernes (Server-)Betriebssystem stellt zum einen Basisdienste (Preemptives Multitasking etc.), bereit. Es bietet zum zweiten einen komfortablen und integrierten Netzzugang an durch Unterstützung multipler Protokoll-Stacks (u.a. TCP/IP). Und drittens integriert es verteilte Dienste wie Verzeichnisdienste, Verschlüsselung, Authentifikation etc. Dadurch werden „Stand Alone"-Betriebssysteme - serverseitig - immer mehr zu Netzwerkbetriebssystemen.

- **Middleware.** Der Begriff Middleware ist zu einem Marketing-Schlagwort der IT-Industrie geworden. Und zu einem Milliarden-Dollar-Markt mit unzähligen Anbietern. Infolgedessen gibt es keine allgemeine, feststehende Definition von Middleware. Der Client/Server Survival Guide (u.a. von Jeri Edwards, Vice President BEA Systems, einem der führenden Middleware-Anbieter, herausgegeben) definiert Middleware als den Querstrich („/") zwischen Client und Server. D.h. Middleware stellt Komponenten bereit für eine (High End)-Kommunikation und –Integration von Anwendungen.

Middleware-Produkte lassen sich in drei Kategorien einordnen:

1. **Systemspezifische Middleware.** Die wichtigsten Standards sind Remote Procedure Call (RPC) und Message oriented Middleware (MOM).
2. **Plattformspezifische Middleware.** Die wichtigsten Bereiche sind webspezifische, datenbankspezifische, mailspezifische, System-Management-spezifische Middleware.
3. **Objektspezische Middleware.** Darunter fallen die u.a. die Komponentenmodelle CORBA (OMG) und DCOM (Microsoft).

Die Offenheit von IT über Unternehmensgrenzen hinweg wird immer wichtiger. Der Markt für Middleware-Produkte bietet hier eine unübersehbare Vielfalt an Produkten an. Aber der Markt ist auch dynamisch und innovativ. Vieles spricht gegenwärtig für eine Konsolidierung, wobei viele Zwischenlösung verschwinden werden.

- **Anwendungsplattformen.** Anwendungsplattformen bilden die Top-Ebene der Systemarchitektur, auf Basis deren die bankfachliche Anwendungsentwicklung erfolgt. Die wichtigsten Plattformen sind Application Server (Entwicklungs- und Laufzeitumgebung für verteilte Anwendungen), Transaktions-Monitore und Datenbank-Management-Systeme (DBMS).

Clientseitig wird wahlweise eine GUI, also eine Windows-Oberfläche, für Full Clients oder ein Browser für Thin Clients bereitgestellt.

9.6.2 Netzarchitektur

Die Netzarchitektur definiert die Ebenen Netz-Hardware und Protokolle.

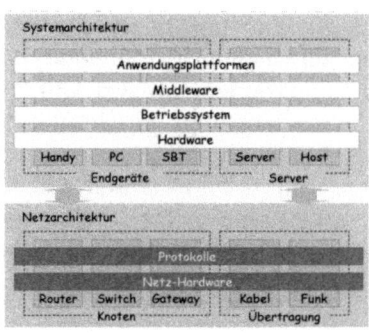

- **Netz-Hardware.** Die Netz-Hardware umfasst alle aktiven und passiven Netzkomponenten und die gesamte Verkabelung. Ein Großteil der Netzkomponenten hatte in der Vergangenheit die Aufgabe, die Vielfalt an Protokollen in den OSI-Ebenen 1 - 3 transparent zu machen. Für verschiedene LANs im Unternehmen, und über das Provider-WAN.

Mit der Protokollharmonisierung und der Multiprotokollfähigkeit von Routern verschieben sich die Aufgaben in Richtung Bereitstellung intelligenter Dienste. Heutige Router müssen u.a. Load Balancing, multiple Pfade und Priorisierung (relevant für IP-Telephonie) unterstützen.

- **Protokolle.** Ein modernes Unternehmens- bzw. Verbundnetz stellt ein homogenes LAN, ein LAN-to-WAN-Connect, d.h. eine Anbindung an ein breitbandiges WAN, und ein WAN-Conncet z.B. für die Anbindung mobiler Arbeitsplätze an die Unternehmens-IT, bereit.

  Im Netzbereich gibt es heute die Trennung von WAN und LAN. Dies liegt an unterschiedlichen Bandbreiten. Mit dem anhaltenden Bandbreitenwachstum verschwimmen die Grenzen. Künftig wird die Entscheidung anhand von Quality of Service-Anforderungen (garantierte Bandbreite, garantierte Übertragungszeiten etc.) definiert werden. Z.B. werden Bankfilialen dann nur noch über ein Provider-WAN direkt an das LAN des IT-Dienstleisters angebunden.

  Auch im Protokollbereich auf Netzwerkebene wird es zu einer Konsolidierung kommen. Nicht zuletzt durch das Internet ist IP (Internet Protocol) zum De Facto-Standard geworden.

Das Modell zur Infrastrukturarchitektur ist ein großer Baukasten, aus dem vertikale und horizontale Komponenten ausgewählt und zu einer konkreten Architektur zusammengesetzt werden

Abbildung 9-12 zeigt ein Beispiel für eine Infrastruktur-Architektur auf Basis einer physischen Three-Tier-(Drei-Säulen-)Architektur.

Tier 1 bildet der Standard WindowsXP-PC mit dem Internet Explorer. Der Client steht im Institutsnetz (Ethernet-LAN) der Bankzentrale. Über das Providernetz (WAN) erfolgt die Anbindung zum Netz des IT-Dientleisters (Ethernet-LAN). Dort wird die gesamte Systemlandschaft betrieben.

Tier 2 bildet der Web Application Server (WebSphere) auf der Open-Source-basierten Betriebssystemplattform Linux.

Tier 3 ist der physisch getrennte Datenbank-Server mit einem Oracle-DBMS auf Basis Sun Solaris.

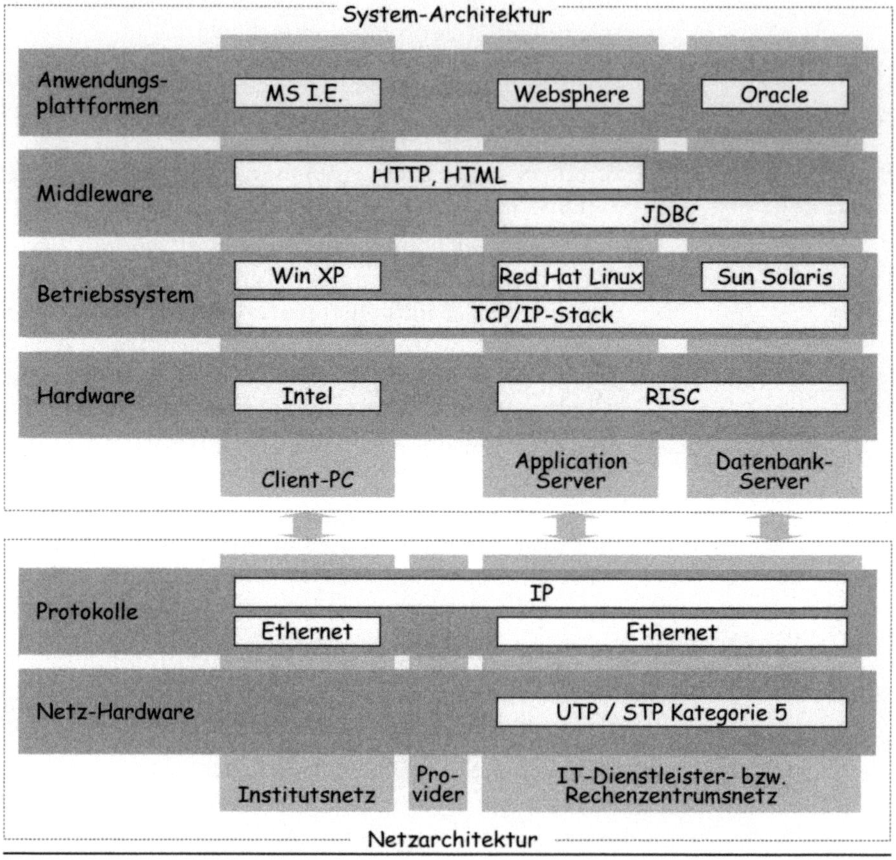

System-Architektur

Ebene	Client-PC	Application Server	Datenbank-Server
Anwendungsplattformen	MS I.E.	Websphere	Oracle
Middleware	HTTP, HTML	HTTP, HTML / JDBC	JDBC
Betriebssystem	Win XP / TCP/IP-Stack	Red Hat Linux / TCP/IP-Stack	Sun Solaris / TCP/IP-Stack
Hardware	Intel	RISC	RISC

Netzarchitektur

	Institutsnetz	Provider	IT-Dienstleister- bzw. Rechenzentrumsnetz
Protokolle	Ethernet	IP	Ethernet
Netz-Hardware			UTP / STP Kategorie 5

Abb. 9-12 Modell zur Infrastrukturarchitektur: Beispiel

9.7 Durchgängigkeit des Rahmenmodells

Nachdem das Modell zur Unternehmensarchitektur in seinen fünf einzelnen Architekturebenen dargestellt wurde, soll es abschließend wieder zusammengesetzt werden.

Damit zeigt sich nochmals die Durchgängigkeit des Modells von der Geschäftsarchitektur bis zur Infrastrukturarchitektur. Jede Ebene ergibt sich aus der darüber liegenden Ebene durch eine Projektion.

9.7 Durchgängigkeit des Rahmenmodells

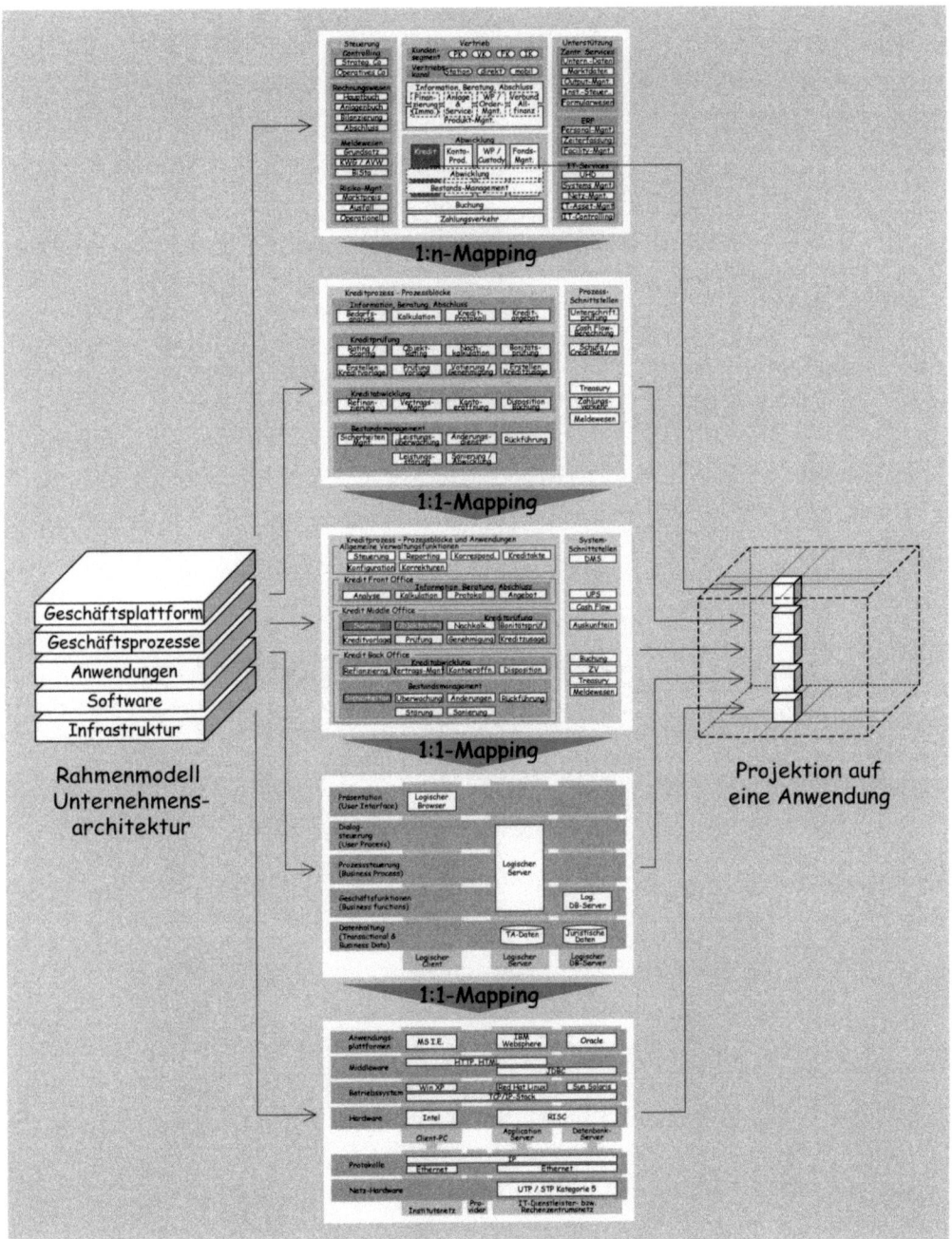

Abb. 9-13 Rahmenmodell: Durchgängigkeit der Architekturebenen

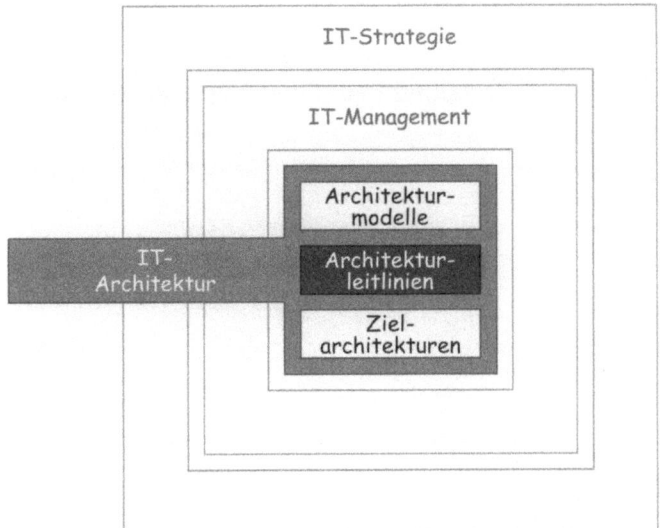

10 Architekturleitlinien: Leitplanken für die Gestaltung

Leitlinien geben Rahmen und Richtung vor, wie die eingeführten Architekturmodelle in der Praxis anzuwenden und auszugestalten sind.

Leitlinien sind ein Zwischenschritt auf dem Wege zu Zielarchitekturen. Sie betonen das grundsätzliche *Wohin* in der Architekturentwicklung, während Zielarchitekturen das *Wie* beantworten.

Als Grundsatz- und Rahmenvorgaben sind Leitlinien ihrem Anspruch nach langlebiger als die – im Gegenzug wesentlich konkreteren – Zielarchitekturen. So bleiben die Architekturleitlinien grundsätzlich instituts- und produktneutral.

Für jede der fünf Architekturebenen wird ein schematisierter Soll-Ist-Vergleich vorgestellt, anhand dessen die detaillierten Leitlinien abgeleitet werden mit besonderer Berücksichtigung der Voraussetzungen und Erfolgsfaktoren bei der Umsetzung.

10 Architekturleitlinien: Leitplanken für die Gestaltung

10.1 Leitlinien zur Geschäftsplattformarchitektur

Die Geschäftsplattformenarchitektur unterstützt als *implizite* Leitlinie bereits in ihrer Grundstruktur die zwei strategischen Stoßrichtungen der Banken: Segmentierung und Industrialisierung.

Die *expliziten* Leitlinien werden anhand eines der Geschäftsmodelle für Retailbanken, dem Regionalmarktspezialist, vorgestellt:

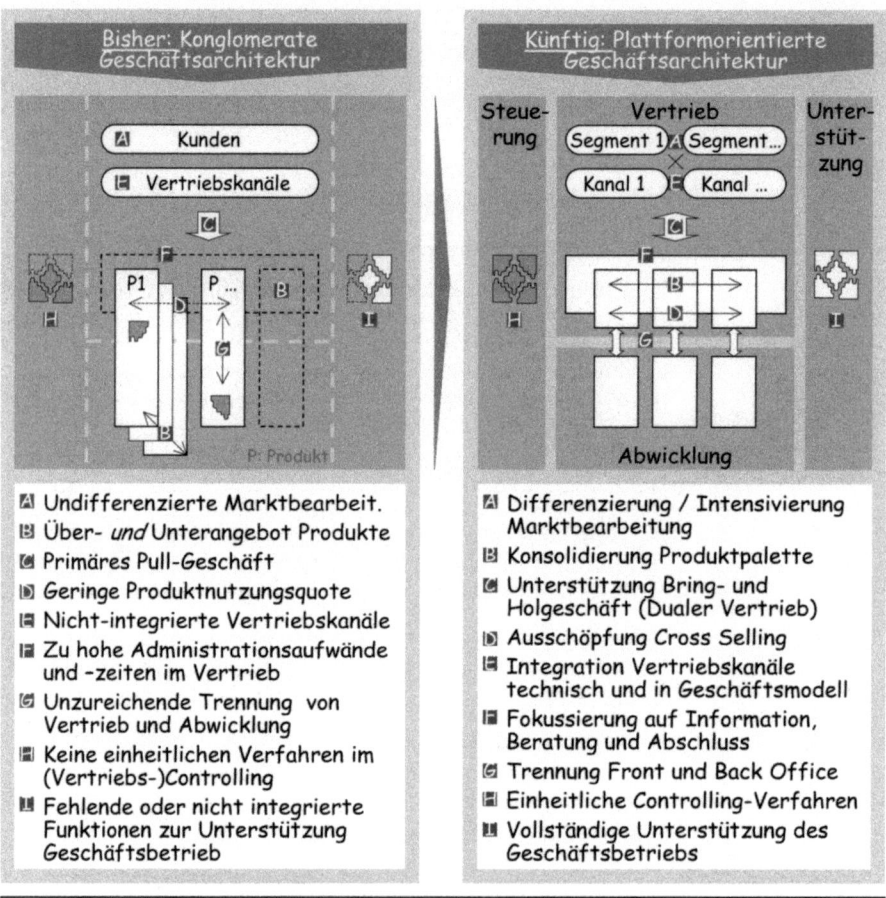

Abb. 10-1 Geschäftsplattformarchitektur: Soll-Ist-Vergleich

10.1 Leitlinien zur Geschäftsplattformarchitektur

Zur besseren Einordnung der Leitlinien wird das Geschäftsmodell des Regionalmarktspezialisten skizziert.

Detail

Das Geschäftsmodell des Regionalmarktspezialisten

Ein Regionalmarktspezialist muss alle Kunden in seinem Einzugsgebiet betreuen können. Dies bedeutet notwendigerweise eine begrenzte Kundenzahl. Allerdings liegt beim Gros der Banken die faktische Marktdurchdringung weit unter der statistischen Marktdurchdringung. Somit ist die Ausschöpfung des Kundenpotentials das strategische Ziel der Regionalmarktspezialisten und zugleich die Kompensation für das strategische Risiko einer begrenzten Kundenreichweite. Ausschöpfung des Kundenpotentials verlangt Präsenz in der Fläche und ein breit gefächertes, in der Tiefe jedoch reduziertes Produktangebot. Dazu eine gemischte zentrale und dezentrale, d. h. durch die Filialen mitgetragene Vertriebsstrategie bzw. -steuerung.

Die Leitlinien werden anhand der folgenden Tabelle dargestellt:

Leitlinien	Voraussetzungen/Erfolgsfaktoren
Vertriebsplattform	
Differenzierung und Intensivierung der Marktbearbeitung	Dynamische Segmentierung nach Aktivkunden, Potentialkunden, Bestandskunden Verfeinerung vom Segment- zum One-to-One-Marketing
Restrukturierung der Produktpalette	Reduktion der Produkttiefe („Dubletten-Bereinigung") Halten bzw. gezielter Ausbau der Produktbreite
Dualer Vertrieb (Push & Pull-Vertrieb) Fokussierung auf langfristige Bedarfsorientierung	Intensivierung der Aktivkunden, Vitalisierung der Potentialkunden, Aktivierung oder Trennung von Bestandskunden Erhöhung Cross Selling-Quote Möglichkeit zur Kunden-Lebenszyklus-Analyse Kundenbindung auch über Service, nicht nur Abschluß

Leitlinien	Voraussetzungen/Erfolgsfaktoren
Vertriebsplattform (Fortsetzung)	
Fokus auf Information, Beratung und Verkauf	Erhöhung der Kundenansprache (2003: aktive Kontakte pro Tag bei Sparkassen 1 - 2; MLP: 6 - 8)
	Reduktion der administrativen Tätigkeiten (2003: Sparkassen 60%, Citibank 30%)
Integration Vertriebskanäle in Geschäftsmodell	Differenziertes Filialkonzept (Beratungs-Center, Filiale, Instore-Filiale)
	Ausbau virtueller Strukturvertrieb (Direkt-Kanäle)
	Umleitung der Servicefunktionen von Filiale auf Call Center bzw. Instore-Filiale
Abwicklungsplattform	
Optimierung der Abwicklung in Back Office-Einheiten	Standardisierung, Stückkostenreduktion
	Erreichen kritische Größe
Unterstützungsplattform	
Bündelung der Querschnitts-Services	Zentrales Geschäftspartner-Informationssystem
Verbesserung der IT-Services	Zentraler User Help Desk /Problem Mgnt.
	Optimierung Arbeitsplatzausstattung (Zentrale, Filiale)
Steuerungsplattform	
Bündelung Vertriebsverantwortung	Schneiden der Verantwortlichkeitsbereiche nach Kundensegmenten
	Bündelung Kunden-, Vertriebs- und Ergebnisverantwortung pro Geschäftsfeld
Zentrale *und* dezentrale Vertriebssteuerung	Unterstützung eingebetteter dezentraler Vertriebssteuerung
	Verbesserung von Steuerung und Kontrolle der Kundenansprache
Vereinheitlichung von Controlling-Verfahren und –Kennzahlen	Einheitliche Erfolgsrechnung (Marktzinsmethode, Abschreibungsmethoden)
	Einheitliche Bewertungsmaßstäbe (Rating) u. Risikomessverfahren (VaR, RAROC)

10.2 Leitlinien zur Geschäftsprozessarchitektur

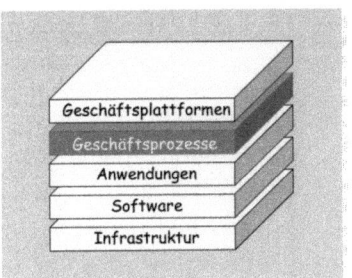

Die Leitlinien zur Prozessarchitektur unterscheiden zwischen Vertriebs- und Abwicklungsprozessen.

Die Vertriebsprozesse sind auf die Kunden und zugleich auf die Vertriebmitarbeiter zuzuschneiden. Sie unterstützen das Paradigma Interaktion und Personalisierung. Die Abwicklungsprozesse dagegen verfolgen das Ziel Automatisierung und Transaktion.

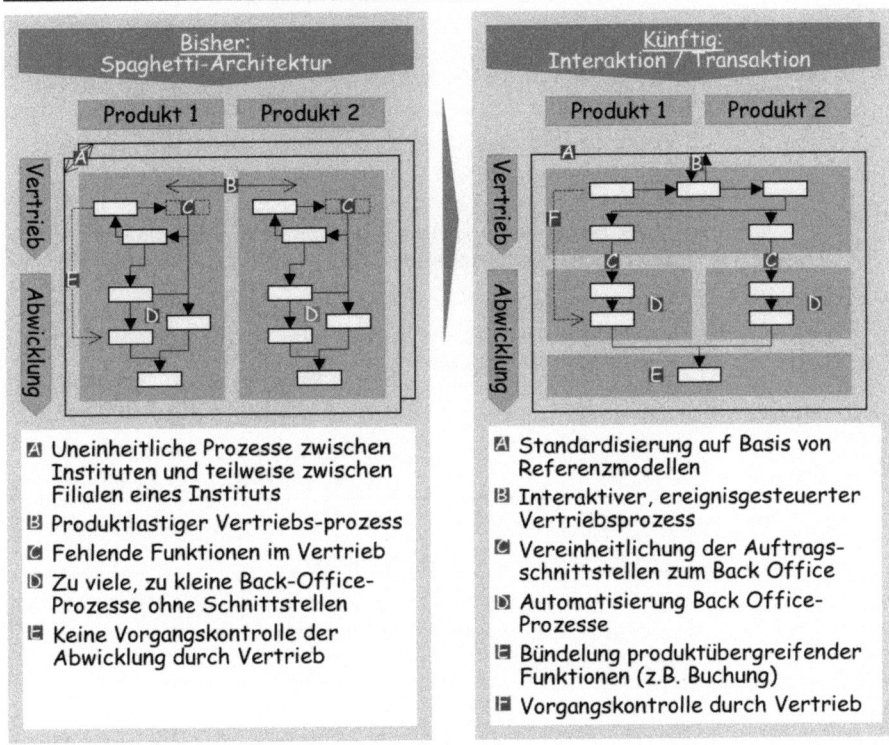

Abb. 10-2 Geschäftsprozessarchitektur: Soll-Ist-Vergleich

Die Leitlinien werden anhand der folgenden Tabelle dargestellt:

Leitlinien	Voraussetzungen/Erfolgsfaktoren
Allgemein	
Standardisierung	Einsatz von Referenzmodellen (z.B. Referenzmodell FDL der Sparkassenorganisation)
Differenzierung geschäftskritischer Prozesse	Bewertung der Kritikalität nach: Erfüllung gesetzliche Auflagen, Wirtschaftliche/ Strategische Relevanz
Vertriebsprozesse	
Interaktiver, personalisierter Vertriebsprozess	Unterstützung der gesamten Vertriebskette (siehe dazu 11.5 Vertriebsarchitektur) Unterstützung der Vertriebsinitiativen von Bank *und* Kunde
Vereinheitlichung der Auftragsschnittstellen zum Back Office	Fallabschließende Bearbeitung Intelligente Prozessschnittstellen („Auftrags-Manager"-Konzept)
Abwicklungsprozesse	
Automatisierte, transaktionsorientierte Back Office-Prozesse	Bündelung von Produktgruppen (z.B. einheitliche Kreditabwicklung) Bündelung produktübergreifender Funktionen (z.B. Buchungsfunktionen) Intelligente Prozessschnittstellen („Auftrags-Manager"-Konzept)
Vorgangskontrolle durch Vertrieb	Überwachung Abwicklungsstatus durch Vertrieb
Überleiten vertriebsrelevante Ereignisse aus Back Office	Existenz einer Back Office-to-Front Office-Schnittstelle

10.3 Leitlinien zur Anwendungsarchitektur

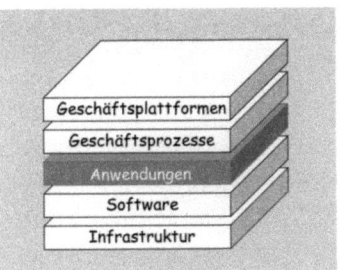

Die Anwendungsarchitektur hat sowohl die weiter steigenden *funktionalen* Anforderungen entlang der Geschäftsprozesse, als auch die *strukturellen* Anforderungen, insbesondere die Kongruenz mit den Prozessschnittstellen, zu unterstützen.

Ziel ist eine „Massen-Maßanfertigung" der Anwendungslandschaft, die auf das Geschäftsmodell der Bank und ihre Geschäftsprozesse zugeschnitten ist. Der Hebel dazu ist eine modulare Anwendungsarchitektur.

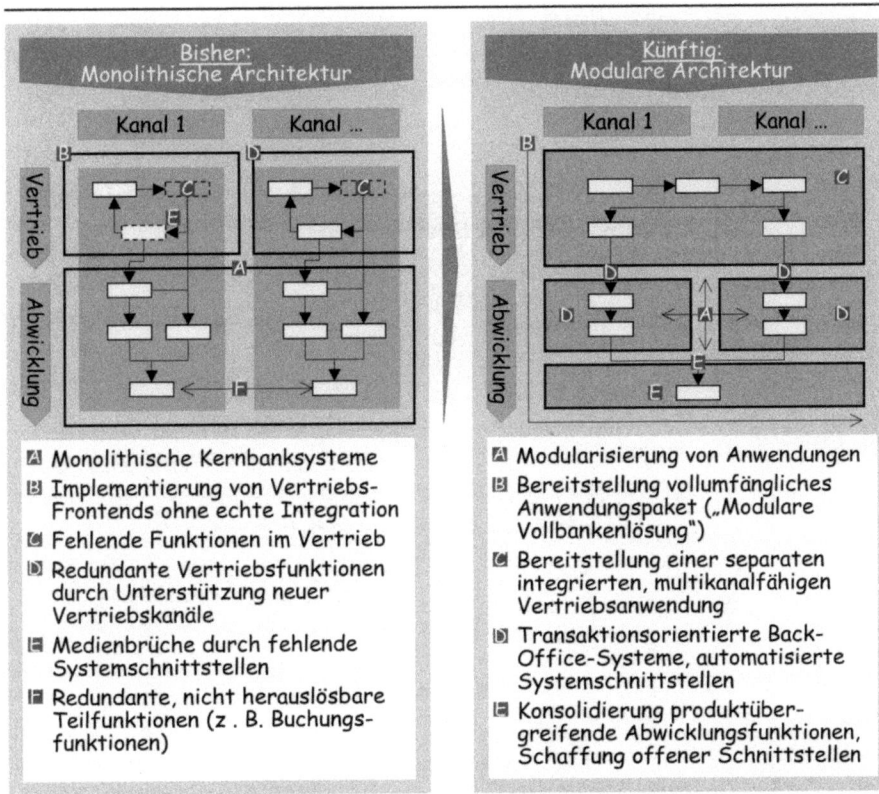

Abb. 10-3 Anwendungsarchitektur: Soll-Ist-Vergleich

Die Leitlinien werden anhand der folgenden Tabelle dargestellt:

Leitlinien	Voraussetzungen/Erfolgsfaktoren
Übergeordnete Leitlinien	
Modularisierung von Anwendungen	Optimale, nicht maximale Anzahl Schnittstellen (Abwägung zwischen Gewinn an Flexibilität und Zunahme von Komplexität)
Bereitstellung vollumfängliches Anwendungspaket („Modulare Vollbankenlösung") Optimale Unterstützung aller geschäftskritischen Prozesse	*Funktionale* Kriterien: Vollständigkeit; Unterstützung neuester, erprobter Bankverfahren; Aktualität von Rechenkernen; Aktualität externer Daten; Benutzerfreundliche Oberflächen und Dialogführungen *Processing*-Kriterien: Unterstützung automatisierter (STP) und interaktiver Prozess-Komponenten (Event-Steuerung); Hohe Verarbeitungsgeschwindigkeit und -qualität
Anwendungsspezifische Leitlinien	
Bereitstellung integrierte Vertriebsanwendung (siehe 11.5 Vertriebsarchitektur)	Integration Vertriebskanäle Unterstützung der gesamten Vertriebskette Unterstützung fallabschließende Bearbeitung
Streamlining und Automatisierung der Back Office-Systeme	Intelligente Schnittstellen zu den Front-Office-Systemen (Unterstützung Auftrags-Manager-Konzept) Kapselung der produktspezifischen Funktionen und Auslagerung aller produktübergreifenden Funktionen Unterstützung von Realtime- bzw. Neartime-Anforderungen Minimierung Ausschuss bzw. Nachbearbeitung Gewährleistung Datenqualität (siehe dazu 11.4 Datenarchitektur)

Hintergrund

Kernbanksysteme - Das Ende der Universalsysteme

Kernbankensysteme werden vielerorts als Kronjuwel des IT-Bereichs betrachtet. Als solche unterlagen und unterliegen sie einer besonderen Behandlung. Auf Basis einer ersten, meist von einem Produkt-Standard entfernten Lösung wurden sie fast immer in Eigenregie weiterentwickelt und haben neue funktionale Anforderungen – etwa die Abbildung neuer Vertriebskanäle, die Integration neuer Bankprodukte oder ein Realtime-Buchungskern – sich Schritt für Schritt einverleibt.

Resultat war ein funktional hochgradig ausgereiftes System – um den Preis einer ebenso hochgradig proprietären Lösung. Sowohl im Hinblick auf die IT-Lösung selbst, als auch die weiteren Entwicklungsoptionen. Nicht umsonst zählen Kernbanksystemexperten mittlerweile zu den kostbarsten Mitarbeitern. Noch dazu, wenn Sie zur schwindenden Schar versierter Host-Programmierer gehören.

Die Entwicklung von solchermaßen gewachsenen Kernbanksystemen ist an einem Wendepunkt angelangt. Heutige Kernbanksysteme sind gleich mehreren Herausforderungen ausgesetzt:

- Das Anwendungsumfeld ist komplexer geworden. Gerade das Kernbanksystem ist mit den übrigen Anwendungen hochgradig vernetzt.

- Eine Weiterentwicklung ist praktisch unmöglich vor dem Hintergrund der zu erwartenden Aufwände und des vielerorts fehlenden Knowhows.

- Der Markt für Kernbanksysteme hat sich weiterentwickelt. Viele der 80er- und 90er-Jahre-Produktlinien stehen am Ende ihres Lebenszyklus.

Für die Banken bedeutet dies im Kern eine strategische Neupositionierung von Aufgabe und Funktion eines Kernbanksystems. Mit Auswirkungen auf alle Satellitenanwendungen. Etwa das Vertriebs-Frontend oder das Back Office. Denn das Gesundschrumpfen des Kernbanksystems setzt eine Menge an Funktionalitäten frei, die keineswegs obsolet sind. Im Gegenteil: Sie waren in der Vergangenheit der Grund für die Erweiterungen. Und sie werden künftig den Mehrwert des Gesamtsystems liefern, während echte Kernfunktionalitäten, wie z.B. ein Online-Buchungskern, zum Standard werden und nicht zur Differenzierung im Wettbewerb beitragen.

Hintergrund

Die Architekturleitlinien für ein neues Kernbanksystem und den damit verbundenen Umbau der Anwendungslandschaft setzen an drei Punkten an:

- Erweiterung des Transaktionskerns um einen Interaktionskern und einen Geschäftsprozesskern
- Erweiterung der kontenzentrischen Sicht um eine produkt- bzw. kundenzentrische Sicht
- Modularisierung und Schaffung offener Schnittstellen

Diese Zielarchitektur wird von den Produktanbietern bereits konsequent verfolgt.

Vorreiterrolle spielen hier die Anbieter, die von der Vertriebsseite her kommen und sich in Richtung Integration von Back Office-Funktionalitäten bewegen. Es handelt sich hier um die Anbieter großer operativer, multikanalfähiger CRM-Anwendungen.

Zum zweiten sind die bisherigen Anbieter für Kernbanksysteme zu nennen, die ebenfalls in Richtung modulare Vollbankenlösungen gehen. Dabei wird das Verhältnis von Standard- und Add-On-Funktionalität – welches maßgeblich die Gesamtkosten bei Einführung bestimmt – entscheidend für den Markterfolg sein. Diese Frage ist auch zentral im Hinblick auf die Etablierung von Standard-Software-Anbietern, wo es im Segment der Vollbankensystem-Lösungen bis heute keinen marktbeherrschenden Player gibt.

Zum dritten gibt es mit SAP einen Anbieter, der von der Steuerungsplattform kommend über den Buchungskern und den Produktkern in Richtung Vertriebsapplikationen sich entwickelt und lt. Postbank mittlerweile eine komplette Systemlösung für das Banking abdeckt.

Welcher Weg auch beschritten wird – das Ziel lautet für alle Anbieter: Bereitstellung einer neuen Generation modularer Vollbankenlösungen. Diese erlauben künftig die „Massen-Maß"-Anfertigung, welche auf das spezifische Geschäftsmodell einer Bank bzw. deren Geschäftsprozesse und Produkte zugeschnitten ist.

10.4 Leitlinien zur Software-Architektur

Der Wechsel von einer system- zu einer service-zentrierten Architektur (siehe 1.1.2 IT-Innovation, Seite 11) bedeutet die Verteilung von Anwendungen auf eine Mehrzahl von – auch physikalisch und geographisch – separaten Systemen. Das klingt unspektakulär. Es hat aber eine Fundamentalveränderung in der Software-Entwicklung und Software-Industrie eingeläutet.

Mit ihrer Verteilung werden signifikant höhere Anforderungen an die Anwendungen bzw. Anwendungskomponenten gestellt. Denn Anwendungen müssen über die Grenzen von Netzen, Betriebssystemen, Programmiersprachen, Daten- und Message-Formaten hinweg kommunizieren. Und das im Rahmen technisch und bankfachlich sicherer Transaktionen.

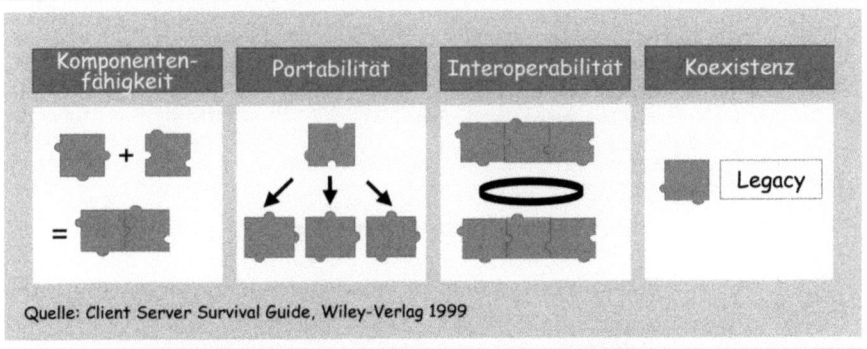

Abb. 10-4 Anforderungen an verteilte Anwendungen

Zudem besteht die Anforderung und zugleich die Chance, vorhandene Legacy-Anwendungen – beispielsweise den in COBOL programmierten Produktkern für eine Giroanwendung – anzubinden bzw. einzubinden in eine neue integrierte Banklösung.

In Konsequenz werden neben kompletten Anwendungen verstärkt Anwendungs-Frameworks bereitgestellt, die aus Anwendungskomponenten – ggf. mehrerer Hersteller – zusammengesetzt werden als individuelle Lösung beim Kunden.

10 Architekturleitlinien: Leitplanken für die Gestaltung

Vor dem Hintergrund der skizzierten Entwicklung ergibt sich folgender Soll-Ist-Vergleich:

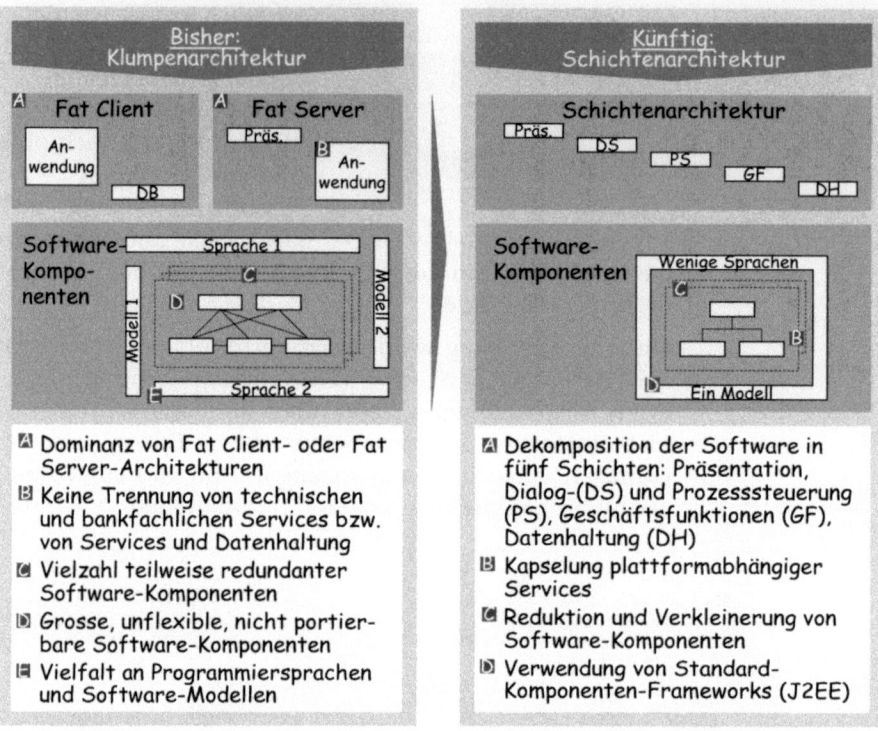

Abb. 10-5 Software-Architektur: Soll-Ist-Vergleich

Die Leitlinien werden anhand der folgenden Tabelle dargestellt:

Leitlinien	Voraussetzungen/Erfolgsfaktoren
Dekomposition und Schichtenbildung	Orientierung an einem der etablierten Standard-Modelle (z.B. Levelized Architecture der Gartner Group)
Kapselung systemplattformabhängiger Services	Splitting in reine Geschäfts- und reine Systemkomponenten

10.4 Leitlinien zur Software-Architektur

Leitlinien	Voraussetzungen/Erfolgsfaktoren
Reduktion und Verkleinerung von Software-Komponenten	Verwendung existierender Basis-Komponenten
	Keine Neuentwicklung bereits bestehender Service-Komponenten
Verwendung von Standard-Komponenten-Frameworks	Orientierung an existierenden und erprobten Markt-, Konzern- oder Verbund-Standards (z.B. J2EE)

Detail

Systemplattformunabhängigkeit

Systemplattformunabhängigkeit (i.f. als Plattformunabhängigkeit bezeichnet) ist buchstäblich ein vielschichtiger Begriff. Sie beginnt mit dem Betriebssystem, setzt sich fort über systemnahe Dienste und die Middleware bis hin zu Komponenten-Frameworks. Verstöße gegen den Grundsatz der Plattform-Unabhängigkeit reichen entsprechend von der Anwendungsentwicklung in Assembler bis zur Nutzung nicht-standardisierter Klassenbibliotheken.

Dabei bietet Plattformunabhängigkeit große Vorteile in puncto Komplexitätsreduktion und Schnelligkeit. Z.B. bei der Portierung neuer Betriebssystem-Releases oder kompletter Anwendungen.

Natürlich beginnt an irgendeiner Schnittstelle immer die Abhängigkeit zur Hardware. Insofern wäre es logisch falsch, eine vollkommene Plattformunabhängigkeit zu fordern. Zudem bedeutet dies häufig den Verzicht auf die Nutzung gerade der wichtigsten „Features" einer Systemplattform. Und das Herstellen von Plattform-Unabhängigkeit kann mit erheblichen zusätzlichen Aufwendungen verbunden sein.

Jedoch können im Zuge einer einheitlicheren Strukturierung der Anwendungen Frameworks besser genutzt werden. Frameworks sind hervorragend geeignet, Systemplattformspezifika zu kapseln. Auch das Prinzip der Levelized Architecture begünstigt Plattformunabhängigkeit.

Wie so häufig bedarf es auch hier der Einzelfallprüfung. Neu ist die Umkehrung von Regel und Ausnahme. Abhängigkeiten zu Systemplattformen sind künftig zu begründen.

10.5 Leitlinien zur Infrastrukturarchitektur

Mit der Bereitstellung von Infrastrukturdiensten entlang der Systemschichten bildet die Infrastruktur eine Basisarchitektur für viele verschiedene Bankanwendungen.

In der Banken-IT bot der Host in der Vergangenheit eine solche Basisarchitektur. Seit der Realisierung von Client/Server-Anwendungen wurde auf die Schaffung einer Basisarchitektur nicht mehr in gebotenem Maße abgezielt.

Insbesondere am Markt eingekaufte Anwendungen haben ihr eigenes Technologie-Set mitgebracht. Ein bestimmtes Betriebssystem, eine bestimmte Storage-Lösung, eine Datenbank mit einem proprietären SQL-Dialekt. Und sie haben ihre eigene Architektur mitgebracht. Beispielsweise eine Two-Tier-Architektur mit Fat Client.

Dies hat zur Entwicklung einer in weiten Teilen anwendungsspezifischen Basisarchitektur geführt. Ein Widerspruch in sich selbst.

Der Aufbau einer offenen – weder host-zentrierten, noch auf andere Plattformen oder Anbieter beschränkten – Infrastrukturarchitektur unter Beachtung und Herstellung von Interoperabilität ist deshalb geboten. Dabei ist die Hosttechnologie explizit einzubeziehen, da sie für eine ganze Reihe von Basis-Diensten – nach wie vor – als einzige Plattform die erforderliche Qualität liefert.

10.5 Leitlinien zur Infrastrukturarchitektur

Vor dem Hintergrund der skizzierten Entwicklung ergibt sich folgender Soll-Ist-Vergleich:

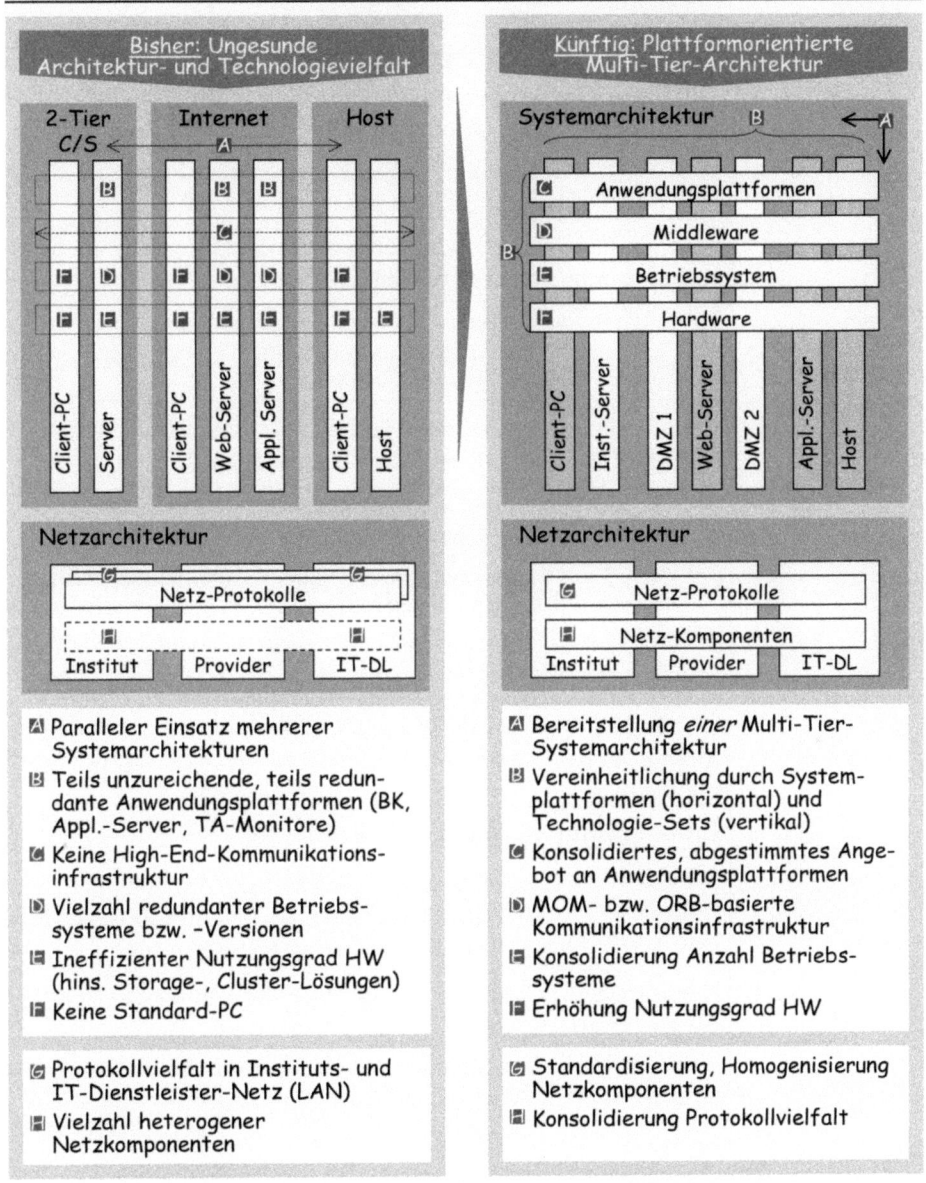

Abb. 10-6 Infrastrukturarchitektur: Soll-Ist-Vergleich

10 Architekturleitlinien: Leitplanken für die Gestaltung

Die Leitlinien werden anhand der folgenden Tabelle dargestellt:

Leitlinien	Voraussetzungen/Erfolgsfaktoren
Infrastruktur I: Systemarchitektur	
Bereitstellung einer Multi-Tier-Systemarchitektur	Abbildbarkeit aller bisherigen Two- und Three-Tier-Architekturen
	Dimensionierung von Systemdiensten auf Basis von Quality of Service-Anforderungen
Vereinheitlichung durch Technologie-Sets	Definition von Standard-Endgeräten (insbesondere Arbeitsplatz-PCs)
	Server-Cloning (Betreuungskapazität Server pro Mitarbeiter: ungeclont 2,5 - 5, geclont 10 - 12, supergeclont 30 - 50)
Vereinheitlichung durch Systemplattformen	Einheitliche Storage-Lösungen (inkl. Verfahren für (K-)Backup, Recovery)
	Konsolidierung Betriebssysteme (pro Technologie-Set *ein* Betriebssystem)
	Security: Konzept der demilitarisierte Zonen (DMZ); Basis-Verschlüsselung plus zusätzliche Dienste (Public Key Infrastructure (PKI))
	MOM-/ORB-Kommunikationsinfrastruktur
Offene Anwendungsplattformen	Konsolidiertes, abgestimmtes Angebot für Application Server, TA-Monitore, DBMS, Bürokommunikation, Internet/Intranet etc.
Infrastruktur II: Netzarchitektur	
Standardisierung Netz-Hardware	Gewährleistung Multiprotokollfähigkeit
	Bereitstellung intelligenter Dienste (Load Balancing, multiple Pfade, Priorisierung)
Konsolidierung der Protokollvielfalt	Reduzierung der Protokollvielfalt (Trennung von Exoten)
	Konvergenz gegen das im Institut dominierende Protokoll (idealerweise IP); Definition von End of Licence für nicht mehr unterstütze Protokolle
Optimierung Provider-Netz	Backup- bzw. Fail Over-Lösungen bei Ausfällen Quality of Service-SLA (Bandbreite, Realtime)

10.5 Leitlinien zur Infrastrukturarchitektur

Standpunkt

Standardisierung: Ein Blick hinter die Kulissen

Standards in der IT sind wie in jeder anderen Branche allgegenwärtig. Nicht nur für verschiedene Bereiche wie IT-Produkte, Verfahren, Prozesse, sondern oftmals parallel für dieselben Verfahren und Technologien – und dazu noch inkompatibel zu einander. Dabei sind Standards unumgänglich, und sie werden wichtiger in einer IT-Welt, die immer mehr Nutzer erreicht und immer mehr unterschiedlichste Technologien zusammenwachsen lässt.

IT-relevante Standards lassen sich differenzieren nach:

- **Wer ist verantwortlich.** Nationale oder internationale Organisationen (ISO, ANSI), internationale Herstellerkonsortien (OMG, W3C), einzelne Hersteller (De facto-Standards) oder Best Practice-Verfahren, die in Breite angewendet, aber nicht verbindlich definiert sind.

- **Was wird geregelt.** Einzelstandards (Globaler Verzeichnisdienst), Standard-Frameworks (OSI, CORBA), „Standards für Standards" (IIOP zur Interoperation verschiedener Komponentenmodelle wie z.B. CORBA und DCOM).

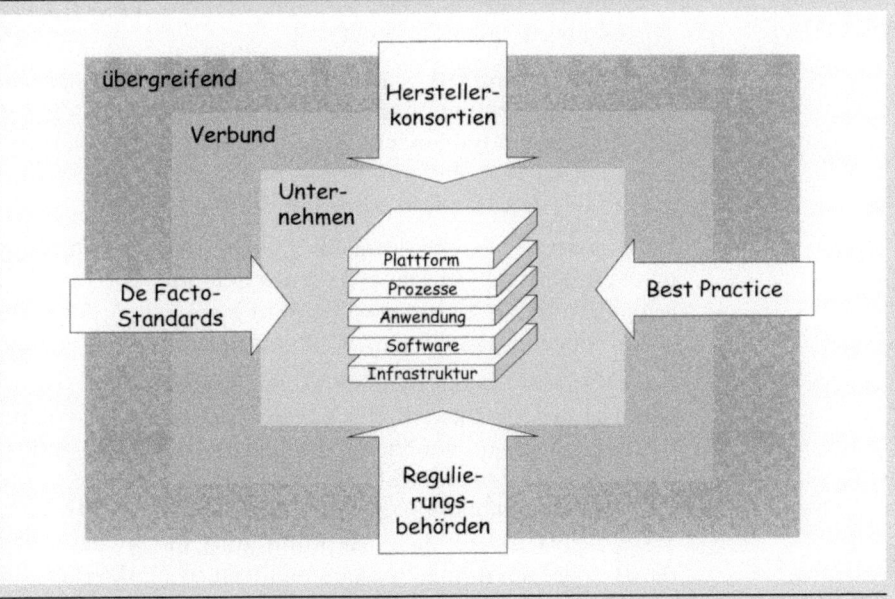

Abb. 10-7 Herkunft und Reichweite von Standards

Standpunkt

Leider gibt es „gute" und „schlechte" Standards. Prinzipiell sind Standards gut, wenn sie ausgereifte Technologien bzw. Verfahren festschreiben und allgemein verfügbar machen. Andererseits können Standards in einem dynamischen Wettbewerbsumfeld zu Innovationshemmern werden. Wie lassen sich gute von schlechten Standards unterscheiden? Dazu einige Praxisbeispiele:

- **Standards brauchen ein Produkt.** Die Spezifikation von CORBA war lange Zeit „besser" als die Produkte, die CORBA unterstützt haben. Erst die CORBA-Java-Verbindung hat zu stabilen und performanten CORBA-Produkten geführt.

- **Standards bleiben nicht zwingend Standards.** Die zögerliche Weiterentwicklung des SQL 2.0-Standards in den 90er Jahren hat beispielsweise Oracle zu Erweiterungen von SQL (PL-SQL) veranlasst – ausdrücklich als Kaufargument für Oracle. Diese sind nicht mehr SQL 2.0-kompatibel.

- **Standards brauchen einen Markt.** OS/2 war lange Zeit Technologieführer im Bereich Client-Betriebssysteme. Durch die restriktive Code-Politik gegenüber Software-Häusern gab es jedoch immer weniger Anwendungs-Software für OS/2. Inzwischen ist OS/2 in der Banken-IT strategisch abgeschrieben.

- **Außen Standard – innen proprietär.** Microsoft mit seinem Komponentenmodell DCOM bietet eine Integration von Anwendungen an, deren funktionaler Umfang nur in der Microsoft-Welt uneingeschränkt gilt. Integration endet hier an den Herstellergrenzen.

Die konkrete Entscheidung für oder wider die Einführung eines Standards ist eine Einzelfallentscheidung. Die obigen Punkte eins und zwei beispielsweise sind zwei Seiten *einer* Medaille – der herstellergetriebenen Weiterentwicklung von Standards.

Insbesondere strategische Entscheidungen sind vor diesem Hintergrund problematisch. Wichtig ist eher ein dynamisches Verständnis von Standards. Standards kommen und gehen. Neue Standards sind fortwährend hinsichtlich ihres Potentials und der Implikationen auf die bestehende IT abzuschätzen. Dazu ist es erforderlich, Herkunft und Reichweite von Standards, aber auch ihre Implementierung in marktreifen Produkten zu beobachten. Und alte Standards über einen Migrationspfad in Standards der nächsten Generation zu überführen.

10.6 Vorteile einer leitlinienkonformen IT-Architektur

Sofern im Vorfeld von Fusionen oder Outsourcing Due Diligence-Verfahren durchgeführt werden, erstrecken sich diese auf Marktpotentiale, Kostensenkungs- und Risikopotentiale – allerdings häufig mit Fokus auf das Geschäftsmodell. Dabei bleiben Synergie- wie Risikofaktoren der IT-Architektur bisweilen unterbelichtet.

Das gilt zum einen im Thema Outsourcing. Eine strategische Entscheidung beispielsweise zugunsten der Auslagerung der Kreditabwicklung kann von der IT-Architektur so limitiert sein, dass die im Business Case errechneten Synergien ausgehebelt bzw. der Break Even-Punkt deutlich nach hinten vorschoben wird. Das gilt in noch stärkerem Maße für Fusionen, wo ein massiver Eingriff in die gesamte IT-Architektur der beteiligten Institute erfolgt.

In beiden Fällen gilt es, eine Analyse der IT-Architektur und die grundsätzlichen Optionen in die Entscheidung einzubeziehen. Vor allem, was die Abhängigkeiten zwischen den Geschäftsplattformen und Geschäftsprozessen auf der einen Seite und den Anwendungen und IT-Infrastrukturen auf der anderen Seite anlangt.

Insgesamt gibt es drei Konstellationen mit drei entsprechenden Optionen (siehe auch Abb. 10-8, Seite 235):

- **Überstülplösung.** Dominieren monolithische Strukturen die Unternehmensarchitektur, so ist ein Herauslösen selbst größerer Teile betriebswirtschaftlich und komplexitätsmäßig ausgeschlossen. Auf Basis einer Vergleichs- und Gap-Analyse erhält eine der beiden Lösungen den Zuschlag.

  Diese bestehende Lösung wird dem anderen Institut „übergestülpt" bei gleichzeitigem Schließen der Gaps, d.h. der Erweiterung um die aus Sicht des „Verlierer-Instituts" erforderlichen Funktionen.

  Dieses Szenario hat zwei Nachteile. Erstens entstehen hohe Anpassungskosten. Diese können nur durch ein Herunterpriorisieren der zu schließenden Gaps, also ein Abspecken an Funktionalität, gesteuert werden. Zweitens kann die neue Gesamtlösung einen Rückschritt bedeuten, wenn durch die Überstülplösung gute Teillösungen des Verlierer-Instituts verschwinden.

- **Blockbildung.** Die Architekturen beider Institute erlauben durchgehende vertikale Schnitte durch alle Architekturebenen auf dem Aggregationsgrad von Geschäftsplattformen oder Geschäftsfunktionen. Eine Blockbildung ist möglich und somit eine Kombination der jeweils besseren Blöcke zu einer neuen Gesamtarchitektur.

  Dies führt zu einer Reduktion von Komplexität sowie Dauer und Kosten der Fusion.

- **Cherry Picking.** Die Architekturen beider Institute erlauben durchgehende vertikale und horizontale Schnitte durch alle Architekturebenen. In der Vertikalen zwischen einzelnen Prozessen bzw. Teilprozessen. In der Horizontalen zwischen Prozessen, Anwendungen und der IT-Infrastruktur.

  Diese Feinschnitte in der Architektur bieten die Möglichkeit, das Beste aus beiden Instituten zu verschmelzen. Und dies bei einer – gegenüber der Blockbildung – nochmals spürbaren Reduktion von Komplexität und Kosten.

Die Frage ist abschließend nicht, welche Strategie man fährt. Sondern welche Offenheit die Unternehmens-IT der beteiligten Institute aufweist und welche Optionen sich daraus eröffnen.

Hier liegen die Vorteile einer IT-Architektur, die sich an Geschäftsplattformen, an einer modularen Anwendungslandschaft und an einer offenen IT-Infrastruktur orientiert, für den anzustrebenden „minimal-invasiven" Ansatz des Cherry Picking auf der Hand.

10.6 Vorteile einer leitlinienkonformen IT-Architektur

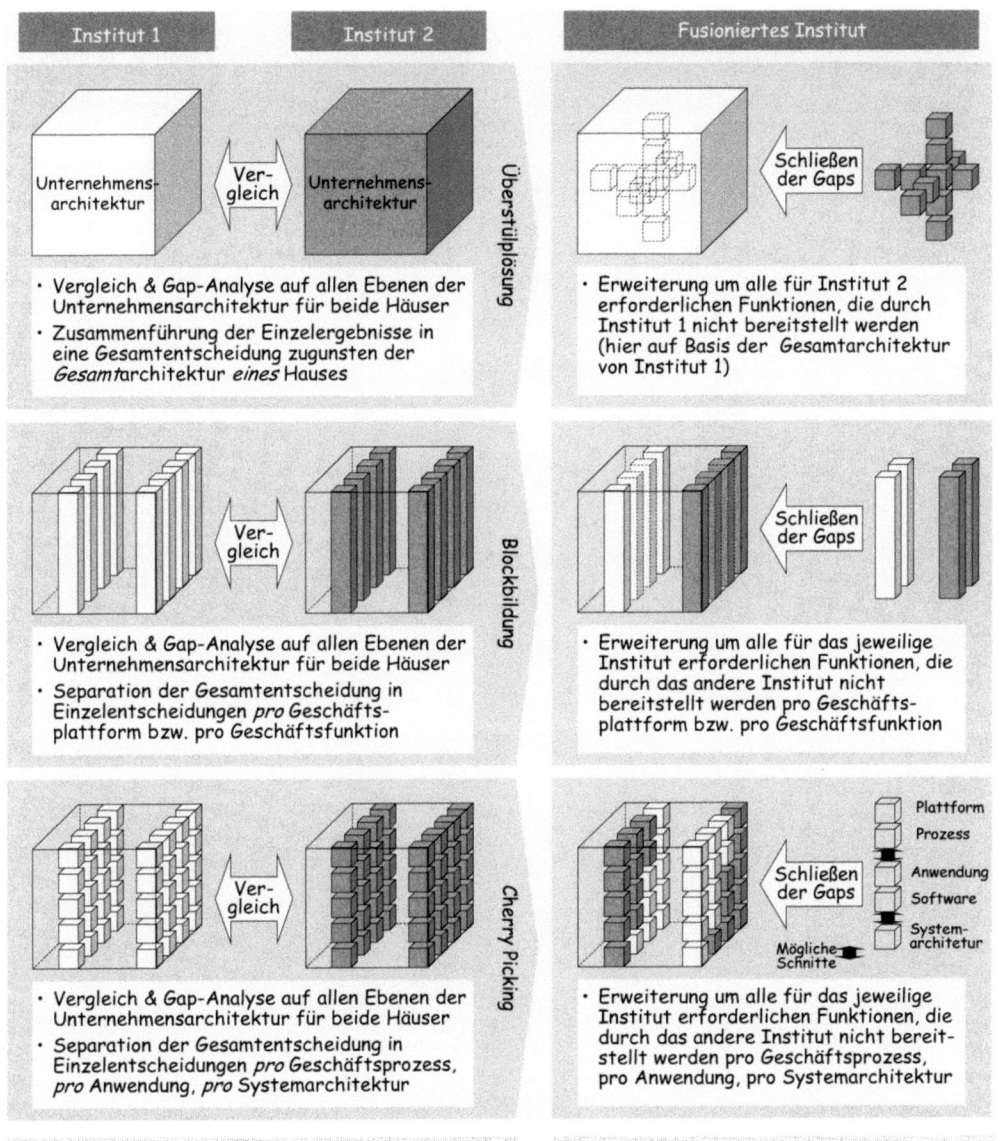

Abb. 10-8 Vorteile einer leitlinienkonformen IT-Architektur

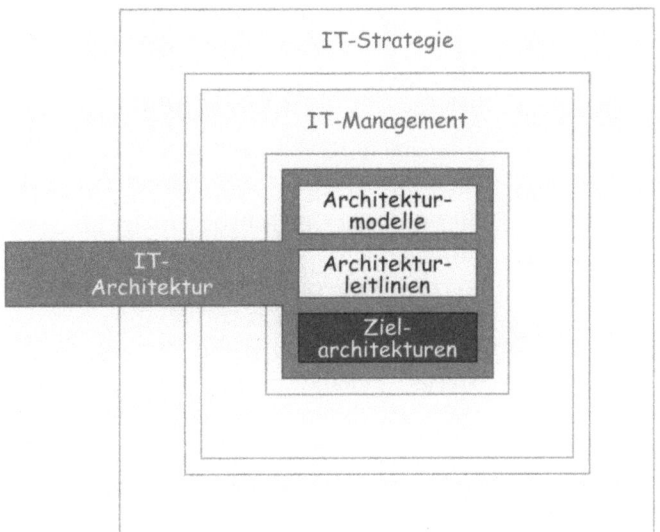

11 Zielarchitekturen: Offenheit und Integration

Wie institutsspezifisch die IT-Architektur auch ausfällt, ein Ziel haben alle Unternehmen gemeinsam: die Definition von Zielarchitekturen. Die Zielarchitekturen werden in zwei Teilen vorgestellt:

- **Ansatz der Zielarchitekturen.** Zuerst wird der Ansatz von Zielarchitekturen erläutert sowie sein Mehrwert im Hinblick auf eine gesteuerte Architekturentwicklung bzw. der Konsolidierung einer heute ungesunden Architekturvielfalt.

- **Ableitung zentraler Zielarchitekturen.** In einem zweiten Schritt werden vier zentrale Zielarchitekturen – Systemarchitektur, Komponenten- und Kommunikationsarchitektur, Datenarchitektur und Vertriebsarchitektur – hergeleitet und vorgestellt.

11 Zielarchitekturen: Offenheit und Integration

11.1 Ansatz der Zielarchitekturen

Eine Zielarchitektur ist ein Architektur-Konzept *und* ein Architektur-Framework aus real existierenden IT-Komponenten.

Dieser Ansatz erlaubt es, nicht für jede IT-Lösung – sei es eine bankfachliche oder eine technische Lösung – eine neue Architektur zu definieren und zu implementieren. Andererseits wird die rasche Integration von Lösungen befördert, weil wesentliche Teile der Architektur nicht nur auf dem Papier, sondern physisch bereits vorhanden sind. Resultat ist ein gesteuerter Konsolidierungspfad hinsichtlich der heute ungesunden Vielzahl vorhandener IT-Architekturen bzw. Architekturobjekte im Unternehmen.

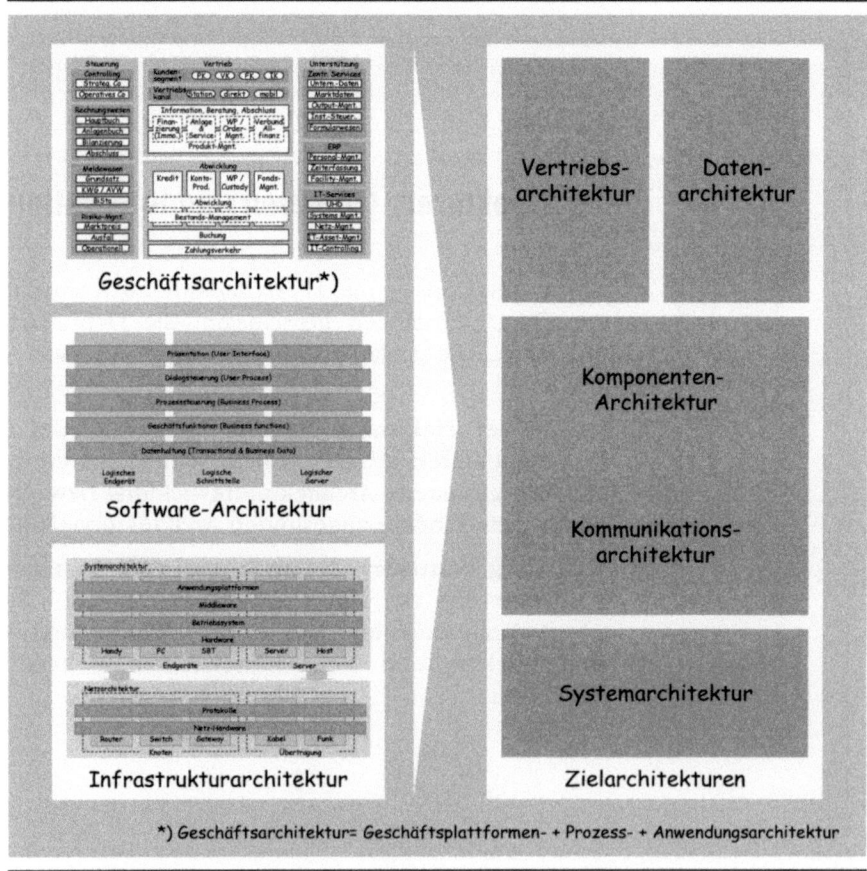

Abb. 11-1 Zielarchitekturen: Ansatz und Bestandteile

Im folgenden werden vier zentrale Zielarchitekturen hergeleitet und erläutert:

- **Zielarchitektur I: Systemarchitektur.** In den Leitlinien wird das Ziel *einer* Multi-Tier-Systemarchitektur vorgegeben. Diese eine Systemarchitektur muss die Schnittmenge dessen bieten, was bisher einzelne Systemarchitekturen geleistet haben.

- **Zielarchitektur II: Komponenten- und Kommunikationsarchitektur.** Diese beiden eng zusammengehörigen Architekturen bilden das Kernstück der Systemintegration. Sie garantieren Offenheit, Interoperabilität und Portabilität der Unternehmens-IT von der technischen Ebene bis auf die Ebene der Geschäftskomponenten.

- **Zielarchitektur III: Datenarchitektur.** Die Datenarchitektur ist die Logistik des Bankbetriebs. Sie zielt auf den Ausbau und die Beherrschung der Datenversorgungsketten, indem die Datenströme und Datenhaushalte – außerhalb der eigentlichen Anwendungen – aufeinander abstimmt und an definierten Punkten und zu definierten Zeiten bereitgestellt werden.

- **Zielarchitektur IV: Vertriebsarchitektur.** Die Vertriebsarchitektur besteht aus zwei Teilen. Der *Vertriebs-Backbone* erlaubt die Anbindung sämtlicher Vertriebskanäle, eine Orchestrierung der Vertriebsfunktionen und eine Ansteuerung der produktzentrischen Abwicklungssysteme. Die *Vertriebsfunktionen* unterstützen einen ganzheitlichen Vertriebsprozess von Marktanalyse und Kampagnen-Management über Kundenansprache und Beratung bis zu Abschluss und Service.

11.2 Zielarchitektur I: Systemarchitektur

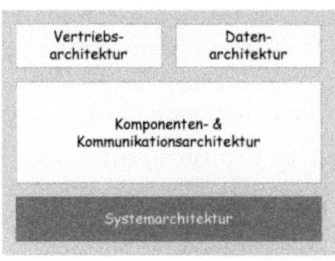

In den Leitlinien wird das Ziel *einer* konsolidierten Systemarchitektur vorgegeben. Diese eine Systemarchitektur muss die Schnittmenge dessen bieten, was bisher einzelne Architekturen geleistet haben. Und dies mit Blick auf Stabilität, Sicherheit, Performance und Flexibilität. Resultat ist eine Multi-Tier-Architektur, in welche alle bisherigen Architekturen eingebettet werden können.

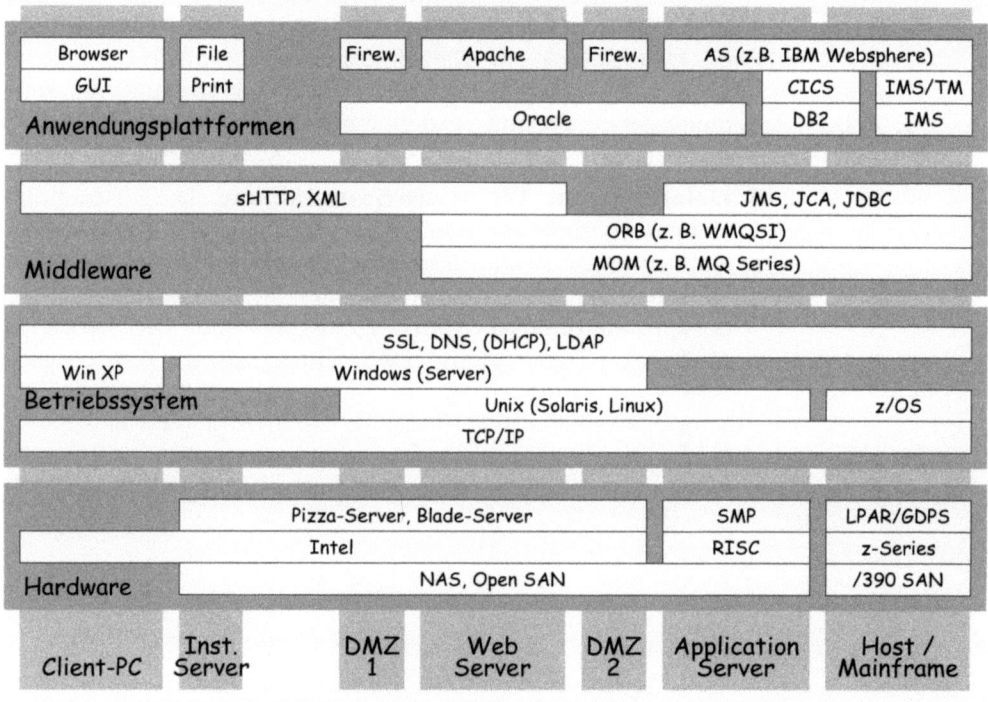

Abb. 11-2 Ziel-Systemarchitektur

Obige Darstellung zeigt *eine* mögliche Ausprägung einer Zielarchitektur. Es handelt sich hierbei um eine allgemeine Zielarchitektur, die in Teilen mit Zielarchitekturen einzelner Institute oder

IT-Dienstleistern übereinstimmen kann, insbesondere im Hinblick auf die hier genannten konkreten Produkte.

Dies heißt ausdrücklich nicht, dass es im Detail nicht andere Strukturen, Komponenten und Produkte geben kann, die dasselbe Leistungsspektrum abdecken oder sogar in einem spezifischen Kontext besser geeignet sind, als die hier dargestellten.

11.2.1 Technologie-Sets

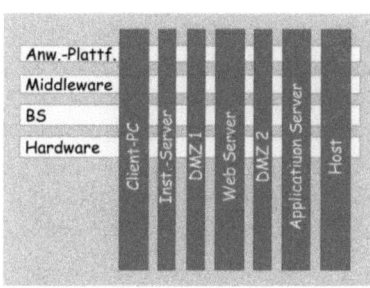

Die vertikale Systemarchitektur besteht aus sieben Säulen bzw. Technologie-Sets. Dabei fließen nur die zentralen Technologie-Sets in die Zählung ein. Dies sind der Client-PC (im Bankinstitut), der Web Server, der Application Server und der Host (beim IT-Dienstleister). Diese vier Technologie-Sets stellen folgende Funktionen bereit:

- **Client-PC.** Dieser läuft im Bankinstitut und ist das Frontend für die stationären Bankanwendungen. Jeder Arbeitsplatztyp hat einen spezifisch konfigurierten Arbeitsplatz-PC.

- **Instituts-Server.** Instituts-Server stellen lokale Dienste (Druck-Server, Datei-Server, Domänen-Controller) bereit. Dabei können kommerzielle Produkte im mittleren Leistungsbereich eingesetzt werden.

- **Web Server.** Der Web-Server bietet Dienste zum Internet-/Intrant-Zugang sowie Dienste der Dialogsteuerung wie Verschlüsselung und JSP-Aufbereitung. Dies umfasst Web-, Portal-, CTI- und WAP-Server.

  Diese Dienste sind nicht geschäftskritisch. Aufgrund ihrer Eigenschaften – zustandslos und parallelisierbar – sind sie prädestiniert für horizontale Skalierung und Cloning und nach Möglichkeit open-source-basiert zu implementieren.

  Der Web-Server ist innerhalb einer Demilitarisierten Zone (DMZ)-Struktur angesiedelt. An Web-Server bestehen hohe Anforderungen bzgl. Prozessorleistung und Cache, gegenüber niedrigen Anforderungen bzgl. Speicher und Input/Output.

  Auf dem Web-Server erfolgt grundsätzlich keine Datenhaltung.

- **Application Server.** Der Application Server beherbergt wesentliche Teile der Geschäftsanwendungen in den Software-Schichten Prozesssteuerung und Geschäftsfunktionen. Die Anbindung zu den vorgelagerten Anwendungen auf dem Web Server und nachgelagerten Hostfunktionen erfolgt über Middleware-Produkte.

  Der Application Server ist innerhalb einer DMZ angesiedelt. Hier bestehen hohe Anforderungen bzgl. Speicherkapazität, Prozessorgeschwindigkeit und horizontale sowie vertikale Skalierbarkeit.

  Da der Application Server neben dem Host geschäftskritische Anwendungen beherbergt, bestehen auch hohe Anforderungen an die Verfügbarkeit. Die Implementierung von Anwendungen erfolgt auf Basis von Application Frameworks.

- **Host.** Die Verarbeitung von Transaktionen findet vorrangig auf dem Host statt. Neben Teilen der Dialogsteuerung, Prozesssteuerung und der Geschäftsfunktionen werden hier überwiegend die Dienste der Datenhaltungsschicht implementiert.

  Da diese Services hochgradig geschäftskritisch sind, bestehen extreme Anforderungen an Verfügbarkeit und Performance der Server bzgl. Cache, Speicher, Input/Output-Geschwindigkeit, Bus-Geschwindigkeit etc.

  Der Host ist über eine zweite DMZ innerhalb des RZ-Netzes gegenüber dem Application-Server zusätzlich abgesichert. Die Skalierung im Hostbereich erfolgt vertikal. Die Betriebsform ist hier überwiegend in Cluster-Strukturen.

11.2.2 Systemplattformen

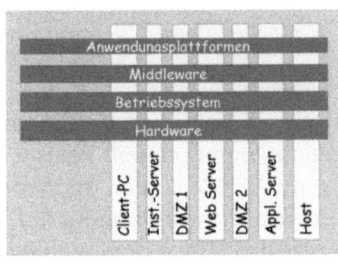

Die horizontale Systemarchitektur gruppiert die Anforderungen bzw. Services der Systemarchitektur in die vier Plattformen Hardware, Betriebssysteme (einschließlich verteilten Diensten), Middleware und (Anwendungs-)Plattformen. Dabei wird im folgenden schwerpunktmäßig auf die Server-Seite (einschließlich Host) der Systemarchitektur eingegangen. Die vier Plattformen stellen folgende Funktionen bereit:

- **Hardware.** Hier sind die drei Leistungsdimensionen Prozessoren, Storage-Lösungen und Skalierbarkeit zu betrachten:

    Prozessoren. Hostseitig kommt die z/Series zum Einsatz. Im Midrange-Bereich kommen entweder RISC- oder Intel-Prozessoren zum Einsatz. RISC-Prozessoren bieten heute (noch) bessere Multi-Prozessor-Architekturen an, als Intel-Prozessoren.

    Storage-Lösungen. Storage-Lösungen spielen ihre Vorteile durch eine vertikale Optimierung von Speicherbedarf und Speicherausnutzung über alle Server-Plattformen aus. Im Host-Bereich kommt /390-SAN, im übrigen Server-Bereich kommen Network Attached Storage (NAS) und Storage Area Networks (SAN) zum Einsatz.

    Skalierung. Hier wird zwischen horizontaler Skalierung (Bereitstellung zusätzlicher, möglichst identischer Server) und vertikaler Skalierung (Aufrüsten existierender Server mit zusätzlichen Prozessoren, Speicher etc.) unterschieden. Vertikale Skalierung erfolgt schwerpunktmäßig für Web-Server und Teile der Application-Server. Hier kommen Pizza- und Bade-Technologien zum Einsatz, die ein hochgradiges Cloning von Servern erlauben. Die horizontale Skalierung erfolgt schwerpunktmäßig für Application Server über Symmetrical Multi-Processing (SMP) und Host über LPAR-GDPS.

- **Betriebssysteme.** Im Hostbereich kommt z/OS zum Einsatz. Für den Midrange-Bereich wird eine Reduktion der Anzahl Betriebssysteme auf *ein* Unix-Derivat (Solaris oder Linux) und Windows 2003-Server angestrebt. Alle Arbeitsplatz-PCs sind komplett Windows XP-basiert und bieten den Internet Explorer *und* den Netscape-Navigator an.

Alle Server-Betriebssysteme unterstützen direkt weitere verteilte Dienste wie Basis-Verschlüsselung (SSL), Verzeichnisdienste (LDAP) etc.

- **Middleware.** Die Kommunikationsarchitektur bietet eine technische Systemintegration auf Basis einer message-orientierten Middleware (MOM), hier MQSeries, *und* eine Infrastruktur für verteilte Anwendungen auf Basis eines Object Request Brokers (ORB), hier den WebSphere MQ System Integrator (WMQSI).

  Mittels dieser Produkte werden synchrone, asynchrone und Batch-Architektur unterstützt.

- **Anwendungsplattformen.** Die Anwendungsplattformen bilden im Idealfall die *einzige* Schnittstelle zwischen Software- und Systemarchitektur.

  Application Server bieten ein Application Framework für die Implementierung und Ausführung von Bankanwendungen.

  Als Application Server kommt hier IBM Websphere zum Einsatz. Daneben gibt es Server mit dezidierten Frameworks für Bürokommunikation, Datenmanagement, Systemmanagement etc., die in Abb. 11-2, Seite 240, nicht dargestellt sind.

  Als Datenbank-Management-Systeme (DBMS) kommen serverseitig Oracle, server- und hostseitig DB2 sowie nur hostseitig IMS zum Einsatz. IMS ist eine hierarchische, und damit nicht-relationale Datenbank. In IMS-Datenbanken liegen jedoch noch heute wesentliche Teile der Unternehmensdaten, die unter betriebswirtschaftlichen Aspekten nicht portiert werden können.

11.3 Zielarchitektur II: Komponenten- und Kommunikationsarchitektur

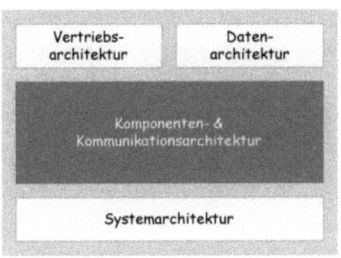

Komponenten- und Kommunikationsarchitektur bilden das Kernstück der Systemintegration. Sie garantieren Offenheit, Interoperabilität und Portabilität der Unternehmens-IT von der technischen Ebene bis auf die Ebene der Geschäftskomponenten. Dazu sind fünf mit einander verzahnte Architekturbausteine bereitzustellen.

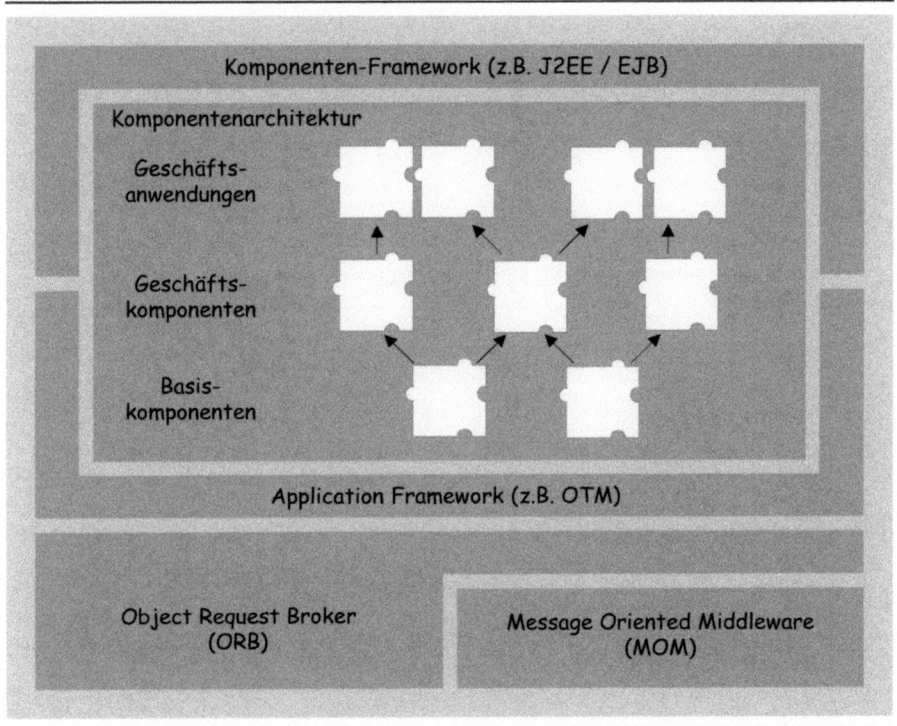

Abb. 11-3 Bausteine der Kommunikations- und Komponentenarchitektur

Die fünf Architekturbausteine stellen folgende Funktionen bereit:

- **Object Request Broker (ORB).** Ein ORB ist eine Infrastruktur primär für die synchrone Kommunikation verteilter Komponenten auf Ebene der Geschäftslogik.

- **Message Oriented Middleware (MOM).** MOM ist eine Infrastruktur primär für lose-gekoppelte Anwendungen zur asynchronen message- bzw. warteschlangenbasierten Kommunikation auf systemnaher Ebene.

- **Application- und Komponenten-Framework.** Diese Frameworks unterstützen die Entwicklung und die Ausführung von komponenten-basierten Anwendungen.

- **Komponenten-Architektur.** Die Komponentenarchitektur definiert eine einheitliche Software-Architektur für die Komponenten in Anlehnung an den Levelized Architecture-Ansatz der Gartner Group.

11.3 Zielarchitektur II: Komponenten- und Kommunikationsarchitektur

11.3.1 Kommunikationsarchitektur: ORB und MOM

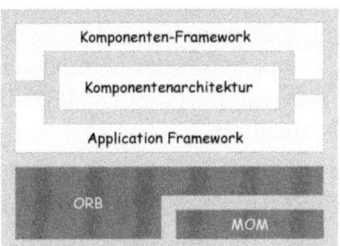

ORB steht für Objekt Request Broker. MOM steht für Message Oriented Middleware.

Beide Ansätze zusammen unterstützen die Kapselung systemtechnischer Details bei der Kommunikation von Anwendungen. Und die Bereitstellung der für die Geschäftsanwendungen erforderlichen Kommunikationsparadigmen. Den Mehrwert gegenüber bisherigen Kommunikationslösungen verdeutlicht folgende Darstellung:

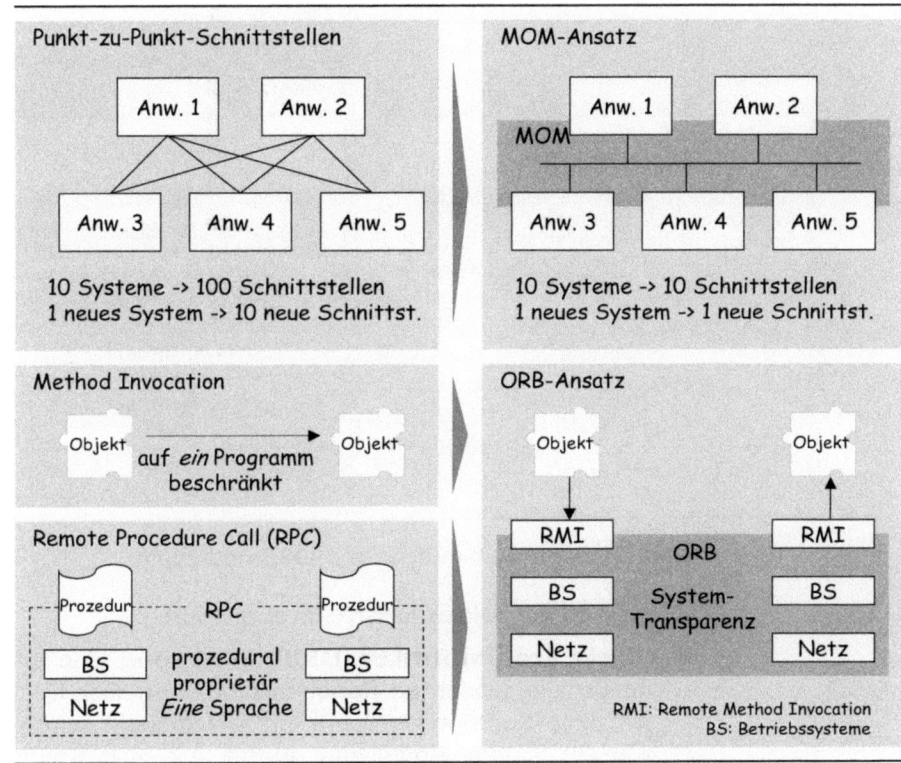

Abb. 11-4 Vorteile von MOM- und ORB-Ansatz

Der MOM-Ansatz bietet den Vorteil einer Konsolidierung verbunden mit einer Standardisierung von systemnahen Schnittstellen. Heutige Berechnungen gehen davon aus, dass bei der Einführung einer Standardlösung ca. 30% der Kosten auf die Programmierung der Punkt-zu-Punkt-Schnittstellen entfällt. Dieser Kostenblock lässt sich auf Basis einer MOM-Lösung auf ein Drittel bis ein Viertel reduzieren.

Der ORB führt zwei etablierte Software-Konzepte – Objektorientierung und Remote Procedure Call – zu einer erweiterten und wirklich transparenten Kommunikationsarchitektur für verteilte Komponenten auf Ebene der Geschäftslogik zusammen.

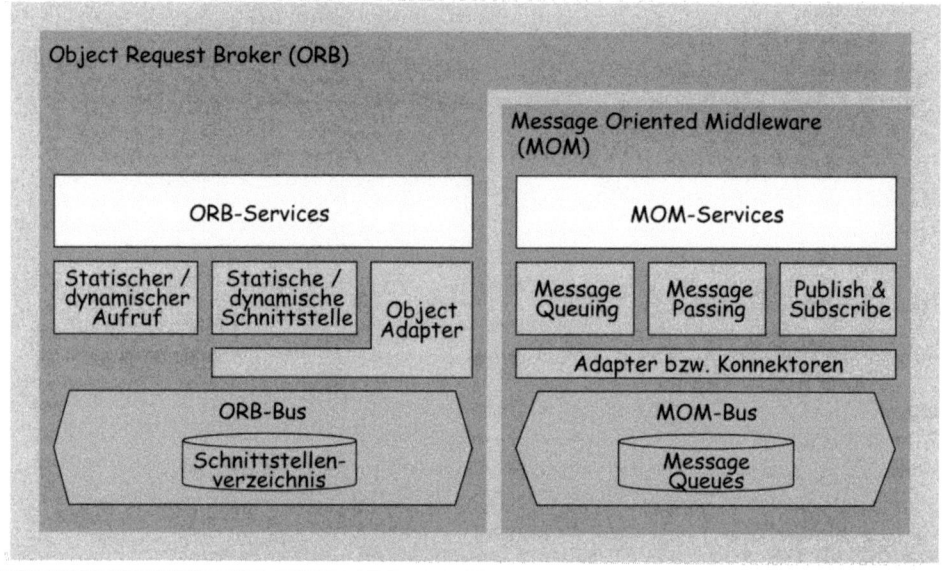

Abb. 11-5 Die Bestandteile von ORB und MOM

Was leisten die beiden Ansätze im einzelnen?

- **Objekt Request Broker (ORB).** Ein ORB ist eine Infrastruktur für die synchrone Kommunikation verteilter Komponenten. Eine Komponente kann ein Systemdienst sein, genauso wie ein Scoring-Modul zum Aufruf aus einer Kreditanwendung. Verteilt heißt, Komponenten können auf dem Unternehmens-Server, auf dem Server eines Verbundpartners oder auf einem x-beliebigen anderen (vertrauenswürdigen) Server im Internet laufen. Der ORB besteht aus drei Teilen:

- **ORB-Bus.** Der Objektbus ist der Backbone des ORBs und stellt eine Transparenz von verteilten, interoperierenden Objekten über Systemgrenzen hinweg her. Der ORB-Bus ist auf jedem Systemknoten implementiert und bietet neben dem Systemzugang wichtige Basisdienste (z.B. ein Schnittstellenverzeichnis über alle gegenwärtig nutzbaren Services) zur Generierung der Aufruf-Parameter.

- **ORB-Zugang.** Der Zugang zum ORB-Bus geschieht clientseitg entweder über statische oder dynamische Aufrufe. Serverseitig wiederum werden Dienste entweder statisch aktiviert oder dynamisch generiert.

- **ORB-Services.** Die ORB-Services komplettieren den ORB-Bus mit den notwendigen Funktionen für eine komfortable und stabile Entwicklungs- und Laufzeitumgebung für verteilte Komponenten. Dies umfasst Basis-Services (Events, Life Cycle, Naming, Time, Licensing, Properties) und erweiterte Services (Security, Object Trader, Query, Collection Transaction, Concurrency, Persistence, Externalisation, Relationship).

Was leistet abschließend ein ORB für komponenten-basierte Bankanwendungen? Dies sind sechs Leitungsmerkmale:

- System- und Ortstransparenz
- Statische *und* dynamische Komponentenaufrufe
- Kommunikation zwischen Komponenten auf Hochsprachenebene (z.B. Java, C++)
- Selbstbeschreibendes und selbstlernendes System
- Unterstützung des Transaktionskonzeptes

- **Message Oriented Middleware (MOM).** „Every DAD needs a MOM" ist der doppeldeutige Leitspruch des MOM-Consortiums, wobei DAD hier für Distributed Application Development, also die Entwicklung verteilter Anwendungen steht.

MOM ist eine Infrastruktur für lose-gekoppelte Anwendungen zur asynchronen, message- bzw. warteschlangenbasierten Kommunikation.

MOM ist geeignet in heterogenen Umgebungen, denn die Anwendungen müssen nichts voneinander wissen, außer wo die jeweiligen Warteschlangen sind bzw. wie diese heißen. Dies ist ideal für die Unterstützung z.B. von Kreditprozessen.

Message oriented Middleware (MOM) besteht aus drei Teilen:

- **MOM-Bus.** Analog zum ORB ist der MOM-Bus der Backbone der MOM. Der MOM-Bus ist auf jedem Systemknoten implementiert und bietet neben dem Systemzugang weitere Basisdienste (z.B. das Speichern von Warteschlangen).
- **MOM-Zugang.** Der Zugang erfolgt über Konnektoren (synonym mit Adaptoren). Das Spektrum reicht von Low Level- (XML, SWIFT) bis zu High Level-Konnektoren (z.B. CICS).
- **MOM-Services.** Dies umfasst u.a. Namensdienste, Sicherheit (Verschlüsselung), Logging und Tracing, Priorisierung und Persistenz.

ORB und MOM haben jeweils ihr spezifisches Einsatzgebiet. Aber sie haben auch viele Gemeinsamkeiten und infolgedessen überschneidende Funktionsbereiche. Deshalb spricht einiges dafür, dass MOM und ORB langfristig zu *einer* Middleware – mit dem vollen Service-Spektrum – verschmelzen.

Standpunkt

ORBs: Die Zukunft der Middleware?

Durch seinen offenen Ansatz hat ein ORB das Potential, „jede andere Form heutiger Middleware zu schlucken" ([Orfali1999], S. 474).

Durch die Zusammenführung von Objektorientierung und Remote Procedure Call (RPC) erlaubt er eine skalpellartige Präsision und Stabilität in der Kommunikation. Und dies nicht auf Systemebene, sondern auf Ebene der Geschäftslogik. Andere Ansätze wie RPC und Stored Procedures bieten dies nicht. Zweitens ist ein ORB gut geeignet für eine Multi-Tier-Systemarchitektur und eine vielseitige Server-zu-Server-Kommunikation. Und schließlich erlaubt er die Koexistenz mit Legacy-Systemen. Durch eine Einkapselung (Wrapping) wird auch ein Cobol-Programm zu einer verteilten Komponente.

Doch heutige ORBs unterstützen die MOM-Möglichkeiten nur ungenügend. Damit das beste von beiden Ansätzen unter einem Dach vereint ist, müssen beide ihren Beitrag leisten. MOM hat die Messaging-, Queueing- und Publish & Subscribe-Infrastruktur zu liefern. Der ORB stellt objektbasierte Schnittstellen, Technologien zur Beschreibung von Message-Inhalten, definierte Endpunkte für einen Message-Austausch und die Interoperabilität von verschiedenen MOMs bereit.

11.3.2 Komponenten-Frameworks

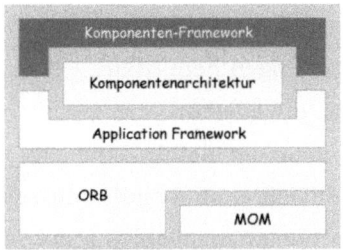

Komponenten-Frameworks zerlegen große monolithische Geschäftsanwendungen und setzen diese auf Basis möglichst allgemein verwendbarer Komponenten zusammen.

Der komponentenorientierte Ansatz verändert den Software-Markt für Geschäftsanwendungen nachhaltig. Die großen Software-Häuser bieten bereits heute Anwendungs-Frameworks an mit der expliziten Möglichkeit, Fremd-Software zu integrieren. Kleinere Softwarehäuser stellen für Nischen Funktions*kerne* bereit, die in beliebige Anwendungs-Frameworks integriert werden.

Das funktioniert nur, wenn ein komponentenorientierter Ansatz verfolgt wird. Komponenten sind alt und neu zugleich. Sie haben viel gemeinsam mit den Objekten der objektorientierten Entwicklung, die bereits vor zwanzig Jahren begann. Aber Komponenten bieten mehr als Objekte. Die Assets einer objektorientierten Software-Entwicklung waren bisher auf *eine* Systemumgebung begrenzt. Komponenten dagegen kennen keine Systemgrenzen.

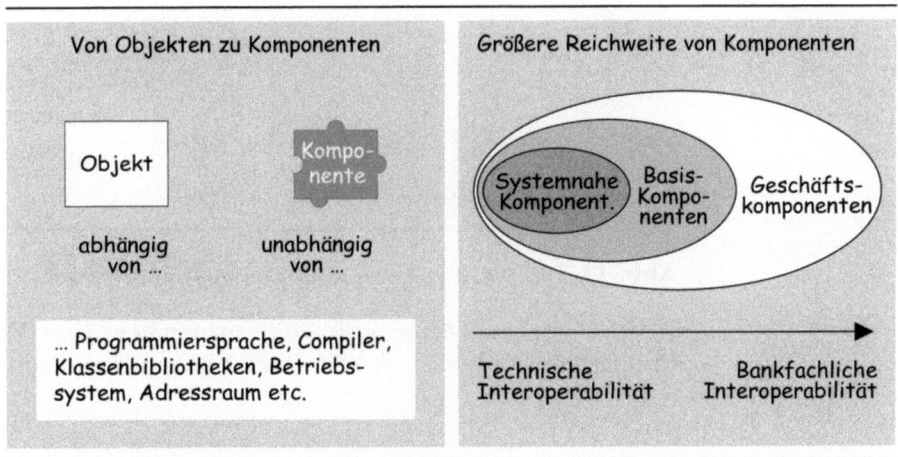

Abb. 11-6 Von Objekten zu Komponenten

Ziel des Komponentenansatzes ist eine unbeschränkte Interoperabilität. Sowohl systemtechnisch als auch bankfachlich.

Aus bankfachlicher Sicht ist eine (Geschäfts-)Komponente:
- ein vermarktungsfähiges Stück Software
- keine komplette Anwendung
- in vielen Umgebungen benutzbar
- anpassbar bzw. erweiterbar
- klonebar und mandantenfähig
- flexibel und intelligent im Ausführungszeitpunkt

Dazu müssen Komponenten unabhängig von Programmiersprache, Compiler, Klassenbibliotheken, Betriebssystem, Adressraum, Netzwerk etc. entwickelt werden (siehe Abb. 11-6).

Voraussetzung dafür ist ein Standard-Komponenten-Framework, das sowohl auf die Entwickler als auch die Hersteller von Softwareentwicklungsumgebungen zugeschnitten ist, mit folgenden Bestandteilen:

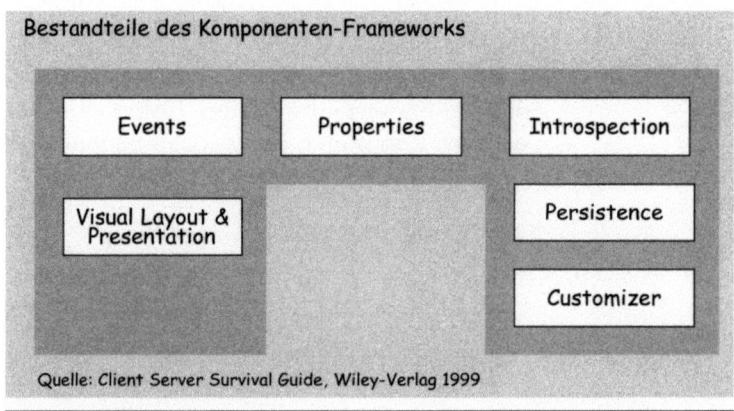

Abb. 11-7 Bestandteile des Komponenten-Frameworks

Beispiel für ein Framework, das inzwischen zum De facto-Standard geworden ist, ist J2EE (Java 2 Enterprise Edition).

11.3.3 Application Frameworks

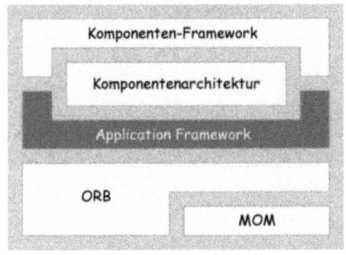

Komponenten laufen auf Clients wie auf Servern. Gleichwohl müssen serverseitige Komponenten mehr leisten. „Keiner wird Komponenten benutzen, die mit einem schlechten Ruf daherkommen. Deshalb müssen Komponenten eine außerordentliche Qualität aufweisen. Nur so laden sie zur Wiederverwendung ein" (Ivar Jacobsen, 1993).

Die bereits vorgestellten ORB-Services bieten genau die erforderlichen Qualitäts-Standards. Z. B. Transaktionssicherheit, Vertrauenswürdigkeit, Lizensierung, Versionierung u.v.m.

Um die ORB-Services zu nutzen, kann eine Komponente deren Aufruf und Orchestrierung in Eigenregie übernehmen. Dies ist anspruchsvoll, fehleranfällig und erzeugt einen hohen Anteil von systemspezifischem Code in den Komponenten.

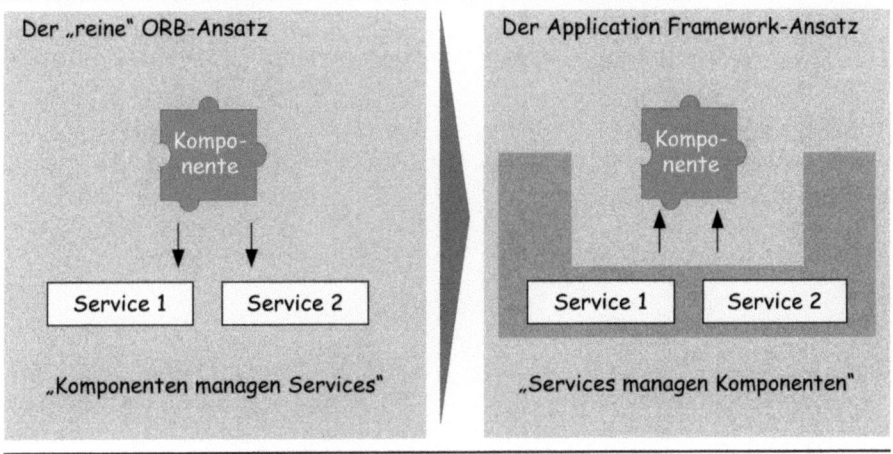

Abb. 11-8 Der Application Server-Ansatz

Das Prinzip des Application Frameworks dreht diesen ORB-Ansatz um 180 Grad. Nicht Komponenten managen Services, sondern Services managen Komponenten. Man geht davon aus, dass damit 80 bis 90% des systemspezifischen Codes von Komponenten wegfallen und durch Call-Schnittstellen zum Application Framework ersetzt werden.

Ein Application-Server stellt folgende Funktionen bereit:

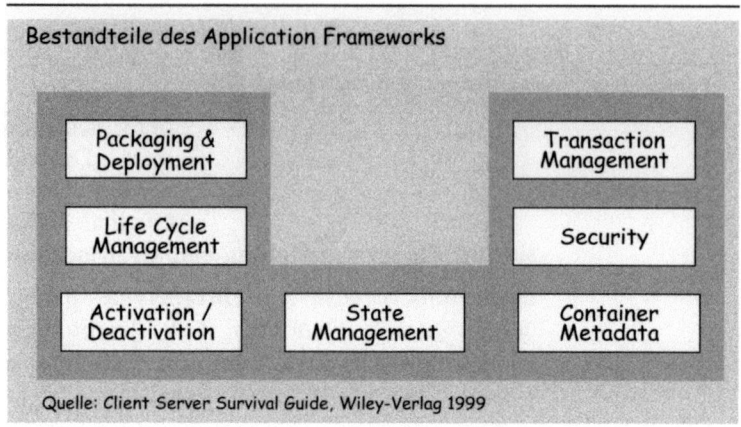

Abb. 11-9 Bestandteile des Application Frameworks

Beispiel für ein Application Framework ist ein Object Transaction Manager (OTM). Ein OTM ist ein Application Server für verteilte Komponenten. Er ist ein Hybrid aus einem Transaktionsmonitor und einem ORB.

11.3.4 Komponentenarchitektur

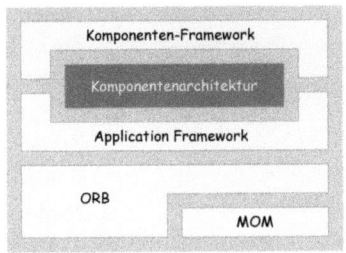

Die vorstehend erläuterten Zielarchitekturen zur Systemintegration haben das Potential für eine neue Klasse von Anwendungen in der Banken-IT.

Eine gute Systemintegration garantiert aber noch keine guten Anwendungen. Die Software-Komponenten müssen die gebotenen Möglichkeiten auch nutzen.

Die bisherigen Ausführungen betreffen nur die Basiskomponenten. Aber was ist mit den Geschäftskomponenten, die den Anwendungskern und damit den bankfachlichen Mehrwert liefern? Die Geschäftskomponentenarchitektur ist das noch fehlende Stück, um die Zielarchitektur zu vervollständigen.

Die Geschäftskomponentenarchitektur basiert auf einer Fünf-Schichten-Architektur. Diese Schichtenarchitektur ist nicht für eine bestimmte Anwendung konzipiert, sondern sie definiert einen robusten und langlebigen Rahmen für alle Software-Lösungen im Unternehmen.

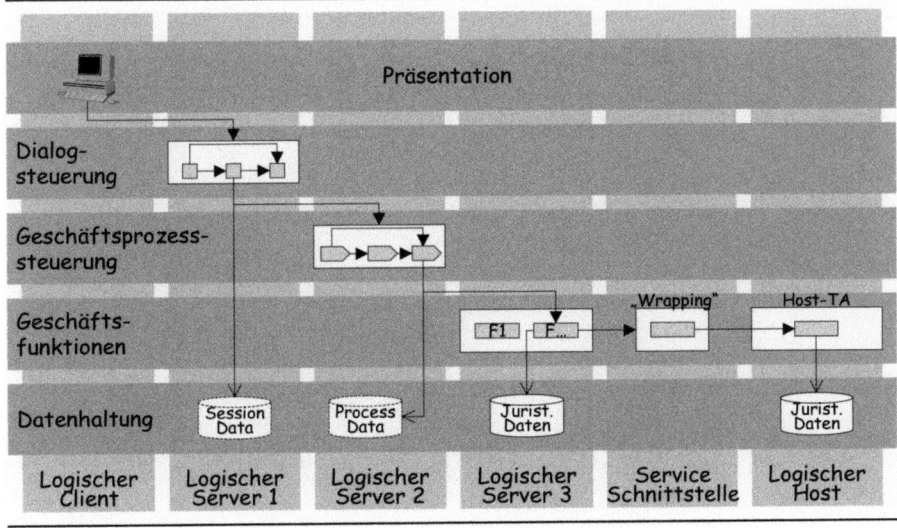

Abb. 11-10 Fünf-Schichten-Architektur

11 Zielarchitekturen: Offenheit und Integration

Die einzelnen Schichten haben folgende Funktionen:

- **Präsentationsschicht.** Diese Schicht unterstützt die endgeräteabhängige Darstellung der Anwendungen. Sofern hier ein Browser oder ein GUI (Graphical User Interface) angeboten werden, beschränkt sich die Präsentationsschicht (software-seitig) auf die Konfiguration von Steuerungsdateien.

- **Dialogsteuerung.** Diese Schicht unterstützt die endgeräteabhängige Steuerung von Benutzerdialog und Darstellungsobjekten. Sie enthalt z.B. einen Masken-Controller.

- **Geschäftsprozess-Steuerung.** Diese Schicht unterstützt ausschließlich die Definition und Steuerung von Geschäftsprozessen, z.B. einem Kreditprozess, verbunden mit dem Aufruf gekapselter Geschäftsfunktionen.

- **Geschäftsfunktionen.** Diese Schicht unterstützt bankfachliche Funktionen, z.B. ein Scoring-Modul oder ein Unterschriftenprüfsystem, die von verschiedenen Geschäftsprozessen bzw. in verschiedenen Stadien eines Prozesses (mit jeweils unterschiedlichen Parametern) aufgerufen werden (siehe auch Kreditanwendung in Abb. 9-7, Seite 202).

- **Datenhaltung.** Diese Schicht unterstützt die Datenhaltung. In allen anderen Schichten findet ausdrücklich keine Datenhaltung statt.

11.3 Zielarchitektur II: Komponenten- und Kommunikationsarchitektur

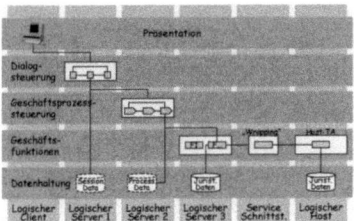

Die Vorteile der Schichtenarchitektur kommen erst durch eine Verknüpfung von horizontaler und vertikaler Struktur zum Tragen.

- **Logischer Client.** Hier sind nur Komponenten der Präsentationsschicht und ausdrücklich nicht für Geschäftslogik und Datenhaltung implementiert. Damit wird das Konzept eines Thin Clients umgesetzt.

- **Logischer Server 1.** Hier sind nur Komponenten der Dialogsteuerung implementiert.

  Damit wird das Konzept einer vertriebskanalunabhängigen Geschäftslogik umgesetzt.

- **Logischer Server 2 und 3.** Komponenten der Schichten Geschäftsprozesssteuerung und Geschäftsfunktionen sind getrennt auf zwei logischen Servern implementiert.

  Inwieweit sie auch auf physisch getrennten Server laufen, hängt davon ab, ob lokale oder Remote-Schnittstellen unterstützt werden. Hier besteht ein Zielkonflikt zwischen Flexibilität, Performance und Transaktionssicherheit.

- **Logische bzw. Service-Schnittstelle.** Ein Schnittstelle beinhaltet per definitionem *keine* Funktionalität. Das Konzept der logischen bzw. Service-Schnittstellen ist aber sehr gut geeignet, Komponenten, die nicht alle Anforderungen an eine Standardschnittstelle erfüllen, anzubinden. Die logische Schnittstelle enthält dann den Code zur Übersetzung einer Standard- zu einer Nicht-Standard-Schnittstelle.

  Dieses Konzept erlaubt die Anbindung von Legacy-Anwendungen. Und zwar auf der Ebene, die durch die Legacy-Anwendungen vorgegeben ist. Dies ist meistens die Ebene von CICS-/IMS-Transaktionen.

- **Logischer Host.** Auf dem Host sind heute Großteile der Software implementiert. Hier laufen die Transaktionen auf den juristischen Datenbeständen, also z.B. die Buchungskerne. Die Integration von Host-Komponenten ist deshalb auf absehbare Zeit erforderlich und wird über das Konzept der logischen Schnittstellen unterstützt.

Standpunkt

Komponentenarchitektur: Beginn einer echten Wiederverwendbarkeit?

Die Komponentenarchitektur ist ein zentrales architektonisches Prinzip. Je mehr Anwendungen nach diesem Prinzip strukturiert sind, desto besser trägt die gesamte Software-Architektur. Die Komponentenarchitektur als Prinzip ist unabhängig von der Implementierung und deshalb langlebig.

Die Komponentenarchitektur strukturiert die Komplexität der Software-Landschaft und minimiert die Änderungsaufwände, z.B. bei Ergänzung der Anwendungen um neue Vertriebskanäle.

Und last but not least erlaubt die Komponentenarchitektur, technische und bankfachliche Software-Entwicklung in einem wesentlich höheren Maße als bisher voneinander zu trennen. Damit wird es möglich, spezielle Business-Development-Teams aufzubauen, die sich auf die Entwicklung von Business-Komponenten fokussieren und hier einen Bestand schaffen an wiederverwendbaren und portierbaren

- Geschäftsprozess-Bibliotheken
- Bankproduktbibliotheken
- Vertriebskanalbibliotheken

11.4 Zielarchitektur III: Datenarchitektur

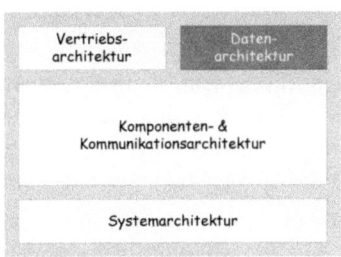

Die Datenarchitektur ist die Logistik des Bankbetriebs. Sie zielt auf den Ausbau und die Beherrschung der Datenversorgungsketten, indem die Datenströme und Datenhaushalte – außerhalb der eigentlichen Anwendungen – aufeinander abstimmt und an definierten Punkten und zu definierten Zeiten bereitgestellt werden.

11.4.1 Anforderungen an eine Datenarchitektur

Eine Bankdienstleistung wird heute – in ihrer vollen Wertschöpfungstiefe – durch eine Vielzahl von Anwendungen erbracht. Infolgedessen verarbeiten immer mehr Anwendungen Datenströme, die sie nicht selbst produziert haben. Sowohl im eigenen Unternehmen als auch im Unternehmensverbund.

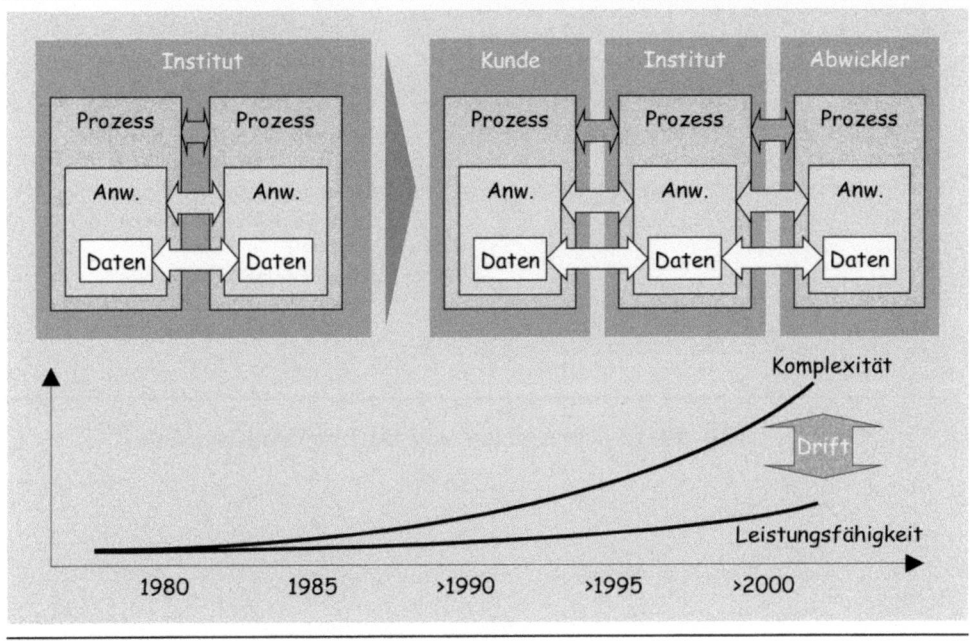

Abb. 11-11 Wachsende Datenkomplexität

11 Zielarchitekturen: Offenheit und Integration

Damit hat sich die Schere zwischen Verfügbarkeit und Ausschöpfung von Daten geöffnet. Denn einerseits sind heute faktisch mehr Daten verfügbar als je zuvor: Kunden-, Produkt-, Transaktionsdaten sowie externe Daten.

Andererseits können diese Daten anderen Anwendungen nicht ohne weiteres bzw. nicht in vollem Umfang zur Verfügung gestellt werden. Oder die Daten sind – ohne ergänzende, in den Systemen abgelegte Informationen – nicht lesbar.

Im Ergebnis gibt es im Unternehmen eine Vielzahl von Datensplittern, die weder inhaltlich miteinander verknüpft, noch zeitlich aufeinander synchronisiert sind.

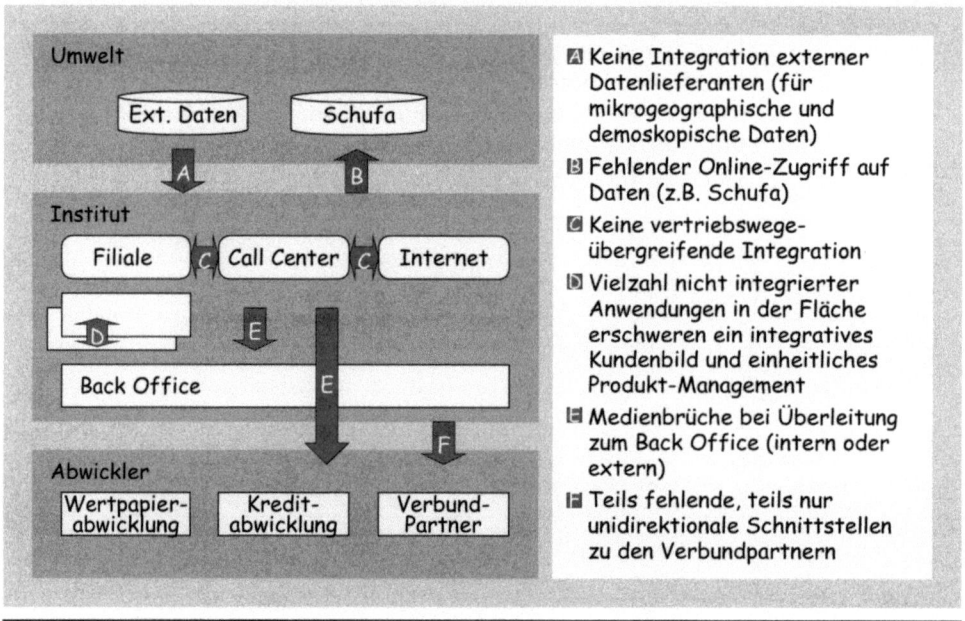

Abb. 11-12 Datensplitter statt Datenversorgungskette

11.4.2 Bestandteile einer Datenarchitektur

Die Datenarchitektur steht für einen End-to-End-Ansatz. Dabei sind oftmals wesentliche Bestandteile der IT im Hause vorhanden und es gilt lediglich die Lücke zu schließen:

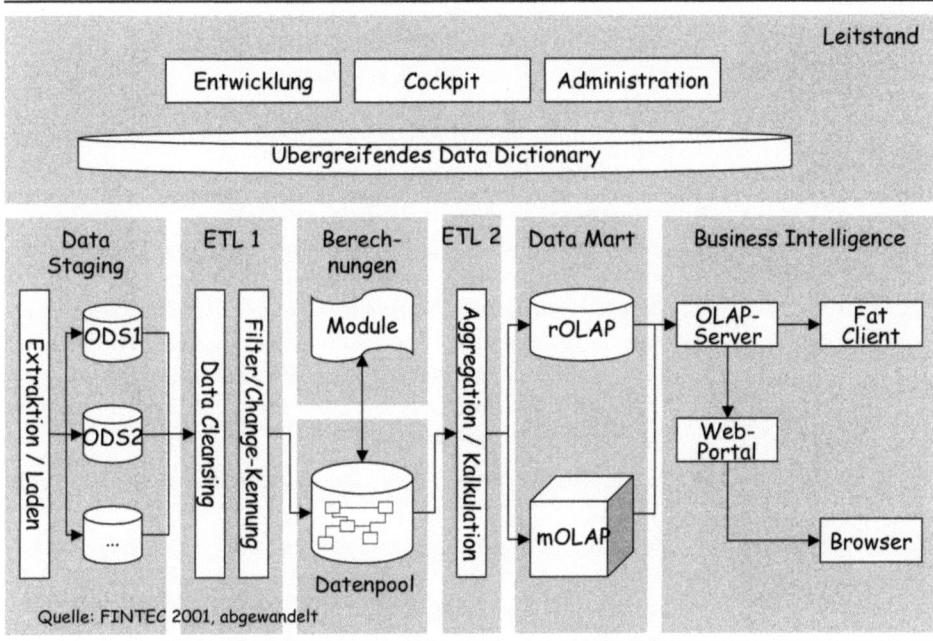

Abb. 11-13 Datenarchitektur: Bestandteile

Die Datenarchitektur stellt folgende Funktionen bereit:

- **Data Staging und ETL (Extraktion/Transformation/Laden).** Dieser „Daten-Backbone" stellt zwei Funktionsblöcke bereit:

  Data Staging. Hier erfolgt die transparente Anbindung von Quellsystemen mit Unterstützung der erforderlichen Datenbankkonnektoren und Datenformate und ein automatisiertes Copy-Management der noch unbehandelten Daten in einen oder mehrere Operational Data Stores (ODS) im Rahmen der Tagesendeverarbeitung.

  Data Cleansing. Hierauf setzt ein proaktives Datenqualitätsmanagement mit Data Cleansing-, Check- und Prüfroutinen auf. Proaktives Datenqualitätsmanagement stellt Fehler oder

Qualitätsmängel nicht nur fest, sondern zeigt auch die verursachenden Stellen auf. Ein *Delta*-Copy-Management, also die Übernahme nur der gegenüber dem letzten Zyklus *geänderten* Daten in den Datenpool, wird ebenfalls in dieser Schicht implementiert.

Der Daten-Backbone ist eine Batch-Architektur. Der Synchronisationsabstand ist heute in der Regel *ein* Tag. Dieser Abstand lässt sich und wird sich sicherlich in Zukunft verkürzen. Allerdings ist zu berücksichtigen, dass – solange es nicht-onlinefähige Buchungssysteme in Teilbereichen gibt – nur am Ende einer Tagesendeverarbeitung eine unternehmensweite Datenintegrität hergestellt ist.

- **Datenpool und Berechungsmodule.** Hinter der ersten ETL-Qualitätsschleuse stehen ein oder mehrere Datenpools (synonym Data Warehouses) mit speziell auf den analytischen Zugriff optimierten Datenstrukturen. Data Warehouses bieten eine Historisierung von Stichtagsbeständen. Auf den Datenpool greifen Analyser- oder Berechnungsmodule zu, die Mehrwertdaten generieren und diese in die entsprechenden Datenpools zurückleiten.

- **Data Marts.** Data Marts sind speziell auf OLAP-Techniken optimierte Datenbestände. Sie basieren auf den Daten des zentralen Datenpools, beinhalten aber voraggregierte Daten. Ein Data Mart ist so konzipiert, dass er aus einer OLAP-Analyse den Durchgriff auf die Detaildaten ermöglicht (Drill Through).

- **Business Intelligence.** Business Intelligence steht für die Transformation von Daten in Geschäftsinformationen. Hier gilt es, aus „Gigabytes" von technischen Datenbeständen bankfachlich relevante Informationen zu generieren. Business Intelligence umfasst alle Tools und Anwendungen zur Analyse, Aufbereitung, Darstellung, Visualisierung und Verteilung von Informationsobjekten.

- **Leitstand.** Der Leitstand stellt drei Funktionen bereit. 1.) eine Umgebung zur Entwicklung bzw. Anpassung von Datenquellen, Datenströmen, Datenpools, Informationsanwendungen. 2.) Funktionen zur Administration von Benutzern, Zugriffsrechten, Verteilern etc. 3.) ein Cockpit zur Überwachung und Steuerung der Daten- und Informationsströme im Unternehmen. Alle Funktionen werden auf Basis einer GUI-basierten Anwendung unterstützt und über *ein* zentrales Metadaten-Repository (Data Dictionary) gesteuert bzw. synchronisiert.

11.5 Zielarchitektur IV: Vertriebsarchitektur

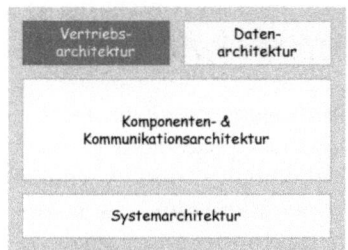

Vor dem Hintergrund der eingeforderten Vertriebintensivierung bei den Retailbanken sind die Vertriebsanwendungen immer noch die Achillesferse der Unternehmens-IT.

Dabei ist nicht eine zu geringe Anzahl an Anwendungen und Beratungsmodulen primär das Problem. Sondern die Insellösungen, die nur durch die Intelligenz der Vertriebsmitarbeiter verbunden sind.

11.5.1 Anforderungen an eine Vertriebsarchitektur

Eine Vertriebsarchitektur für Banken muss heute fünf zentrale Anforderungen erfüllen:

- **Kundenzentrische Sicht.** Die produkt- und kontenzentrischen Anwendungen sind um eine kundenzentrische Sicht zu erweitern. Im Detail bedeutet dies zwei Ziele:

  Integrales Kundenbild. Kundendaten liegen heute über verschiedenste Systeme im Unternehmen verstreut. Diese Informationssplitter sind zu einem integralen und stets aktuellen Kundenbild zusammenzuführen. Dabei werden statische wie dynamische Daten, interne wie externe Daten herangezogen und miteinander konsistent verknüpft.

  Von der Transaktion zur Interaktion. Der Transaktionsansatz hat seinen Ursprung in den produktzentrischen Systemen. Diese wickeln Produkte ab mit einem Fokus auf Effizienz und Automatisierung. Der Vertrieb dagegen ist ein personalisierter und interaktiver Prozess. Er muss flexibel und offen gestaltet sein hinsichtlich der Vielzahl möglicher und nicht immer vorhersagbarer Verkaufskonstellationen. Das heißt nicht, dass er nicht IT-gestützt abläuft. Aber die Unterstützung muss auf eine intelligente Interaktion zwischen Kunden, Systemen und Vertriebsmitarbeitern ausgerichtet sein.

- **Unterstützung der gesamten Vertriebskette.** Punktuelle Ansätze in der IT-Unterstützung sind die häufigste Ursache, warum am Ende der Vertriebskette oftmals wenig effektives Neugeschäft generiert wird.

Marktanalyse allein reicht nicht. Eine analytische Anwendung verschafft Überblick über Marktpotentiale und Kundenpräferenzen, aber sie unterstützt nicht bei einer Umsetzung analytischer Erkenntnisse in ein operatives Kampagnenmanagement.

Kampagnen-Management allein reicht nicht. Ein automatisiertes Kampagnen-Management ist wichtig, um Zielgruppen, Produkte, Werbeinhalte und Vertriebskanäle schnell und kompakt zu einer Kampagne zu mixen, aber es unterstützt keine persönliche Kundenansprache.

Kundenansprache allein reicht nicht. Die Kundenansprache ist der zentrale Hebel, um aus einer anonymen eine persönliche Verkaufssituation herzustellen, aber oftmals kommt es zu keinem Beratungsgespräch aus Gründen, die durch die Bank zu vertreten sind, wie z.B. „Zu spätes Angebot", „Mängel in der Produktberatung", „Verkäufer kennt Kundensituation nicht".

Beratungsgespräche allein reicht nicht. Im Beratungsgespräch wird der Verkäufer durch Beratungsmodule und Modellberechnungen unterstützt, aber oftmals kann am Ende des Gespräches kein (vorläufiger) Produktabschluss getätigt werden.

Abschluss allein reicht nicht. In einem Markt, der sich weniger durch Preise und Produkte differenziert, wird der Service wichtiger. Service beginnt mit dem Abschluss und endet mit der Kampagne für ein nächstes Produkt.

- **Unterstützung Push- und Pull- Vertrieb.** Die Vertriebsarchitektur unterstützt alle Vertriebsinitiativen der Bank *und* des Kunden. Wenn immer ein Kunde mit der Bank in Verbindung tritt, und sei es nur, um Informationen zur Baufinanzierung im Internet abzurufen, ist dies der Beginn einer personalisierten Marketing-Aktion. Der Mehrwert dieses 1:1-Marketing ist, dass der Vertrieb durch die *Kunden*initiative mehr Anhaltspunkte für ein Angebot hat, als in jeder *bank*initiierten Kampagne.

- **Technische Transparenz der Vertriebskanäle.** Technische Transparenz ist nicht zu verwechseln mit Gleichheit in der Nutzung der Kanäle. Im Gegenteil. Gerade die gezielte Nutzung von Vertriebskanälen verlangt eine technische Transparenz. Ein Modul zum Kampagnen-Management, das aufgrund von Eigenschaften der Zielgruppe - wie Größe, regionale Verteilung und Alter – eine Kampagne mit einem Vertriebskanal-

Mix verknüpft, konzentriert sich auf die Kampagne, nicht auf die Details der technischen Einspeisung in die gewählten Kanäle.

- **Echtzeitfähigkeit der Vertriebskette.** In der Akquisitionsphase kann eine Reaktionszeit – sei es bei der Umsetzung einer Marketing-Kampagne durch die Bank, sei es auf eine Info-Anfrage durch den Kunden hin – von Wochen oder sogar Tagen bereits den Verlust des (aktuellen) Wettbewerbvorteils bedeuten, weil sich Kunden heute schneller orientieren und weniger Bindung zur Hausbank haben. Je näher es zum Abschluss kommt, desto kürzer sind in der Regel die Zeitabstände, in denen Kunde und Bank in Kontakt treten. In der Service-Phase ist Echtzeitfähigkeit noch wichtiger, z.B. um bei Wertpapieraufträgen verschiedene Salden des Tagesgeldkontos im Internet-Portal und im Call Center zu vermeiden.

11.5.2 Bestandteile einer Vertriebsarchitektur

Eine Vertriebsarchitektur ist kein Produkt von der Stange, sondern eine Menge von aufeinander abgestimmten Prozessen und Funktionen.

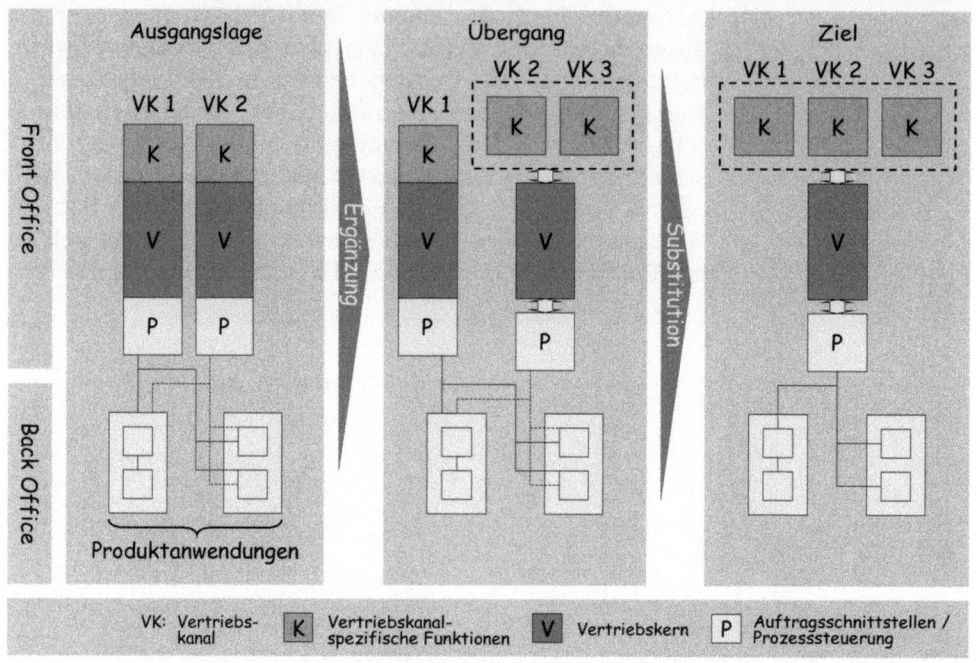

Abb. 11-14 Vertriebsarchitektur: Entwicklungspfad

Die Darstellung zeigt die möglichen Einsparungen an redundanten Funktionen für den Vertriebskern. Dieser wird in der Zielarchitektur nur einmal implementiert.

Dazu sind zum einen die kanalspezifischen Funktionen herauszulösen und zu kapseln. Zum anderen ist die festverdrahtete Ansteuerung der Produktanwendungen (Back Office jeweils links) oder einzelner Produktfunktionen (Back Office jeweils rechts) durch eine allgemeine Auftrags- und Prozesssteuerung zu substituieren, die nur einmal pro Backend-Funktion implementiert wird.

11.5 Zielarchitektur IV: Vertriebsarchitektur

Die Vertriebsarchitektur hat folgende Bestandteile:

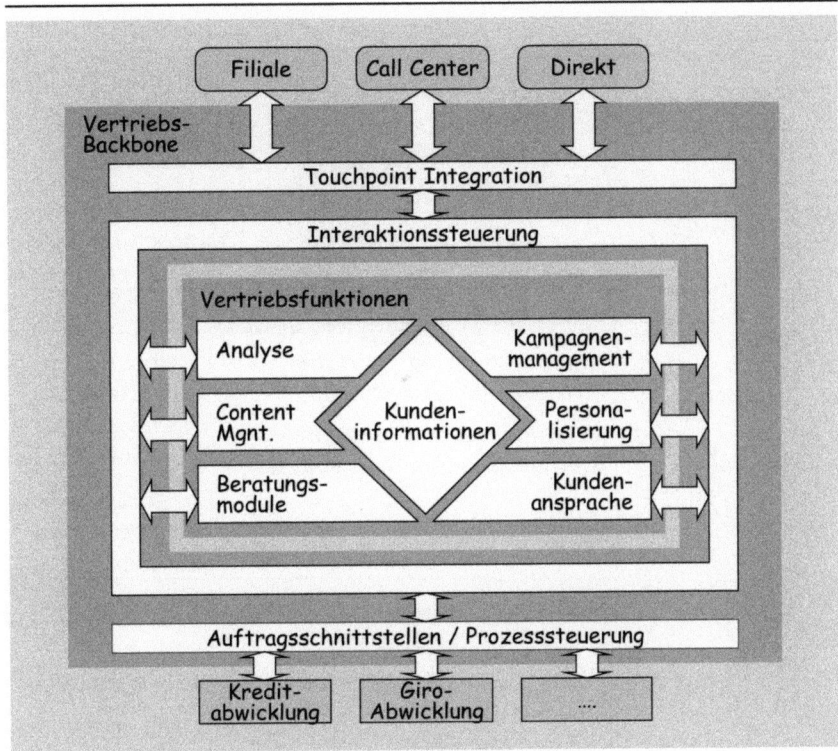

Abb. 11-15 Vertriebsarchitektur: Bestandteile

Die Struktur besteht aus zwei Blöcken:

- **Vertriebs-Backbone.** Der Backbone erlaubt die Anbindung sämtlicher Vertriebskanäle (Touchpoint-Integration), eine Orchestrierung der Vertriebsfunktionen (Interaktionssteuerung) und eine Ansteuerung der produktzentrischen Systeme (Auftragsschnittstellen/Prozesssteuerung).

- **Vertriebsfunktionen.** Die Vertriebsfunktionen unterstützen einen ganzheitlichen Vertriebsprozess von Marktanalyse und Kampagnen-Management über Kundenansprache und Beratung bis zu Abschluss und Service.

11 Zielarchitekturen: Offenheit und Integration

Folgende Tabelle beschreibt Anforderungen und bereitzustellende Funktionen innerhalb der beiden Blöcke:

Anforderungen	Bereitzustellende Komponenten
Vertriebs-Backbone	
Touchpoint-Integration	
Transparenz der Vertriebskanäle	Kapselung vertriebskanalspezifischer Funktionen
Interaktionssteuerung	
Unterstützung des Vertriebsprozesses (Push-Vertrieb)	Flexibel konfigurierbare Workflow-Komponente zur Verknüpfung der Vertriebsfunktionen
Kenntnis und Nutzung aller Vertriebskontakte von Kunden	
	Ereignisgesteuerte, automatisierte Initiierung von Vertriebsaktionen
Auftragsschnittstellen/Prozesssteuerung	
Nutzung der vorhandenen Produktsysteme (z.B. Kreditanwendung)	Anbindung von Anwendungen ohne eigene Prozesssteuerung
Front-to-Back-Integration	Processing-Komponente zur Definition und Implementierung neuer Geschäftsprozesse
	Anbindung von Produktanwendungen mit eigener Prozesssteuerung
Vertriebsfunktionen	
Kundeninformationen	
Ganzheitliches, integrales Kundenbild	Separates anwendungsübergreifendes Kundendatenmodell
Einbeziehung von externen Daten	Integration von mikro- bzw. soziogeographischen Daten
Einbeziehung von Verhaltensdaten	Integration von Kundenkontaktdaten

11.5 Zielarchitektur IV: Vertriebsarchitektur

Anforderungen	Bereitzustellende Komponenten
Kundeninformationen (Fortsetzung)	
Gleicher Informationsstand zu jedem Zeitpunkt über alle Vertriebskanäle und Systeme	Online-Fähigkeit des Kundeninformationssystems Kurze Update-Zyklen beim Einspielen externer Daten
Content-Management	
Zentrale Vorhaltung und Pflege aller Vertriebsinformationen (Produkte, Broschüren, Kampagnen, Gesprächsleitfäden) für Verkäufer und Kunden	Zentrales Dokumenten-Management-System mit Komponenten zur Erstellung von Werbe- und Kampagnentexten
Analyse	
Multidimensionale, dynamische Kundensegmentierung Berücksichtigung des Kunden-Lebens-Zyklus-Aspekten Ableitung von Verhaltensmustern und Produktpräferenzen Generieren von Impulsen für Produkt- Konditionen-Management; Generieren von Vertriebsimpulsen	Toolgestützte, regel- und wissensbasierte Verknüpfung der Daten aus dem Kundeninformationssystem Automatisierter Abgleich mit Vertriebs-Controlling und Konditionen-Management Automatisierte Generierung von Vertriebsimpulsen
Kampagnen-Management	
Umsetzung der Vertriebsimpulse in konkrete Kampagnen Kenntnis des vom Kunden bevorzugten Vertriebskanals	Automatisierung und Bündelung von: Feinsegmentierung Zielgruppen, Zusammenstellung Inhalte, Festlegung Vertriebskanal-Mix, Einspeisung in Vertriebskanäle (inkl. Mailing)
Personalisierung	
Personalisierung von Kampagnen Schnelle und gezielte Reaktion auf kundeninduzierte Vertriebskontakte	Automatisierte Personalisierung von Kampagnen mit konkreten Produktvorschlägen Automatisierte Generierung von personalisierten Produktvorschlägen

Anforderungen	Bereitzustellende Komponenten
Kundenansprache (Call Center, Filiale)	
Kenntnis der aktuellen Kundensituation (letzte Kontakte, letzte Abschlüsse)	Bereitstellung kompakte Kundenübersicht
Kenntnis der aktuellen Marketing-Kampagnen	Bereitstellung Gesprächsleitfäden
Empfehlung der Produkte	Terminplanungs- und Wiedervorlagefunktion
Ggf. Vereinbarung von Gesprächsterminen	Kontakt- und Gesprächsverlaufsüberwachung
Beratung (Filiale)	
Kenntnis der aktuellen Kundensituation (letzte Kontakte, letzte Abschlüsse, aktuell empfohlene Produkte)	Bereitstellung detaillierte Kundenübersicht
	Bereitstellung Gesprächsleitfäden
Bedarfsanalyse (Zusammenführung von Produktangebot und Kundennachfrage)	Integrierte Beratungsmodule mit Szenarienberechnungen
Produktempfehlung	Hinterlegbare, speicherbare Produktempfehlungen
Abschluss	
Vollständige Überleitung der Produktvorschläge (mit allen bisher erhobenen Daten)	Fallabschließende Bearbeitung (zur Übergabe an Back Office)
Keine Nachkalkulation von Konditionen und Margen	Automatische Überleitung aus den Beratungsmodulen in die Produktanwendungen
Service	
Unterstützung aller vom Kunden genutzten Vertriebskanäle	Bereitstellung kompakte Kundenübersicht zur Kontaktaufnahme
Online-Bearbeitung eines Großteil der Kundenanfragen	
Aktive Generierung von Vertriebsimpulsen aufgrund von Service-Anfragen	

Anhang A   Glossar

Anwendungsarchitektur	Strukturierung und Beschreibung aller Anwendungen einer Bank
Application Framework	Software-Komponenten zur Entwicklung und Laufzeitorganisation von (verteilten) Software-Komponenten
Architekturebene	Bezeichnung für jede der fünf Teilarchitekturen der IT-Architektur
Architekturleitlinien	Beschreibung von Rahmen und Richtung, wie (->) Architekturmodelle in der Praxis anzuwenden und auszugestalten sind.
Architekturmodell(e)	Modell(e) zur Beschreibung der IT-Architektur bzw. einzelner Architekturebenen
Basic Services	Zusammenfassung querschnittlicher operativer IT-Services, u.a. von Architektur-, Projekt-, und Vertrags-/SLA-Management
Customer Services	Zusammenfassung aller IT-Services mit einer Schnittstelle zu den Geschäftsbereichen
Delivery Services	Zusammenfassung der operativen IT-Services zur Bereitstellung von IT-Lösungen
Drei-Säulen-Modell	Aufbaustruktur des IT-Bereichs mit den drei Bereichen Stab, Geschäftsbereichsbetreuung und Betrieb und Support (-> Vier-Säulen-Modell)
Exzellenzmodell	Definition von Fähigkeiten im Rahmen der Fach- und Management-Laufbahn (-> Laufbahnen)
Generalentwicklungsplan	Jährlich fortzuschreibender Maßnahmenplan im IT-Bereich als Ergebnis der strategischen IT-Planung (-> IT-Bebauungsplan)

Geschäftsarchitektur	Zusammenfassung der bankfachlichen IT-Architektur mit den Teilen Geschäftsplattformen, Geschäftprozess- und Anwendungsarchitektur
Institutstyp	Typ einer Bank, z.B. Retail- oder Wholesale-Bank
Integrale Unternehmens-IT	Ziel der IT-Architektur mit dem Zielkonflikt zwischen Bereitstellung eines bankweiten IT-Portfolios mit optimalen Einzellösungen *und* einer jederzeit tragfähigen und ausbaufähigen Gesamtarchitektur
IT-Architektur	Ordnungs- und Gestaltungsrahmen für alle Anwendungs-, Infrastruktur- und Hardware-Komponenten hinsichtlich ihrer wesentlichen strukturbildenden Merkmale
IT-Bebauungsplan	Bezeichnung für Prozess *und* Instrument zur strategischen Planung des IT-Bereichs
IT-Infrastruktur	Bezeichnung für die Netz- und System-Architektur
IT-Management	Ganzheitlicher, bankenspezifischer Ansatz für (->) IT-Prozesshaus, Aufbaustruktur im IT-Bereich und IT-spezifisches Personalkonzept
IT-Prozesshaus	Bezeichnung für ein vollständiges und abgestimmtes Set an IT-Prozessen bzw. IT-Services mit besonderer Berücksichtigung der Planungs- und Querschnittprozesse
IT-Strategie	Gesamtpaket aus Positionierung, Leistungsangebot, Wertschöpfung und Sourcing im IT-Bereich
IT-Service(s)	Synonyme Bezeichnung für IT-Prozess(e)
IT-Wertschöpfung	Zusammenfassung der (->) IT-Services (->) Customer Services, (->) Delivery Services und (->) Operational und Support Services

Glossar

Kernkompetenzen	Hoheitliche Aufgaben des IT-Bereichs, die nicht outgesourct werden können
Kommunikationsarchitektur	Framework (auf Basis von MOM- und ORB-Produkten) zur Kapselung systemtechnischer Details bei der Kommunikation von Anwendungen
Komponenten-Architektur	Framework zur Implementierung von Software-Komponenten (Beispiel J2EE/EJB)
Konvergenzkriterien	Kriterien und Vorgaben zur Operationalisierung der IT-Strategie in IT-Management und IT-Architektur
Laufbahnen	siehe Laufbahnenmodell
Laufbahnenmodell	Einteilung der Laufbahnen im IT-Bereich in Fachlaufbahn (-> Profile), sowie Projektleiter-, Experten- und Führungslaufbahn
Levelized Architecture	Modell der Gartner-Group für eine schichtenbasierte Software-Architektur
Make or Buy	Grundsätzliche Entscheidung im Rahmen des (->) Sourcings für Standard- oder Individual-Software
Management-Laufbahn(en)	Zusammenfassung der Laufbahnen Projektleiter, Experte und Führung (-> Laufbahnenmodell)
Operational & Support Services	Zusammenfassung der operativen IT-Services für Betrieb und Support
Operatives Sourcing	Kurz- bis mittelfristiges Outsourcing von Teil-Portfolios in Betrieb oder Entwicklung
Planning Services	Zusammenfassung der (->) IT-Services Strategische Planung, Jahresplanung und IT-Controlling
Profil	Bezeichnung für die IT-spezifische Bündelung von Aufgaben, Kompetenzen und Verantwortlichkeiten im

	Rahmen der Fachlaufbahn (-> Laufbahnenmodell)
Rahmenmodell	Integrales Architekturmodell aus den fünf Architekturebenen Geschäftsplattformen-, Geschäftsprozess-, Anwendungs-, Software- und Infrastrukturarchitektur
Software-Architektur	Beschreibung und Strukturierung der Innenarchitektur von Anwendungen (-> Levelized Architecture)
Sourcing	Übergreifende Bezeichnung für In- oder Outsourcing
Sourcing-Readyness	Bezeichnung für die Prüfung und Herbeiführung der Sourcing-Fähigkeit von Bank und IT-Dienstleister
Strategisches Sourcing	Langfristiges vollständiges Betriebs- und Entwicklungs-Outsourcing
Systemarchitektur	Beschreibung und Strukturierung der Hardware und systemnahen Software; Teil der (->) IT-Infrastruktur
Tier (englisch)	Vertikales Gestaltungselement in der Software- und Infrastrukturarchitektur
Vier-Säulen-Modell	Aufbaustruktur des IT-Bereichs mit den vier Bereichen Stab, Geschäftsbereichsbetreuung, IT-Bereitstellung und Betrieb und Support (-> Drei-Säulen-Modell)
Vollbankenlösung	Anwendungspaket, das alle wesentlichen Funktionen bzw. Anwendungen für eine Bank eines bestimmten (->) Institutstyps beinhaltet
Zielarchitektur	Bezeichnung für ein Architektur-*konzept* und ein Architektur-*Framework*, auf Basis dessen eine zukünftige Soll-Architektur beschrieben wird

Anhang B   Literaturverzeichnis

[Ashauer1999]	Günter Ashauer, Das deutsche Kreditwesen (Bd. 2 der Reihe Grundwissen Bankwirtschaft), Deutscher Sparkassenverlag, 1999
[Clements2001]	Paul Clements, Rick Kazman und Mark Klein: Evaluating Software Architectures: Method and Case Studies, Addison Wesley, 2002
[Denert1990]	Ernst Denert: Software-Engineering, Springer, 1990
[Dern2003]	Gernot Dern: Management von IT-Architekturen, Vieweg, 2003
[Edwards1999]	Jeri Edwards: 3-Tier Client/Server At Work, Revised Edition, Wiley, 1999
[Gartner2002]	R. Casonato et. al., Gartner Group: IS Architekture and Web Services: Towards Pervasive Computing, BEA Systems European Roadshow, 2002
[Gernert2002]	Christiane Gernert/Norbert Ahrend, IT-Management: System statt Chaos, Oldenbourg, 2002
[Kazman]	Rick Kazman et al.: SAAM: A Method for Analyzing the Properties of Software Architectures, Proceedings of the 16th International Conference on Software Engineering, Sorrento, Italy, May 1994, pp. 81-90,
[Keller2002]	Wolfgang Keller: Enterprise Application Integration, dpunkt, 2002
[Krönung1996]	Hans-Dieter Krönung, Die Bank der Zukunft, Gabler, 1996
[Meta2002]	The Business of IT Portfolio Management: Balancing Risk, Innovation and ROI, A Metagroup White Paper, META Group2002
[Meyer1998]	Don Mayer, Casey Cannon: Buildung a better Data Warehouse, Prentice Hall, 1998

[Müller2003]	Günter Müller-Stewens/Christoph Lechner: Strategisches Management, 2. Auflage, Schäffer/Poeschel, 2003
[Olbrich2004]	Alfred Olbrich: ITIL kompakt und verständlich, Vieweg, 2004
[Orfali1999]	Robert Orfali, Dan Harkey, Jeri Edwards: Client/Server Survival Guide, 3rd Edition, Wiley, 1999
[ProLog1995]	Stumbries, Christoph. M., Seminarunterlagen zum Prolog-Kolleg Projektmanagement, 1995

Anhang C   Sachwortverzeichnis

A

Abwicklung (Bankgeschäft) 10
Abwicklungsplattform(en), s.a.
   Architekturmodelle, Architekturleitlinien
   Funktionen von – 197
   Leitlinien für – 218
Abwicklungs-
   -systeme, s. *Back Office-Systeme*
Anbieterevaluierung 44, s.a.
   Sourcing-Readyness
Anforderungsmanagement 57,
   s.a. *IT-Services*
ANSI (American National
   Standards Institute) 231
Anwendungsarchitektur
   Modell zur – 201
   Leitlinien zur – 221
Anwendungsbereitstellung 57,
   s.a. *IT-Services*
Anwendungsplattformen
   – im Systemarchitekturmodell 210
   – im Rahmen der Leitlinien 229
   – im Rahmen der Zielarchitekturen 244
Application Frameworks 39,
   253, s.a. *Zielarchitekturen*
Application Server 242
   – im Rahmen der Architekturmodelle 210
   – im Rahmen der Zielarchitekturen 242
Architekturebenen 193, 215, 237
   Schnitte durch – 233 f.
Architektur-Framework 238 f.
Architekturkompetenz 29, s.a.
   IT-Kernkompetenzen

Architekturleitlinien 215 ff., s.a.
   IT-Architektur
   Vorteile einer leitlinienkonformen IT-Architektur 233
   – zur Anwendungsarchitektur 221
   – zur Geschäftsplattformarchitektur 216
   – zur Geschäftsprozessarchitektur 219
   – zur Infrastruktur-Architektur 228
   – zur Software-Architektur 225
Architekturleitlinien zur Anwendungsarchitektur 221 ff.,
   s.a. *Architekturleitlinien*
   Automatisierung Back
      Office-Systeme 221 f.
   Funktionale Konsolidierung 221
   Integrierte, multikanalfähige
      Vertriebsanwendungen 221 f.
   Modulare Vollbankenlösung 221 f.
   Modularisierung 221 f.
   – für Kernbanksysteme
      (Standpunktkasten) 223 f.
   Offene Schnittstellen 221
Architekturleitlinien zur Geschäftsplattformarchitektur
   216 ff., s.a. *Architekturleitlinien*
   Dualer Vertrieb 216 f.
   Einheitliche Controlling-Verfahren 218
   Integration Vertriebskanäle
      in Geschäftsmodell 216

Intensivierung / Differenzierung Marktbearbeitung 216 f.
Konsolidierung Produktpalette 216 f.
Optimierung Back Office-Einheiten 216
Vollständige Unterstützung Geschäftsbetrieb 216
Architekturleitlinien zur Geschäftsprozessarchitektur 219 ff., *s.a. Architekturleitlinien*
Automatisierung Back Office-Prozesse 219 f.
Back Office to Front-Office-Schnittstelle 220
Interaktiver, personalisierter Vertriebsprozess 219 f.
Standardisierung durch Referenzmodelle 219 f.
Vereinheitlichung Schnittstellen zum Back Office 219 f.
Architekturleitlinien zur Infrastrukturarchitektur 228 ff., *s.a. Architekturleitlinien*
Konsolidierung IT-Komponenten 229
MOM- und ORB-basierte Kommunikationsinfrastruktur 229
Multi-Tier-Systemarchitektur 229
Standardisierung (Standpunktkasten) 231
Systemplattformen und Technologie-Sets 229
Architekturleitlinien zur Software-Architektur 225 ff., *s.a. Architekturleitlinien*
Dekomposition und Kapselung 226
Interoperabilität 225
Koexistenz 225
Komponentenfähigkeit 225
Levelized Architecture 226 f.
Portabilität 225
Systemplattformunabhängigkeit (Standpunktkasten) 227
Verwendung von Standard-Komponenten-Frameworks 227
Architekturmanagement 59, **106 ff.**, *s.a. Operative Prozesse*
Architektur-Review 110
Bereitstellung Architektur-Regelwerk 108
Durchführung von Architekturprüfungen 109
Erarbeitung von Zielarchitekturen 108
Grundherausforderungen 106
Kommunikation 113
Steckbrief 107
Architekturmodell(e) 191 ff.
Durchgängigkeit des Rahmenmodells 212 f.
Einzelmodell(e) 191
Rahmenmodell 192
– zur Anwendungsarchitektur 201 ff.
– zur Geschäftsplattformarchitektur 194 ff.
– zur Geschäftsprozessarchitektur 199 ff.
– zur Infrastruktur-Architektur 207 ff.
– zur Software-Architektur 204 ff.
Architekturmodell zur Anwendungsarchitektur 201 ff., *s.a. Architekturmodelle*
Beispiel für ein – 202
Prozess-Produkt-Matrix 201
Architekturmodell zur Geschäftsplattformarchitektur 194 ff., *s.a. Architekturmodelle*

Abwicklungsplattform 197
Steuerungsplattform 197
Trennung in dezidierte Plattformen 194
Unterstützungsplattform 198
Vertriebsplattform 196
Architekturmodell zur Geschäftsprozessarchitektur 199 ff., *s.a. Architekturmodelle*
Beispiel für ein – 200
Prozess-Produkt-Matrix 199
Architekturmodell zur Infrastrukturarchitektur 207 ff., *s.a. Architekturmodelle*
Beispiel für ein – 211 f.
Netzarchitektur 210
Systemarchitektur 209
Architekturmodell zur Netzarchitektur 209 ff., *s.a. Architekturmodell zur Infrastrukturarchitektur*
Netz-Hardware 210
Protokolle 211
Architekturmodell zur Software-Architektur 204 ff., *s.a. Architekturmodelle*
Beispiel für ein – 206
Logische Geräte 205
Schichten-Architektur 205
Softwarekomponenten 204
Architekturmodell zur System-Architektur 209 ff., *s.a. Architekturmodell zur Infrastrukturarchitektur*
Anwendungsplattformen 210
Betriebssystemplattformen 209
Hardware-Plattformen 209
Middleware-Plattformen 209
Architektur(en)
-objekte 238
-Prüfungen 109
-Regelwerk 108
-Reviews 109, **110 ff.**
servicezentrierte **11**, 12

Ziel- 71, 108, 215, **237 ff.**
Aufbaustruktur (IT-Bereich) 137 ff., *s.a. IT-Management*
Anforderungen an die – 138
Drei-Säulen-Modell 151
Implementierung der – 152
Varianten der – 148
Vier-Säulen-Modell 141
Auftraggeberfunktion (des IT-Bereichs) 174
Auftraggeberkompetenz 29, *s.a. IT-Kernkompetenzen*
Auftragsschnittstelle 46, *s.a. Sourcing-Readyness*
Auslagerungsanzeige (an BaFin) 46, *s.a. Sourcing-Readyness*

B

Back Office (Bank) 216, 218
Back Office-Systeme(n)
Automatisierung von – 221
stückkostenoptimierte – 222
Balanced Scorecard 82
Bankenlösungen 25, *s.a. IT-Leistungsangebot*
Bankfachliche Kompetenz 28, *s.a. IT-Kernkompetenzen*
Bankinnovation, *s. Innovation*
Basic Services 59, *s.a. IT-Service-Kategorie*
Beauftragungsgremien 46, *s.a. Sourcing-Readyness*
Bebauungsplan, *s. IT-Bebauungsplan*
Beratungskompetenz 28, *s.a. IT-Kernkompetenzen*
Berichtswesen 92 ff., *s.a. IT-Controlling*
Bereichs-Controlling 94
Projekt-Controlling 94
Service-Controlling 94
Strategisches Controlling 93
Best Practice (Standards) 230

Beteiligung 45, *s.a. Sourcing-Readyness*
Betrieb(s)
- von Bankverfahren 58, *s.a. IT-Services*
- und Support (Aufbaustruktur) 145
- -übergang 46, *s.a. Sourcing-Readyness*
Betriebssystem(-Plattformen)
- im Systemarchitekturmodell 209
- im Rahmen der Zielarchitektur 243
Billing & Accounting 232
BK (Bürokommunikation) 229
Broker, *s. Innovationsbroker*
Budget, *s. IT-Budget*
Bürokommunikation (als Anwendungsplattform) 229
Business Case 43, *s.a. Sourcing-Readyness*
Business Intelligence 262, *s.a. Datenarchitektur*

C

Change Management 59, *s.a. IT-Serivces*
Client
Fat – 226
-PC 241
-/Server-Entwicklung 11 f.
COBOL 225
Configuration & Asset Management 57, *s.a. IT-Services*
Controlling, *s. IT-Controlling*
CORBA (Common Object Request Broker Architecture) 210, 231, **232**
Cross Selling
-Quote 216 f.
Customer Services 56, *s.a. IT-Service-Kategorie*

D

Data Mart 262, *s.a. Datenarchitektur*
Data Warehouse 262, *s.a. Datenarchitektur*
Daten
-architektur 259 ff., *s.a. Zielarchitekturen*
-formate 225
-haltung 205, 226
-management 57, *s.a. IT-Services*
-qualität 222
DBMS (Datenbank-Management-System) 212, 232
DCOM (Distributed Component Object Model) 210, 232
De Facto-Standard 230
Dekomposition (Software-Architektur) 226
Delivery Services 57, *s.a. IT-Service-Kategorie*
Deregulierung Kapitalmärkte 8
Desktop Services 58, *s.a. IT-Services*
Dialogsteuerung (Software-Architektur) 205, 226
Dienstleistungsmodell 45, *s.a. Sourcing-Readyness*
Direct Brokerage 9
Direktbanken 9
Disaster Recovery 59
DLD (Dienstleistung von Dritten) 82, 85 ff., *s.a. IT-Controlling*
DMZ (Demilitarisierte Zone) 230, **241 f.**
Drei-Säulen-Modell (IT-Aufbaustruktur) 151
Dualer Vertrieb 10, 216 f., 264, *s.a. Architekturleitlinien, Vertriebsarchitektur*
Due Diligence 44, 233

E

Economies of Scale (IT-Dienstleister) 34
Eigenhandel 10
Eigentumsübertragung 43, *s.a. Sourcing-Readyness*
Einweg-IT 14
Enabler-Maßnahmen 46, *s.a. Sourcing-Readyness*
End-to-End-Verantwortung 29, *s.a. IT-Kernkompetenzen*
Erfolgsrechnung (Bank)
   Einheitliche – 218
ERP (Enterprise Ressource Planning) 24, 98, **198**, *s.a. Unterstützungsplattform*
ETL (Extraktion, Transformation, Laden) 261, *s.a. Datenarchitektur*
   -Tools 261
Event-Steuerung (Vertriebsanwendungen) 222
Expertenlaufbahn 169, *s.a. Management-Laufbahnen*
Exzellenzmodell(e) 161, 168, *s.a. Personal*

F

Fachlaufbahn 160, *s.a. Laufbahnen*
Fail Over-Lösung (IT-Infrastruktur) 230
Fat
   – Client 226
   – Server 226
Filialkonzept 218
Financial Engineering
   dynamisches – 10, 196
Finanz
   -intermediär 9
   -kauf 9
   -verbünde 32
Fixkosten, *s. IT-Kosten*
Flächenanbieter (IT-Dienstleister) 33, 47, *s.a. Sourcing-Readyness*
Front Office (Bank) 216
Führungskultur 157
Führungslaufbahn 170, *s.a. Management-Laufbahnen*
Fusion 13, 200, 233

G

Gartner Group 226, 246
GB-Betreuung, *s. Geschäftsbereichsbetreuung*
Gehaltsbänder 171, *s.a. Personal*
Generalentwicklungsplan 71 ff., *s.a. Strategische Planung*
Geschäftsarchitektur 15, 199, 238
Geschäftsbereichsbetreuung 56, **100 ff.**, 143, *s.a. Operative Prozesse*
   Anwendungsbetreuung 104
   Bankfachliche Konzeption 104
   Beratung und Analyse 103
   Brückenfunktion 101
   Exzellenzprofil 105
   Steckbrief 102
   Umsetzungsunterstützung 104
Geschäft(s)
   -feld 218
   -funktion (Bank) 86, 233
   -funktionen (Software-Architektur) 205, 226
   -modell 13
Geschäftsplattformarchitektur
   Modell zur – 194
   Leitlinien zur – 216
Geschäftsplattformen
   Abwicklungs- 197
   Steuerungs- 197
   Vertriebs- 196
   Unterstützungs- 198

Geschäft(s)
  -prozess(e) 86, 233
Geschäftsprozessarchitektur
  Modell zur – 199
  Leitlinien zur – 219
Geschäftsstrategie 13
Gesteuerte Innovation 14
Giroanwendung 225
GK (Gemeinkosten) 87 ff., s.a.
  IT-Controlling
GPO (Geschäftsprozessoptimierung) 101, s.a. *GB-Betreuung*

H

Hardware(-Plattformen) 209, 242
  Prozessoren 242
  Skalierung 243
  Storage-Lösungen 243
Herstellerkonsortien (IT-Standards) 230
Host(-Plattform)
  Historische Entwicklung 11
  – im Rahmen der Architekturmodelle 207
  – im Rahmen der Architekturleitlinien 228 f.
  – im Rahmen der Zielarchitekturen 242
Horizontale Planung (Bebauungsplan) 65, 70

I

IF, s. *Infrastruktur*
ILV (Interne Leistungsverrechnung) 89
Industrialisierung **10**, 216, s.a. *Bankinnovation*
Infrastruktur
  -bereitstellung 57, s.a. *IT-Services*
  -Lösungen 25, s.a. *IT-Leistungsangebot*
Infrastrukturarchitektur
  Leitlinien zur – 228 ff.
  Modell zur – 207 ff.
Innovation(s)
  Bank- 8 ff.
  Bank- und IT-durchgängige – 15
  Intensivierung und Verschränkung 13
  Kausalzusammenhang 13
  Separation und Transformation 15 f.
  -broker 7, **16**, 67
  -dilemma 14 ff
  gesteuerte – 14
  IT- 11 f.
  -management 1
  -potentiale 17
  ungesteuerte – 14
  -zyklus 14
Integrationshaus (IT-Dienstleister) 47, s.a. *Sourcing-Readyness*
Integrationskompetenz 29, s.a. *IT-Kernkompetenzen*
Integrationsmanagement 57, s.a. *IT-Serivces*
Internetentwicklung 11, 13
Interoperabilität (IT-Systeme) 11, 225
Instore-Filiale 218
Investment Banking 10
IP (Internet Protocol) 212, 230
ISO (International Standards Organisation) 231
IT-Architektur 187 ff.
  Leitlinien zur – 215 ff.
  Modelle zur – 191 ff.
  Vorteile einer leitlinienkonformen – 233
  Zielarchitekturen 237 ff.
IT-Bebauungsplan 69 ff., s.a. *Strategische Planung*
IT-Bereitstellung 145, s.a. *IT-Aufbaustruktur*
IT-Beschaffung 57, s.a. *IT-Services*

Sachwortverzeichnis

IT-Budget 78, *s.a.*
  Jahresplanung
  -planung 77
IT-Cockpit 95 ff., *s.a. Berichtswesen*
IT-Controlling 56, **79 ff.**, *s.a.*
  Planung und Controlling
  Bereichs- 94
  Berichtswesen 92
  IT-Cockpit 95 ff.
  -Kennzahlen 82 ff.
  Kostenstellenmodelle 86 ff.
  -Objekte 80
  Operatives – 93 ff.
  Steuerungskreislauf im – 80
  Strategisches – 93
  -Tools 97 ff.
IT-Dienstleister 33, 35, 40, **47**, 61
IT-Entwicklungslinie(n)
  Client-Server- 12
  Host- 11
  Internet- 12
  Service-zentrierte Architektur 12
IT-Governance
  – und Outsourcing (Standpunktkasten) 41
IT-Industrialisierung, 18 ff., 51, 53
IT-Infrastruktur 86, 207, 228, *s.a. Infrastrukturarchitektur*
IT-Innovation, *s. Innovation*
IT-Kernkompetenz(en) **28 ff.**, 140, 176, *s.a. IT-Leistungsangebot*
  Architektur- 29
  Auftraggeber- 29
  Bankfachliche – 28
  Beratungs- 28
  Integrations- 29
  Planungs- 28
IT-Kernkompetenzmodell **28 f.**, 160, *s.a. IT-Kernkompetenzen*

IT-Kosten 85 ff.
  -arten 85
  -Kennzahlen 82, **85 ff.**
  -stellen 85
  -stellenmodell 86
  -träger 85
IT-Leistungsangebot **23 ff.**, *s.a. IT-Strategie*
  Das erweitere – 24
  IT-Kernkompetenzen 28
  IT-Wertschöpfung 26
  Partnerschaftliches Rollenmodell 25
IT-Management 49 ff.
  Aufbaustruktur 137 ff.
  bankspezifisches – 51
  institutionelles – 51
  IT-Prozesshaus 53
  Operative Prozesse 99 ff.
  Personal 155 ff.
  Planung und Controlling 63 ff.
IT-Portfolio-Analyse 38 ff., *s.a. Sourcing-Optionen*
  Eigen- oder Fremdentwicklung 40
  Make or Buy 39
  Oursourcing-Pfad 38
IT-Prozesshaus, *s.a. IT-Management*
  – im Überblick 54 ff.
  Prozessrahmen 60 ff.
  Referenzmodelle 62
IT-Prozess(e) 53 ff. , *s.a. IT-Services*
  -kategorie 55 ff.
  -operative 99 ff.
  -rahmen 60
  -Referenzmodelle 62
IT-Service-Kategorie(n) 56, *s.a. IT-Services*
IT-Services **56 ff.**, 87, 198
  Basic Services 59
  Customer Services 56
  Delivery Services 57

283

Operational & Support Services 58
Planning Services 56
IT-Strategie 5 ff.
   IT-Leistungsangebot 23
   Outsourcing 31
   Positionierung 7
IT-Wertschöpfung, *s.a. IT-Leistungsangebot*
   Shift & Shrink 27
   Traditionelle Positionierung 26
ITIL (IT Infrastructure Library) 62

J

J2EE (Java 2 Enterprise Edition) 226 f., 252
Jahresplanung 56, 67, **76 ff.**, *s.a. Planung und Controlling*
   – und strategische Anforderungen (Standpunktkasten) 67
Jahresplanung(s)
   -konferenz 67
   Vorhabenanträge 77
   Vorhaben-Portfolio 77
   Vorhabenvorschläge 77
   -vorlage 77, 78
Job Description 172, *s.a. Personal*

K

Kampagnen-Management 264, *s.a. Vertriebsarchitektur*
Kapselung (Software-Architektur) 226
Karriereplanung 177, *s.a. Personalentwicklung*
Kennzahlen 82, *s.a IT-Controlling*
   Kosten- 85
   Leistungs- 83
   -struktur 92

Transparente – des IT-Dienstleisters (Standpunktkasten) 91
Kernbanksystem(e) **223 ff.**
   – und das Ende der Universalsysteme (Standpunktkasten) 223 f.
Kernbestandteile des Personalkonzepts, *s. Personalkonzept*
Kernkompetenz(en), *s. IT-Kernkompetenzen*
Kernkompetenzmodell, *s. IT-Kernkompetenzmodell*
Klassenbibliotheken 227
Klumpenarchitektur (Software-Architektur) 226
Koexistenz (IT-Systeme) 225
Kommunikation(s-)
   -infrastruktur 229, 232
Kommunikationsarchitektur 247 ff., *s.a. Zielarchitekturen*
   ORB und MOM 247
   ORBs – Die Zukunft der Middleware? (Standpunktkasten) 250
Komplexität(s-) 14
   -management 1, 34
Komponenten
   -ansatz 25, *s.a. IT-Leistungsangebot*
   -architektur 255 ff.
      Beginn einer echten Wiederverwendbarkeit? (Standpunktkasten) 258
   -Frameworks 251
      Standard- 226
   -fähigkeit 225
Konvergenzkriterien (für IT-Management und IT-Architektur) 18 ff., *s.a. Positionierung*
Konvergenzprüfung 43, *s.a. Sourcing-Readyness*
Kosten
   -dämpfung 15

-explosion 1, 14
Fix- 34
-management 1, 34
-senkungspotentiale 34
Voll- 89
  -satz 89
Kostenstellenmodell(e) 86 ff.
Teilmodelle 89
Konsolidierungsmodell 90
Kosten
  variable – 34
Kosten- und Leistungs-Controlling 81, *s.a. IT-Controlling*
Kredit
  -abwicklung 233
  -anwendung 202
  -prozess(e) 200, 249
Kunden
  -lebenszyklus 217
  -potential 217
    Ausschöpfung – 217
  -segmentierung 9, 196, 217 f.
K-(Katastrophen-)Backup 232

L

Landesbank 10, 200
Laufbahnen 167, *s.a. Personalkonzept*
  Fachlaufbahn 160 ff., *s.a. Profile*
  Management-Laufbahnen 169
Legacy (IT-Systeme) 205, 225
Leistungsangebot, *s. IT-Leistungsangebot*
Leistungskennzahlen 83, *s.a. Kennzahlen*
Leitlinien, *s. Architekturleitlinien*
Levelized Architecture (Software-Architektur) **226 f.**, 246
Load Balancing (Netzarchitektur) 230

Logische Schnittstelle (Software-Architektur) 205

M

Mainframe, *s. Host*
MAK (Mitarbeiterkapazität) 84
  -Planung 84
Make or Buy 38 ff., *s.a. Outsourcing-Optionen*
Managed Evolution 18, 20
Management-Laufbahnen 169 ff., *s.a. Laufbahnen*
Markt
  -bearbeitung
    Intensivierung der – 217
  -durchdringung 217
Marktzinsmethode 218
Massen
  -kundengeschäft 10, 203
  -Maßanfertigung 39, 224
Mehrweg-IT 15
Middle Office (Kredit) 203
Middleware(-Plattformen)
  – im Systemarchitekturmodell 209
  – im Rahmen der Zielarchitektur 243, 245, **247 ff.**
Mitarbeitereinsatzplanung (IT-Controlling) 77
Modelle, *s. Architekturmodelle*
Modularisierung (von Anwendungen) 221 f., *s.a. Architekturleitlinien*
MOM (Message-oriented Middleware) 229, 243, 245, **247 ff.**
Multi
  -kanalansatz (Vertrieb) 10
  -protokollfähigkeit (Netzarchitektur) 232
Multi-Tier-Architektur 229, 232, 240

N

Neartime-Anforderungen (Back Office-Systeme) 222
Netz
  -komponenten 210, 229
  -protokolle 211, 229
Netzarchitektur, s.a. Infrastrukturarchitektur
  Modell zur – 210
  Leitlinien zur – 229
Netzmanagement und -betrieb 58, s.a. IT-Services
Nicht-Banken-Lösungen 25, s.a. IT-Leistungsangebot
Non- und Nearbanks 9
Nutzungsgrad(es) (Systemarchitektur)
  Erhöhung des – 229

O

Oberflächen
  Benutzerfreundliche – 222
OLAP (Online Analytical Processing) 95, **261 ff.**
OLTP (Online Transaction Processing) 232
OMG (Object Management Group) 231
One-to-One-Marketing 10, 264
Operational & Support Services 58, s.a. IT-Service-Kategorie
Operative Prozesse 99 ff., s.a. IT-Management
  Architekturmanagement 106
  Geschäftsbereichsbetreuung 100
  Projekt-Management 114
  Vertrags-/SLA-Management 129
ORB (Object Request Broker) 229, 232, **247 ff.**
ORG/IT-Bereich 27
OS/2 (IBM)

Das Ende von – in der Finanz-IT (Standpunktkasten) 232
Outsourcing **31 ff.**, 233, s. IT-Strategie
  Betriebs- 37
  Entwicklungs- 37
  -Optionen 36 ff.
  -Potential 34 f.
  Rahmenbedingungen für die Banken 32 f.
  -Readyness 42
  Strategisches vs. operatives – 37
  – und IT-Governance (Standpunktkasten) 41
Outsourcing-Optionen 36 ff., s.a. Outsourcing
  IT-Portfolio-Analyse 38
  Wertschöpfungsanalyse 36
Outsourcing-Potential 34 f., s.a. Outsourcing
  Optimierung Kosten 34
  Optimierung Service-Qualität 34
  Outsourcing am Abakus 35
  Reduktion Komplexität 34
  Stärkung Innovationskräfte 34

P

Partnerschaftliches Rollenmodell 25, s.a. IT-Leistungsangebot
Personal (im IT-Bereich) 155 ff., s.a. IT-Management
  -entwicklung 175
  -gespräche 176
  Kernbestandteile / Konzept 159
  Leistungstandem 186
  -Management 59, 158, **174 ff.**
  Rahmenvorgaben 156
  Win-Win-Ansatz 184

Personalkonzept 159, *s.a. Personal*
  Profile 160
  Laufbahnen 167
  Stellen 172
Personal-Management 174, *s.a. Personal*
  Recruitment 174
  Personalentwicklung 175
Planning Services 56, *s.a. IT-Service-Kategorie*
Planung & Controlling 63, *s.a. IT-Management*
  IT-Controlling 79 ff.
  Jahresplanung 76 ff.
  Planungsansatz 64, 68
  Strategische Planung 69 ff.
Planungsansatz 64, *s.a. Planung und Controlling*
  Abhängigkeit strategische zu operative Planung 65 ff.
  Dreistufiger – 68
  Neue Reichweite 64
Planungskompetenz 28, *s.a. IT-Kernkompetenzen*
PL-SQL (Oracle)
  – und die Weiterentwicklung von Standards (Standpunktkasten) 232
Portabilität (Software-Architektur) 225
Portfoliobank 10
Positionierung 7, *s.a. IT-Strategie*
  Bank- und IT-Innovation 8
  Ausrichtung von Bank- und IT-Innovation 13
  Innovationsbroker IT-Bereich 16
  Konvergenzkriterien 18
Präsentation (Software-Architektur) 205, 226
Preismodell(e) (des IT-Dienstleisters) 45, *s.a. Sourcing-Readyness*
  Flexiblere – 47, 91
Primärbanken 32
Privatbanken 32
Problem Management **58**, 218, *s.a. IT-Services*
Produktionsprozess 51
Produkt (Bank)
  -management 10, 196
  -nutzungsquote 216
  -palette 216
  -segmentierer 9, 216
Profil(e) 84, **160 ff.**, *s.a. Personal*
Programm-Manager-Pool 146, *s.a. IT-Aufbaustruktur*
Programmiersprachen
  Anforderungen an – 225
Projekt 59, 87
  -Audits 127
  -Controlling, *s. IT-Controlling*
  -leiterlaufbahn 169, *s.a. Management-Laufbahnen*
Projekt-Management 59, **114 ff.**, *s.a. Operative Prozesse*
  Beratung und Schulung 127
  Künftiger Projektraum 114
  Projekteinzelorganisation 120
  Projekt-Audits 127
  Projektrahmenorganisation 118
  -Regelwerk 116
  -Steckbrief 115
  Tipps zum – 124
  -Tools 126
  Vorgehensmodell(e) 122
Projekttyp
  Allheilmittel ohne Nebenwirkungen? (Standpunktkasten) 128
Protokoll(e), *s.a. Netzarchitektur*
  Anforderungen an – 211
  -vielfalt
    Konsolidierung der – 230

Providernetz (Netzarchitektur)
  Optimierung 230
Provisionsprodukte 9
Prozess
  -Produkt-Matrix (Geschäfts-
    prozessarchitektur) 199,
    201
  -steuerung (Software-
    Architektur) 205, 226
Prozesse, *s. IT-Prozesse*
Prozessoren 209, 242, *s.a.*
  Hardware-Plattform
Pull- & Push-Ansatz 264, *s.a.*
  Dualer Vertrieb

Q

Qualitätsmanagement 59, *s.a.*
  IT-Services
Quality of Service
  (Systemarchitektur) 230

R

Rahmenmodell **192 f.**, 237, *s.a.*
  Architekturmodelle
RAROC (Risk Adjusted Return
  on Capital) 218
Realtime
  -Anforderungen (Back-
    Office-Systeme) 222
  -Buchungskern 223
Rechenkerne(n)
  Aktualität von – 222
Recruitment 174, *s.a. Personal-*
  Management
Referenzmodelle (für IT-
  Prozesse) 62
Regionalmarktspezialist 196,
  217
Regulierungsbehörden (IT-
  Standards) 230
Retailbank 203, 195, 216, 263
Roadmap 46, *s.a. Sourcing-*
  Readyness

S

SAAM (Software Architecture
  Analysis Method) 110 ff., *s.a.*
  Architektur-Management
SAP
  – und die Entwicklung von
    Kernbanksystemen (Stand-
    punktkasten) 224
Schichtenarchitektur 205, 226,
  255 f., *s.a.*
  Architekturmodelle, Architek-
Scoring 200, 202 f., *s.a. Kredit*
Segmentierung **9**, 216, *s.a.*
  Bankinnovation
Separation und Transformation,
  s. Innovation
Server
  Application – 241
  Client/– -Entwicklung 11
  -Cloning 230, **243**
  Fat – 226
  Instituts- 241
  Logischer – 205, 257
  Web- 241
Service, *s. IT-Service*
Service
  -Kategorie, *s. IT-*
    Servicekategorie
  -zentrierte Architektur 10
Shift & Shrink 26, *s.a. IT-*
  Leistungsangebot
Sicherheitsmanagement 59, *s.a.*
  IT-Services
Skaleneffekte (IT-Dienstleister)
  34, 35
Skalierung 243, *s.a. Hardware-*
  Plattform
SLA-Management, *s. Vertrags-/*
  SLA-Management
Software-Architektur
  Leitlinien zur – 225 ff.
  Modell zur – 204
Sourcing-Readyness 42 ff., *s.a.*
  Outsorcing
  Anbieterauswahl 44

Anforderungen an den IT-Dienstleister 47
Leistungsbeschreibung 45 f.
Potentialprüfung 43
Spezialanbieter (IT-Dienstleister) 47, *s.a. Sourcing-Readyness*
Spezialfonds 10
SQL (Structured Query Language) 228, 232
Stab (IT-Aufbaustruktur) 144
Standards im IT-Management (Standpunktkasten) 62
Standards in der IT (Standpunktkasten) 231 f.
De facto-Standards 231
Stellen 172, *s.a. Personalkonzept*
Steuerungsplattform 197 f., *s.a. Geschäftsplattformarchitektur*
Storage-Lösungen 228, **243**, *s.a. Hardware-Plattformen*
STP (Straight Through Processing) 203, 222
Strategie, *s. IT-Strategie*
Strategie-Management 59, *s. IT-Services*
Strategische Planung 56, **69 ff.**, *s.a. Planung und Controlling*
Bebauungsplan 69 ff.
Darstellung Geschäftsentwicklung 70
Generalentwicklungsplan 72
Impact- und Gap-Analyse 71
Positionierung Geschäftsbereiche 70
Rollen und Verantwortlichkeiten 73
Tipps zur Implementierung 74 ff.
Vertikale und horizontale Planung 70
Zielarchitekturen 71
Zielbild IT-Management 71

Strukturvertrieb 9, 218
Stückkostenreduktion (Abwicklung) 218
Systemarchitektur, *s.a. Infrastrukturarchitektur*
Modell zur – 209 ff.,
Leitlinien zur – 229 ff.
– als Zielarchitektur 240
Systemmanagement und Systembetrieb 58, *s.a. IT-Services*
Systemkomponenten 208, *s.a. Systemarchitektur*
Systemplattform(en) 20, **207**, *s.a. Systemarchitektur*
– als Gestaltungsmerkmal 229
-unabhängigkeit 227
Vereinheitlichung von – 232
– im Rahmen der Zielarchitekturen 242

T

TCO-Modell (IT-Controlling) 89
Technologie-Set(s)
– als Gestaltungsmerkmal 228 f.
– im Rahmen der Architekturleitlinien 232
– im Rahmen der Zielarchitekturen 241
Three Tier-Architektur (Systemarchitektur) 221
Touchpoint-Integration 267, *s.a. Vertriebsarchitektur*
Training, *s.a. Personalentwicklung*
– off the job 179
– on the Job 181
Transaction Banking 10
Transaktions-
-bank(en) **10**, 13
-kosten 9
-monitor 230

Transformation (IT-Strategie) 15 ff.
Treasury 10
Two-Tier-Architektur (Systemarchitektur) 228

U

Umlageverfahren (beim IT-Dienstleister) (Standpunktkasten) 91
Ungesteuerte Innovation 14
UHD (User Help Desk) 58, 218, *s.a. IT-Services*
Universalbank 8
Unternehmenskultur 157
Unterschriftenprüfsystem 200, 202, 203, *s.a. Kredit*
Unterstützungsplattform 198, *s.a. Geschäftsplattformarchitektur*

V

VaR (Value at Risk)
  – und einheitliche Erfolgsrechnung 218
Varianten der Aufbaustruktur 148, *s.a. Aufbaustruktur*
  Vier- vs. Drei-Säulenmodell 151
  Zentraler vs. dezentraler Ansatz 148
Verbriefungen 10, *s.a. Bankinnovation*
Vertikale Planung 65, 70, *s.a. IT-Bebauungsplan*
Vertragsgestaltung 45, *s.a. Sourcing-Readyness*
Vertrags-/SLA-Management 59, **129 ff.**, *s.a. Operative Prozesse*
  Bereitstellung Vertragsregelwerk 131
  Mitwirkung bei der Vertragsgestaltung 131
  Regelung der Leistungsbeziehungen 129
  -Steckbrief 130
  Tipps zum – 134
  Vertragsprüfung 136
  Vertragsverwaltung 136
Vertrieb(s) 10
  -anwendung
    multikanalfähige – 221
  -architektur 263 ff., *s.a. Zielarchitekturen*
  -Backbone 267, *s.a. Vertriebsarchitektur*
  -bank 10
  -Controlling 216
  -Frontend(s) 221, 223
  -funktionen 268, *s.a. Vertriebsarchitektur*
  -kanal 9, 10
  -kanäle 196, 216
    Integration der – 222, *s.a. Architekturleitlinien*
    Technische Transparenz der – 264, *s.a. Vertriebsarchitektur*
  -kern 266, *s.a. Vertriebsarchitektur*
Vertriebsplattform
  Funktionen der – 196
  Leitlinien zur – 217 f.
Vertriebs-
  -prozess
    interaktiver – 219
    personalisierter – 219
  -strategie 217
Vier-Säulen-Modell(s) 141 ff., *s.a. Aufbaustruktur*
  Betrieb und Support 145
  Geschäftsbereichsbetreuung 143
  IT-Bereitstellung 145
  Programm Manager Pool 146
  Stab 144
  Überblick über das – 141

Vollständige Darstellung des – 147
Volksbank 32, 200
Vollbankenlösung
 Modulare – 40, 47, 221 f.
Vorgehensmodell (IT-Projekte) 122
Vorhaben-Portfolio (Jahresplanung) 76, 77

W

W3C (World Wide Web Consortium) 231
Weiterbildung und Förderung 178 ff., *s.a. Personalentwicklung*
 Berufsbegleitende – 183
 Training off the job 179
 Training on the job 181
Wertschöpfungskette (Bank)
 Aufbrechen der – 10
Wertschöpfungsanalyse 36 f., *s.a. Outsourcing-Optionen*
 Betriebs-Outsourcing 37
 Betriebs- und Entwicklungs-Outsourcing 37
 Operatives vs. strategsiches Outsourcing 37
 Outsourcing-Pfad 37
 Punktuelles Outsourcing 37

Z

Zentralbank(en) 10, 32
Zielarchitektur(en) 71, 108, 215, **237 ff.**, *s.a. IT-Architektur*
 Ansatz der – 238
 Datenarchitektur 259 ff.
 Komponenten- und Kommunikationsarchitektur 245 ff.
 Offenheit und Integration 237
 Systemarchitektur 240 ff.
 Vertriebsarchitektur 263 ff.
Zielarchitektur I: Systemarchitektur 240 ff., *s.a. Zielarchitekturen*
 Multi-Tier-Architektur 240
 Systemplattformen 243
 Technologie-Sets 241
Zielarchitektur II: Komponenten- und Kommunikationsarchitektur 245 ff. *s.a. Zielarchitekturen*
 Application Frameworks 253
 Kommunikationsarchitektur 247
 Komponentenarchitektur 255
 Komponenten-Frameworks 251
Zielarchitektur III: Datenarchitektur 259 f. , *s.a. Zielarchitekturen*
 Anforderungen an eine – 259 f.
 Bestandteile einer – 261 f.
 Datensplitter statt Datenversorgungskette 260
 End-to-End-Ansatz 261
 Wachsende Datenkomplexität 259
Zielarchitektur IV: Vertriebsarchitektur 263, *s.a. Zielarchitekturen*
 Anforderungen an eine – 263 ff.
 Bestandteile einer – 267
Zinsprodukte
 risikoarme – 9

Strategie und Realisierung

Frank Victor, Holger Günther
Optimiertes IT-Management mit ITIL
So steigern Sie die Leistung Ihrer IT-Organisation - Einführung, Vorgehen, Beispiele
2., durchges. Aufl. 2005. X, 247 S. Br. € 49,90   ISBN 3-528-15894-8
Erfolgreiches IT-Management - ITIL - Siegeszug eines praxisorientierten Standards - Leitfaden für die erfolgreiche ITIL-Umsetzung in der Praxis - Positionierung der IT im Unternehmen und Ausrichtung auf das Tagesgeschäft - Referenzprojekte

Marcus Hodel, Alexander Berger, Peter Risi
Outsourcing realisieren
Vorgehen für IT und Geschäftsprozesse zur nachhaltigen Steigerung des Unternehmenserfolgs
2004. XII, 226 S. mit 40 Abb. Br. € 34,90   ISBN 3-528-05882-X
Grundlagen und Aufgabenstellung - Entscheidungskriterien - Vorgehen, Phasen, Lifecycle (von der Planung zur Implementierung) - Nachhaltige Sicherung des Projekterfolgs - Case Studies: Beispiele und Ergebnisse - Checklisten

Klaus-Rainer Müller
IT-Sicherheit mit System
Strategie - Vorgehensmodell - Prozessorientierung - Sicherheitspyramide
2003. XIX, 257 S. Geb. € 49,90   ISBN 3-528-05838-2

vieweg

Abraham-Lincoln-Straße 46
65189 Wiesbaden
Fax 0611.7878-400
www.vieweg.de

Stand 1.1.2005. Änderungen vorbehalten.
Erhältlich im Buchhandel oder im Verlag.

Für Führungskräfte der Finanzwirtschaft

Kostenloses Probeheft unter:
Tel. 0 52 41/80 16 93
Fax 06 11.78 78-423

Bankmagazin

- **Wissen im Überblick**
  Seit über 50 Jahren erläutern Experten fundierte Informationen und Trends aus der Bankbranche und geben Anwendungsbeispiele aus der Praxis.

- **Finanzvertrieb**
  Vertrieb und Beratung sind die **Gewinnfaktoren der Zukunft** und deshalb ein regelmäßiges Schwerpunktthema in Bankmagazin.

- **Rechtssicherheit**
  Die neuesten Urteile und **Kommentare zum Bankenrecht**. Damit Sie sich sicher entscheiden.

- **Bankmagazin erscheint 12x im Jahr.**

Wenn Sie mehr wissen wollen: **www.bankmagazin.de**
Mit ausführlichem Archiv für alle Abonnenten.

Mit kostenlosem wöchentlichen E-Mail Newsletter.

Änderungen vorbehalten. Stand: Januar 2005.

Gabler Verlag · Abraham-Lincoln-Str. 46 · 65189 Wiesbaden · www.gabler.de

Das Business im Griff

Kay P. Hradilak
Führen von IT-Service-Unternehmen
Zukunft erfolgreich gestalten
2007. XIII, 163 S. mit 21 Abb. Geb. EUR 39,90   ISBN 978-3-8348-0260-6
Brechen Sie mit alten Überzeugungen - Wird IT eine Utility? - IT als Kostenfaktor - Was sind IT-Services? - Service-Vertrieb: Reißen Sie Wände ein - Personal: Die Besten gewinnen, fördern und entwickeln - Beschaffung und Partnerschaftsnetze - Organisation: Regionen, Kunden, Projekte, Produkte - Ausblick: Servicearchitekt und Utility Engineer

Rudolf Fiedler
Controlling von Projekten
Mit konkreten Beispielen aus der Unternehmenspraxis - Alle Aspekte der Projektplanung, Projektsteuerung und Projektkontrolle
4., verb. Aufl. 2008. XVI, 288 S. mit 209 Abb. mit Online-Service.
Br. EUR 34,90   ISBN 978-3-8348-0375-7
Bedeutung und Aufgaben des Projektcontrollings - Einführung und Organisation eines Projektcontrollings, Integration in das Projektmanagement - Strategisches Projektcontrolling mit Risikomanagement und Projekt-Scorecard - Projektcontrolling bei Projektplanung, -steuerung und -kontrolle - Instrumente der Projektkontrolle und Projektsteuerung - Informationsbereitstellung und Berichtswesen - DV-Unterstützung - Praktische Anwendungsbeispiele

Andreas Gadatsch / Elmar Mayer
Masterkurs IT-Controlling
Grundlagen und Praxis - IT-Kosten- und Leistungsrechnung - Deckungsbeitrags- und Prozesskostenrechnung - Target Costing
3., verb. u. erw. Aufl. 2006. XIV, 550 S. mit 234 Abb. mit Online-Service.
Br. EUR 49,90   ISBN 978-3-8348-0134-0
Das Leitbildcontrolling-Konzept für die IT - Zielformulierung, Zielsteuerung, Zielerfüllung - Einsatz strategischer IT-Controlling-Werkzeuge - Operative Werkzeuge - Kostenrechnung für IT-Controller - IT-bezogene Deckungsbeitragsrechnung - Prozesskostenrechnung und Target Costing für das IT-Controlling

VIEWEG+
TEUBNER

Abraham-Lincoln-Straße 46
65189 Wiesbaden
Fax 0611.7878-400
www.viewegteubner.de

Stand Januar 2008.
Änderungen vorbehalten.
Erhältlich im Buchhandel oder im Verlag.

MIX
Papier aus verantwortungsvollen Quellen
Paper from responsible sources
FSC® C105338

If you have any concerns about our products,
you can contact us on
ProductSafety@springernature.com

In case Publisher is established outside the EU,
the EU authorized representative is:
**Springer Nature Customer Service Center GmbH
Europaplatz 3, 69115 Heidelberg, Germany**

Printed by Libri Plureos GmbH
in Hamburg, Germany